PREMIERS VOYAGES
EN ZIGZAG

OU EXCURSIONS

D'UN PENSIONNAT EN VACANCES

DANS LES CANTONS SUISSES
ET SUR LE REVERS ITALIEN DES ALPES

PAR

R. TÖPFFER

ILLUSTRÉS PAR CALAME D'APRÈS LES DESSINS DE L'AUTEUR

Vallée d'Aoste. — St-Gervais
Valais. — St Gothard. — Schwitz
Milan. — Come. — Splugen

*

PARIS
GARNIER FRÈRES, LIBRAIRES-ÉDITEURS
6, RUE DES SAINTS-PÈRES, 6

PREMIERS VOYAGES

EN ZIGZAG

*

ŒUVRES COMPLÈTES DE TÖPFFER

8 volumes grand in-18 illustrés, le volume . . . . **3 fr.**
Relié doré, le volume. . . . . **4 fr.**

Premiers Voyages en zigzag, ou excursions d'un pensionnat en vacances dans les cantons suisses et sur le revers italien des Alpes. Magnifiquement illustrés, d'après les dessins de l'auteur. 2 vol.

Nouveaux Voyages en zigzag, à la Grande-Chartreuse, au Mont-Blanc, dans les vallées d'Herenz, de Zermatt, au Grimsel et dans les États Sardes. Splendidement illustrés de nombreux sujets dans le texte, d'après les dessins originaux de Töpffer. 2 vol.

Les Nouvelles Genevoises, illustrées de nombreuses gravures dans le texte, d'après les dessins de l'auteur, gravées par BEST, LELOIR, HOTELIN, etc. 1 volume.

Réflexions et menus propos d'un peintre Genevois, ou essai sur le Beau dans les Arts. Nouvelle édition. 1 volume

Rosa et Gertrude. Nouvelle édition. 1 volume.

Le Presbytère. Nouvelle édition. 1 volume.

ALBUMS TÖPFFER

Formant chacun un grand volume in-8° jésus oblong, broché, au lieu de 7 fr. 50, net : 5 fr. — Relié doré, plaque spéciale, le volume au lieu de 10 fr. 50, net : **7 fr. 50.**

Monsieur Jabot . . .	1 vol.	Monsieur Pensil . . .	1 vol.
Monsieur Vieux-Bois .	1 —	Le Docteur Festus . .	1 —
Monsieur Crépin. . .	1 —	Histoire d'Albert. . .	1 —
Histoire de M. Cryptogame			1 vol.

PREMIERS VOYAGES
EN ZIGZAG

OU EXCURSIONS

D'UN PENSIONNAT EN VACANCES

DANS LES CANTONS SUISSES
ET SUR LE REVERS ITALIEN DES ALPES

PAR

R. TÖPFFER

ILLUSTRÉS PAR CALAME D'APRÈS LES DESSINS DE L'AUTEUR

*

VALLÉE D'AOSTE — SAINT-GERVAIS — VALAIS
SAINT-GOTHARD
SCHWITZ — MILAN — COME — SPLUGEN

PARIS

GARNIER FRÈRES, LIBRAIRES-ÉDITEURS

6, RUE DES SAINTS-PÈRES, 6

PRÉFACE

DE LA PREMIÈRE ÉDITION

L'ouvrage que nous publions aujourd'hui ne demande pas de longues explications; il s'agit purement et simplement d'excursions pédestres, au mouvement et à la gaieté desquelles le lecteur est prié de s'associer, s'il y trouve du plaisir. Une fois en chemin, et sans autre peine que celle de tourner les feuillets, tantôt il assistera aux aventures d'une caravane de jeunes touristes, tantôt il verra passer sous ses yeux les sites renommés de la Suisse, du Tyrol, les passages sévères des hautes Alpes, et aussi ces doux paysages qui, de l'autre côté de la grande chaîne, reflètent indolemment les radieuses sérénités du soleil de l'Italie. Une seule fois il verra la mer, mais ce sera à Venise.

Toutefois, nous avons pensé que ce serait ajouter

à l'intérêt que pourront offrir ces *Voyages en zigzag*, que de faire connaître les circonstances qui en ont été l'occasion, et comment il se fait qu'une même plume ait pu tracer à la fois, et avec un égal mérite de fidélité habile et de spirituelle bonhomie, le texte et les croquis que contient ce volume.

En Suisse, il est d'usage assez général que les pensionnats mettent à profit les semaines de vacances pour faire une tournée dans les cantons, et ceux d'entre nous qui ont visité cette belle contrée ont pu se trouver dans le cas de croiser, dans les gorges ou sous les cols des Alpes, quelqu'une de ces joyeuses bandes d'adolescents, dont le vif entrain et la junévile ardeur forment un passager mais piquant contraste avec la morne sévérité des hautes solitudes alpestres. Toutefois, il n'est pas d'un usage aussi général en Suisse que l'instituteur qui est à la tête de cette troupe étourdie soit à la fois un écrivain distingué, un paysagiste plein de verve, et, chose peut-être plus rare encore, un homme pair et camarade de ses élèves en fait de gaieté habituelle, de facile contentement, de goût passionné pour cette vie fatigante, il est vrai, sujette à mécomptes et à privations, mais aventureuse, variée, animée, et toujours fertile en amusements pour un esprit qui se trouve être à la fois naïvement curieux et finement observateur. Aussi, et pour le dire en passant, quelque léger que soit le fond des relations dont se compose ce volume, nous nous en fions parfaitement à la sagacité du lecteur pour reconnaître bientôt dans la façon dont ce fond est mis en œuvre, dans les portraits et les digressions qui s'y rencontrent à chaque pas, dans l'accessoire, en un mot, plus encore que dans le principal, les signes d'un esprit qui est bien supérieur à la tâche qu'il s'impose, et qui, sur un tissu très frêle, a tracé sans prétention comme sans dédain une broderie excellente. Il y a plus, nous pensons que ces relations si remplies d'un intelligent amour des plaisirs sains, et empreintes d'un naturel si véritable et si rare, sont destinées à encourager et à propager, bien qu'à divers degrés, soit parmi la jeunesse, soit parmi les hommes faits, le goût des récréations instructives et mâles, et à faire apprécier de mieux en mieux combien est salutaire ce double exercice des forces du corps et des facultés de l'esprit, auquel les excursions pédestres ou en partie pédestres ouvrent une si heureuse carrière.

Au surplus, ces relations de voyages sont dues, texte et dessins, à la plume de l'auteur des *Nouvelles genevoises*, M. Töpffer, de Genève, et l'on y retrouve, outre les agréments du style et le talent de description pittoresque qui distinguent ce recueil, l'idée prise sur nature de la plupart des sujets ou des personnages qui y figurent. C'est, en effet, en pratiquant la Suisse, c'est en y dessinant et en y croquant chaque année sites et gens, que l'auteur des *Nouvelles genevoises* s'y est approprié ce coloris dont la fraîcheur et la vérité ont trouvé un si bon accueil auprès de notre public, un peu las d'impressions travaillées et de souvenirs inventés. Ici les impressions sont simples mais sincères, les souvenirs peu éclatants mais tout vivants de réalité, et là où le texte se prête moins heureusement à les reproduire, un croquis lui vient en aide et les fixe.

Quelques mots maintenant sur l'édition originale qui nous a servi de modèle. Bien avant que le goût et les procédés des livres illustrés se fussent répandus et développés, en 1832 déjà, M. Töpffer, désireux de pouvoir distribuer à ses compagnons de voyage ces relations ornées de croquis, avait trouvé dans l'autographie un moyen de résoudre le problème, en sorte que chaque année, après avoir tracé texte et dessins sur un papier préparé, il laissait ensuite au lithographe le soin de décalquer le tout sur la pierre et d'en tirer le petit nombre d'exemplaires qui suffisait à la publicité de famille. Ce sont ces Albums très recherchés. mais extrêmement rares, dont nous publions ici la reproduction fidèle, bien convaincus que nous sommes que le public est aujourd'hui d'autant mieux préparé à goûter ces pages sur la Suisse et les Alpes, qu'elles n'ont pas été primitivement écrites pour lui.

M. Calame, qui a fait des contrées parcourues par M. Töpffer et ses jeunes compagnons le sujet préféré de ses études d'artiste, a bien voulu apporter aux *Voyages en zigzag* le concours de son admirable talent. Parmi les plus importants dessins qui accompagnent ce livre, on trouvera plusieurs dessins de paysages signés du nom de ce peintre célèbre. Le mérite de ces compositions sévères, grandes malgré l'exiguïté du cadre, et dans lesquelles l'étude sérieuse et approfondie de la nature se montre toujours unie au sentiment poétique, sera apprécié, nous en sommes certains, comme le sont en France toutes les œuvres du même artiste.

Enfin nous acquittons, au nom de M. Töpffer et à notre propre nom, une dette de reconnaissance envers M. Karl Girardet, qui a traduit et dessiné sur bois, pour les graveurs, la plus grande partie des sujets de cette collection, avec une perfection qui témoigne en lui d'une habileté au-dessus de cet emploi modeste, habileté déjà prouvée ailleurs par des compositions originales qui annoncent l'artiste consommé, et à laquelle les preuves les plus éclatantes ne manqueront pas dans l'avenir.

En deux ou trois rencontres, M. Töpffer fait allusion à des personnages qui figurent dans les histoires comiques qu'il a publiées, et dont les plus connues sont celles de *M. Jabot*, de *M. Vieux-Bois* et de *M. Crépin*. Afin que ceux d'entre nos lecteurs à qui ces *histoires* sont demeurées étrangères puissent comprendre ces allusions, il nous suffira de dire que M. Jabot est le type du sot vaniteux, ou, si l'on veut, de la marionnette que font agir, se mouvoir, bouger, les cent mille ficelles du *paraître*; que M. Vieux-Bois est le type de l'amoureux poétiquement constant et risiblement pastoral; que M. Crépin, enfin, est celui de l'honnête bourgeois qui, aux prises avec les méthodes d'éducation, relancé par la phrénologie et contrarié par sa femme, ne parvient pas sans beaucoup de peine à élever ses onze enfants.

A côté de ces rares allusions, l'on rencontrera quelques termes improvisés, quelques dénominations locales, et aussi des traces d'un argot de voyage, issu tout naturellement du retour annuel des mêmes impressions, des mêmes besoins, des mêmes habitudes. Ainsi, *spéculer, spéculation*, l'action chanceuse d'abréger la route en coupant par ce qu'on croit être le plus court; *ruban*, route rectiligne; *buvette*, petit repas d'extra; *halter*, faire des haltes; *nono*, un touriste anglais qui tient à rester digne, ou qui répond tout au plus *no* (non); *uï-uï* (oui), l'inverse, c'est-à-dire affable et amicalement causeur; *blousé*, qui porte blouse; *ambre-*

sailles, petit fruit sauvage, en français myrtille; *séchot,* pour chabot, espèce de poisson du lac Léman; c'est à peu près tout. Il nous eût été facile, sans doute, de remplacer ces termes, d'ailleurs heureux ou commodes, par des circonlocutions explicatives; mais nous nous sommes bien gardés de le faire, dans la crainte d'altérer la physionomie du texte original, et d'entraver la libre allure d'un style toujours vif, piquant et naturel.

Encore un mot pour appeler l'attention des lecteurs sur la belle exécution typographique de ce volume; la supériorité dans les travaux de ce genre ne peut exister qu'à la condition de rencontrer dans ceux qui en sont chargés le soin consciencieux de l'ouvrier joint au goût délicat que donne le sentiment des arts. Nous avons trouvé l'un et l'autre dans les imprimeurs des *Voyages en zigzag.*

OCTODURUM

VOYAGES EN ZIGZAG

AUX ALPES ET EN ITALIE

1837

Un chroniqueur raconte naïvement que Genève fut fondée par l'un de ces innombrables fils de Priam qui, après la guerre de Troie, se dispersèrent sur la terre habitable, semant les villes sur leur passage. Celui-ci s'appelait *Lemanus*. Frappé de la beauté de notre lac, il lui donna son nom et puis s'y embarqua. Les vents et les courants de l'onde poussèrent sa nauf contre une colline, où, voyant beaucoup de genévriers, il bâtit une ville, et lui donna le nom de Genève. Ainsi fut faite et baptisée notre cité.

On pourrait, ce semble, raconter de même que, beaucoup plus tard, sous les empereurs de Rome, un nommé *Magister Scholarius*, faisant une tournée avec une quinzaine de petits Romains de bonne maison, s'embarqua à *Octodurum* (Martigny) en Valais, visita les rives du lac, et vint aborder à Genève. L'auberge était bonne, la contrée charmante, les habitants actifs et point dissipés : il résolut de faire quelque séjour dans ce lieu, et y tint classe, huit mois durant, dans la tour de César, aujourd'hui horloge de l'île. Quand ce fut le temps des vacances, il étudia sa carte pour y tracer le plan d'une jolie excursion pédestre, et reconnaissant alors combien la situation de Genève favorise d'une manière unique ce genre de voyage, il se décida à s'y fixer. Beaucoup imitèrent son exemple, et ainsi devint notre cité une cité de pensions et de pensionnats.

La carte dont se servait Magister Scholarius était, à la façon du temps, grande, sans chiffres ni degrés, peu exacte, mais pittoresque, et figurant à l'œil les plaines riantes des Gaules, les coteaux boisés des Allobroges, les glaces verdâtres des Alpes avec un sentier tortueux signifiant le passage d'Annibal, les plages italiennes toutes parsemées de temples, d'amphithéâtres, d'arènes ; enfin les forêts vertes de l'Helvétie se mirant dans les lacs bleus, et traversées dans toute leur longueur par une voie militaire pavée de granit et protégée par des forts. Des petits Romains qui considéraient la carte avec lui, les uns voulaient suivre le sentier d'Annibal, les autres voulaient s'aller baigner dans les lacs bleus ; aucuns étaient pour les Gaules, certains pour les amphithéâtres, d'autres enfin pour les Allobroges, à cause de Salluste qui en fait mention dans sa *Conjuration de Catilina*. Magister Scholarius les écoutait dire ; puis désireux, dans une chose de plaisir, de faire plaisir à tous, il prit un roseau, et le portant sur la carte : « Voici, dit-il, ce que nous allons faire ; suivez le bout du roseau. » Les petits Romains n'y manquèrent pas, et ils se mirent à voyager du regard sur les traces de la baguette, tout émerveillés de voir qu'elle satisfaisait à chacun sa fantaisie.

En effet, Magister Scholarius ayant dirigé son roseau vers le sud-est se trouva tout à l'heure sur le territoire des Allobroges, qui lui livrèrent passage ; tournant alors vers le sud, il arriva bientôt au pied d'une longue chaîne de pics et des cimes couvertes de glaces, qu'il compara à un retranchement élevé par les divinités protectrices de l'Italie. C'étaient les Alpes Cottiennes. Le roseau les franchit aisément, puis il descendit avec précaution le revers opposé. Les jeunes gens s'étonnaient que l'on montât si vite, pour descendre si lentement : « C'est qu'ici, leur dit Magister Scholarius, nous entrons chez les Salasses, à peine domptés par le divin Auguste, et toujours remuants. J'exprime

donc qu'ici il faudra se tenir sur ses gardes, et ne provoquer point, par des clameurs étourdies, ces ombrageux montagnards. A ce prix nous arriverons sains et saufs jusque dans la capitale de ces peuples, *Augusta Prætoria* (cité d'Aoste), où déjà nous trouverons un amphithéâtre majestueux et un arc superbe. » Les jeunes Romains promirent de contenir leurs joyeuses clameurs et de composer leur allure jusqu'à ce qu'ils fussent en vue des murailles d'Augusta Prætoria, et sous le bouclier des soldats romains.

Alors le roseau reprit doucement sa route, en serpentant le long de la rivière *Doria Major*, où se voyaient çà et là, à droite et à gauche, des mines et des forges, figurées sur la carte par un petit cyclope forgeant une barre. Puis, arrivé dans les plaines de la Gaule Cisalpine, le roseau se mit à aller bon train jusqu'à la capitale *Mediolanum* (Milan), non toutefois sans séjourner quelque peu autour de *Vercella*, à l'endroit où Marius défit les Cimbres. De Mediolanum, où, selon Magister Scholarius, la troupe devait trouver les délices de Capoue, le roseau, tournant au nord, au travers du territoire des Insubres, atteignit aux eaux bleues du lac *Comum*, puis à celles du lac *Verbanus* (lac Majeur), enfin aux Alpes Pennines, qu'il franchit sans accident. Là, le roseau suivit le cours du Rhône jusqu'à Octodurum, l'endroit même où Magister Scholarius s'était embarqué la première fois qu'il vint à Genève.

C'est ce voyage, imaginé autrefois par Magister Scholarius, que nous avons fait cette année. Sans doute les lieux, les hommes, les choses ont changé ; les Allobroges d'aujourd'hui vont à la messe et prisent du tabac de contrebande ; les Salasses sont fort radoucis, et plusieurs sont plus goîtreux que remuants ; les Alpes elles-mêmes sont serrées par les villes, et portent sur leurs flancs de beaux villages, sur leurs sommets des routes et des hospices ; néanmoins rien n'est à la fois plus intéressant et plus varié, aujourd'hui comme autrefois, que cette tournée, pour laquelle suffiront quelques jours de marche. Sans parler de cette diversité d'hommes et de paysages qu'offrent les deux revers opposés des Alpes, il se trouve qu'en marchant à petites journées, tous les cinq jours la scène change du tout au tout, et de nouveaux spectacles apparaissent avant que les premiers aient rien perdu de leur charme. Ce sont d'abord toutes les magnificences des hautes Alpes, les aiguilles du mont Blanc, les glaciers sans nombre de l'Allée-Blanche. Dans cette région la solitude est grande, la vie laborieuse et frugale ; il ne s'y entend que le bruit de l'avalanche ou la sonnette des troupeaux ; mais les yeux s'y émerveillent, le corps s'y allège et l'âme s'y élève. — De Courmayeur à Ivrée, c'est un vallon italien, tout paré d'une élégante végétation, tout retentissant d'eaux bouillonnantes, et où les ruines romaines écrasent de leur imposante majesté les ruines crénelées du moyen âge. Ici la vie est douce, la marche facile, la scène toujours riante, et l'on trouve des Salasses à qui demander s'ils ont à vendre des figues ou du raisin ; des cyclopes à deux yeux, fort polis, et qui vous montrent avec complaisance l'intéressant travail de leurs officines. — A Ivrée commencent les plaines, et au milieu cette belle ville de Milan, séjour si neuf, station si heureuse au sortir des gorges de l'Allée-Blanche. Ce sont, après les ouvrages de la nature, les ouvrages de l'homme, les chefs-d'œuvre de l'art, les représentations de la scène, les douceurs de trois jours de mollesse, et les *pezzi*, les *sornetti*, les *graniti*, non moins frais; plus savoureux encore que l'onde glacée des montagnes.

C'est quelque chose déjà que d'avoir en quinze jours vu tant de spectacles divers; eh bien, voyageur, à ce beau banquet il y a encore un splendide dessert. Quitte Capoue, arrache-toi à ses délices, coupe ces cordages qui te retiennent sur la rive enchantée, accroche-toi, ô Télémaque, à la blouse de Mentor qui t'appelle, et voici tout à l'heure une région nouvelle, de douces collines, de verts promontoires encaissant des golfes limpides, des ondes azurées sur lesquelles flottent des îles chargées de palais et de fleurs. La trirème est prête, et après tant de marches qui font sentir le prix du repos, tu vogues nonchalamment; les ravissants paysages viennent à ta rencontre, ils défilent sous tes yeux, et tu poses enfin le pied sur le plus riant d'entre eux.

Au delà, ce sont de nouveau les grandes Alpes. A deux pas de la plaine populeuse s'ouvrent les gorges inhabitées du Simplon. L'homme franchit ces déserts, mais la terre y manque pour qu'il s'y établisse, et d'ailleurs les frimas en ont fait leur domaine. Tout effrayé qu'il est de sa petitesse au milieu de ces gigantesques rochers, la route qui le porte le fait ressouvenir pourtant qu'il domine par son génie la matière inerte; l'égal en ceci, non pas des dieux, comme il serait disposé à se l'imaginer, mais du castor ou de la fourmi, sans plus ni moins.

A Brigg, autre peuple, autres mœurs, autre contrée, et le Rhône qui vous attend pour ne plus vous quitter; enfin Octodurum, l'endroit même où Magister Scholarius s'embarqua lorsqu'il vint pour la seconde fois à Genève. Vive magister Scholarius, qui imagina ce joli voyage! Vivent les Allobroges, les Salasses, Mediolanum et la bonne auberge pennine de Mme Grillet sur le Simplon! Dans les Cottiennes on couche sur le foin, et l'on se nourrit d'eau fraîche. Le kangourisme dévore la Gaule Cisalpine.

Mais ce n'est pas le tout qu'un plan de voyage heureusement tracé; sans quoi, verrait-on tant de gens qui passent des mois à bien tracer toutes les étapes d'une excursion, à en assurer à l'avance toutes les conditions de plaisir, d'agrément, de commodité confortable, si cruellement déçus quelquefois, si mortellement ennuyés au milieu de leurs agréments, si monstrueusement bâillant au sein de leurs plaisirs, réussis pourtant, servis chaud et à point? Non, sans doute! Tout le monde s'amuserait, les riches surtout, si l'on pouvait préparer le plaisir, le salarier et lui assigner rendez-vous. Mais il n'en est pas ainsi. Rien de libre, d'indépendant comme ce Protée; rien sur quoi la volonté, le rang, l'or, puissent si peu; rien qui se laisse moins enchaîner, ou seulement retenir; rien sur quoi l'on puisse moins compter à l'avance, ou qui plus rapidement s'envole ou vous délaisse. Il fuit l'apprêt, la vanité, l'égoïsme; et à qui veut le fixer, fût-ce pour un jour seulement, il joue des tours pendables; c'est pour cela qu'il est à tous et à personne, qu'il se présente là où on ne l'attendait pas, et que, contre toute convenance, il ne se présente pas à la fête où on n'attend que lui. On ne peut nier cependant que certaines conditions ne favorisent pas sa venue, et, en voyage, si les touristes sont jeunes, si la marche, le mouvement, la curiosité animent corps et esprits, si surtout nul ne s'isolant, et chacun faisant du bien-être et du contentement communs son affaire propre, il en résulte des égards, des dévouements, ou des sacrifices réciproques, en telle sorte que la cordialité règne et que le cœur soit de la partie, oh! alors le plaisir est tout près, il est là, dans la troupe même; il s'y acclimate, il ne la quitte plus; et ni la pluie, ni le beau temps, ni les rochers, ni les plaines, ni les harpies, ni les kangourous, ne peuvent plus l'en chasser. Les grandes pensées viennent du cœur, a-t-on dit : et le plaisir, d'où vient-il donc? Du cœur aussi. Lui seul anime, féconde, réchauffe, colore... et voilà pourquoi il ne suffit pas de tracer un plan de voyage; et voilà pourquoi l'on peut bâiller, bâiller à se démantibuler la mâchoire, au milieu du plus moelleux confortable, ou au sein des plus exquises récréations.

Voilà aussi pourquoi notre voyage n'a été qu'un

long plaisir de vingt-trois jours, une grande fête parsemée de petites fêtes, sans compter ce plaisir, non du cœur, mais de l'estomac, qui se rencontrait à point nommé, autour de chaque table bien ou mal servie, deux, trois et quatre fois le jour. Qu'est donc le nectar auprès de cette piquette rose! qu'est l'ambroisie auprès de ce jambon coriace que nous dévorâmes à Arvier, à Vogogne, à Isella, en tant de lieux célèbres aujourd'hui parmi nous! Il faut en convenir, tous les plaisirs ne viennent pas du cœur, il en est qui partent de tout côté; ceux-là, on leur donne rendez-vous au bout de quatre heures de marche, et ils ne manquent pas de s'y trouver; ceux-là, ils ne s'envolent que pour revenir; ceux-là, l'or y peut bien quelque chose, surtout en Italie, où les hôtelleries sont chères.

Mais venons-en aux voyageurs eux-mêmes. Il en est un qui jouit d'attributions spéciales, c'est M. Töpffer, payeur en chef, banquier général, responsable, universel, rédacteur soussigné. Général d'une troupe étourdie, il compte ses têtes, il surveille les mulets, il est attentif aux chevaux, il a soin du passeport, il tâte la bourse, il compte son or, il recalcule son argent, le tout en marchant, en conversant, en regardant, en croquant ou en ne croquant pas tous les beaux sites qui se présentent.

Mme T... fait partie aussi de la caravane. Cette dame, probablement l'unique voyageuse de son espèce, chemine à pied comme nous et au milieu de nous, partageant notre bonne et notre mauvaise fortune, et goûtant un plaisir infini à un genre de vie qui est loin d'être toujours délicat et confortable; aussi est-ce un sujet d'étonnement pour ceux qui nous voient passer que l'apparition de cette voyageuse. Mais, de tous, les plus surpris, ce sont ceux qui ont commencé par nous prendre pour les élèves des jésuites de Fribourg ou de Brigg. Ils voient des blouses, et puis des blouses... bien; mais, au lieu du supérieur qu'ils attendent, voici venir une dame en robe rose. Alors ils n'y sont plus, et ils roulent dans un abîme d'hypothèses où les malheureux demeurent, eux et leurs familles, et tout le village, et le curé aussi.

Laurent et *Alfred* sont deux voyageurs d'âge demi-mûr, qui s'élèvent comme des sommités parmi les cadets de la troupe. Autre sommité, c'est *John Ketler*, jarret cyclopéen, appétit idem, et voyageur conforme.

Miech est débutant. C'est un voyageur placide qui attend tout du temps ou du cours des choses. Il tombe souvent de la lune, mais sans se faire de mal. Gai au demeurant, folâtre par accès, marcheur excellent, appétit conforme, et se couvrant au soleil, crainte des coups de froid. — *Blanchard* est à la fois un marcheur qui aime la voiture et un voituré qui ne craint pas la marche. Il est à la piste des sensations, et n'en manque pas une, mais il en prend souvent deux à la fois, ce qui l'embrouille. — *Zanta*, intrépide marcheur, homme éminemment d'avant-garde, mais sujet à erreur, faute d'y regarder. —

Borodinos, débutant, risolet, moldave et bon jarret.

Augier est un voyageur vieille garde; il a vu entrer dans la pension tous ses camarades; sans être leur aîné, il est leur ancien. — *Peyronnet* a doublé en hauteur et en largeur depuis la dernière excursion. Jarret excellent, appétit conforme. — *Blokmann,* marcheur égal, voyageur rangé, à qui la fatigue est inconnue.

Vient ensuite une paire d'Anglais inséparables, rieurs, et très voleurs de noix et autres *védgétabels.* Ils ne font aucun cas d'une grappe vermeille achetée du marchand, et savourent délicieusement le verjus d'un grain volé. Ils grimpent sur les arbres, sautent les fossés, ricochent dans l'eau, escarpolettent sur tout ce qui bascule, et sont secs d'agilité, noirs de canicule. Ce sont *Percy* et *Manfred,* Manfred avant et après sa fièvre d'accès, qu'il a prise chez les Salasses, et qu'on a radicalement quinquinisée à Milan.

Une paire de cadets, touristicules d'un mètre de hauteur, l'un sobre, l'autre intempérant de langue, tous les deux bons marcheurs : ce sont *Thornberg* et *Pillet.*

Enfin une paire d'Américains toute neuve, je veux dire débutante. L'un très civilisé, modéré, tempéré : c'est *Arthur.* Il recherche des monnaies et pièces de remarque, qu'il appelle *coïns,* et il met tout son numéraire et tout le numéraire de son frère en *coïns,* ce qui rend sa situation gênée et misérable, bien qu'il soit riche en espèces. Du reste, bon jarret, avec un appétit du nouveau monde. L'autre, c'est *Bryan*, immodéré, intempéré, excentrique à un haut degré. Il est colossal dans ses mouvements, fabuleux et primitif dans ses expressions, destructeur de tout serpent, lézard, *parpaillon*, et se livrant avec audace et désespoir à des entreprises hors de portée, comme de jeter, du fond d'un abîme, des cailloux aux aigles de l'air. Il a la gaieté sérieuse, le rire vibrant, le chapeau désordonné et la cravate lâche. Se défiant de ses gigantesques fantaisies, il place tout son numéraire dans les *coins* de son frère, et dompte ainsi ses penchants par une pauvreté volontaire. Toutefois, son indigence actuelle a un but éloigné. Il cherche les œufs d'oiseaux, et il aspire à l'achat inexprimable d'un œuf d'aigle. Un œuf d'aigle! c'est son avenir; en attendant, il déniche tout ce qui niche et porte la terreur chez tous les habitants de l'air. Du reste, excellent voyageur, à marche fantastique, monumentale, et jarret de bronze. —. David, domestique, accompagne cette caravane, qui se met gaiement en route le lundi 21 août 1837, par un de ces temps splendidement sereins, riches en soleil, en espoir et en joie.

Dans ce voyage à pied l'on part en voiture. C'est notre habitude, soit afin de ménager l'organe, soit pour avoir plus vite franchi les environs de Genève, fort beaux, certes, mais pour nous encore plus connus. Mais il arrive qu'au moment du départ, l une des trois voitures se sépare des autres, et s'achemine vers sa remise. C'est qu'au moment de partir, le cocher de cette voiture s'est aperçu qu'il y manque une roue, ou quelque partie d'une roue et, sans mot dire, il est allé emballer sa cargaison dans un véhicule plus perfectionné. Bientôt il rejoint.

A quelque distance on distingue à l'arrière, au travers des tourbillons de poussière que soulèvent nos trois calèches, un char de connaissance; il porte M. le pasteur B... et deux de ses élèves. Ces messieurs vont à Saint-Gervais ce soir même, et par la grande route; nous, nous comptons y arriver demain, jamais en franchissant le col d'Anterne. Ce serait, pense-t-on des deux parts, bien agréable de cheminer ensemble. Aussitôt pensé, aussitôt décrété et mis en œuvre : ces messieurs nous font le plaisir d'adopter notre itinéraire.

En vertu de ce gracieux arrangement, les quatre voitures arrivent dans la ville de Saint-Joire, au grand étonnement des anciens du pays, qui n'ont jamais vu une pareille file d'équipages de luxe. La Grand'Place est remplie de monde et de veaux, parce que c'est foire et en même temps jour d'audience; ce qui explique pourquoi Bryan, faisant un hardi mélange d'idées et de termes, se persuade que c'est l'audience des veaux qui rend Saint-Joire si animé ce jour-là.

Nous faisons à Saint-Joire une petite buvette, dans une chambre haute. Le mets principal, c'est du saucisson, auquel on trouve généralement un goût de cochon vivant, quelques-uns un goût de matelas, ce qui s'expliquerait alors par des cochons étouffés récemment entre deux matelas, pendant l'audience des veaux. Grandes bêtises sans doute, mais qui suffisent à nous jeter dans un branle de rire tout à fait agréable et très digestif, qui se prolonge par delà un dessert arrosé de vin d'Asti.

Rit-on des choses spirituelles comme de grosses bêtises que dicte une folle gaieté? C'est douteux. Esprit sur esprit, ça fatigue; bêtise sur bêtise, ça désopile. Mais ce qui est vrai, c'est que l'esprit s'écrit, s'imprime, sans perdre trop de son agrément; la bêtise, la bonne bêtise, une fois sur papier, n'est plus que bête; et c'est un mérite petit, outre qu'il est commun.

A Saint-Joire nous quittons les voitures, et nous chargeons les havresacs sur l'impériale de nos épaules. Le temps est magnifique à la vérité, mais le soleil brûlant sans contredit, et il s'agit de s'engager dans la Serraz. C'est une longue rampe pavée, poudrée, grillée, une vraie *Sierra Morena*, un lieu d'épreuve pour les chevaliers errants qui portent le havresac pour la première fois. La caravane s'y lance avec une ardeur qui bientôt s'évapore au soleil; alors les groupes se forment, s'espacent selon le degré de démoralisation, et en queue de tous, l'Américain Arthur gravit solitairement les parois de cette fournaise.

Après trois heures de marche l'on atteint Taninge, la patrie des maçons. Il y a là une sorte d'hôtellerie qui porte pour enseigne un cruchon rose, d'où sort à gros bouillons une blanche écume; comment résisterions-nous au désir d'y entrer? Ah! lecteur, quelles délices! Mais il en est de la bière bue comme des bêtises dites : cela ne fait aucun effet sur le papier. Quoi qu'il en soit, on trouve toujours à Taninge de l'excellente bière de Savoie, en sorte qu'on est porté à se demander si cette bière est là à cause de la Serraz, ou si c'est la Serraz qui est là pour faire vendre la bière.

Nous quittons cet endroit pour nous acheminer sur Samoins, à l'heure justement où aux ardeurs caniculaires de l'après-midi succèdent insensiblement les tiédeurs de la soirée. C'est, pour la marche, le plus agréable moment de la journée; l'ombre s'étend, la fraîcheur arrive, et au lieu de cette uniformité d'éclat où s'effacent tous les contrastes, au-dessus des pentes assombries du vallon, on voit briller sur l'azur des cieux la cime empourprée des montagnes.

A Samoins, l'auberge est pleine, et, de plus, il s'y trouve, comme à Bex, l'an dernier, des pensionnaires. Heureusement, ceux-ci sont gracieux et indulgents; ils secondent, au lieu de l'entraver, le zèle de l'hôtesse, Mme Pellet, occupée à des fritures, presque frite elle-même, et qui, la queue de la poêle en main, nous reçoit à merveille, tout en donnant ses ordres, en mettant du sel et en attisant le feu. Il n'est rien de tel que la bonne volonté dans une hôtesse : on lit dans l'œil de Mme Pellet que nous ne manquerons de rien. En attendant, nous allons nous promener sur la place, une des jolies qui se voient, traversée par un ruisseau limpide, et ombragée par des hêtres séculaires. Chevaux et poulains y abondent, revenant de quelque audience, sans compter trois ânes et deux notables, quatre en tout.

Le bruit se répand que nous coucherons dans trois maisons, et, ce qui vaut mieux, que nous souperons dans l'une d'elles, celle aux fritures. Nous y trouvons en effet un fort bon ordinaire; seulement, il y a deux canards inattaquables, deux bêtes fortes, un peu fossiles, sur lesquelles nous exerçons des rongements féroces, mais absolument vains. On devrait laisser vivre les canards d'auberge, ils sont toujours coriaces. Après souper, la caravane se forme en trois corps, et gagne, sous la conduite des enfants Pellet, des logis distants, inconnus, fabuleux, mais incontestables. Chaque paire y trouve son petit nid, et s'y endort bientôt, au grand contentement des pensionnaires.

Mais M. Töpffer, comme doit faire un chef vigilant, ne dort point encore, et, demeuré auprès de la famille Pellet, dans le local aux fritures, il y organise les choses du lendemain. Il lui faut deux chevaux; toute la famille se met en quête : impossible d'en trouver. On va conjurer Benaiton, supplier Jean-Louis : inexorables ! Tous ces gaillards-là élèvent bien des chevaux, mais ce n'est pas pour notre service. Sur ces entrefaites arrive dans la cuisine un notable excessivement aviné, qui, faute d'équilibre, se brûle la moustache en voulant allumer son cigare à la chandelle. « Madame..., dit-il ensuite en s'adressant à l'hôtesse... — Que vous faut-il? — Il nous manque... — Quoi? — Il *nous manque...* deux bouteilles de vin d'Aïze. — Et moi, je crois que vous en avez deux de trop, » lui répond Mme Pellet.

Retourné dans sa chambre, M. Töpffer trouve son lit occupé ! Ce sont les particuliers Miech et Thornberg qui, se croyant dans le leur, y sommeillent à l'envi. Réveillés à grand'peine, on leur explique la chose le mieux qu'on peut. Alors ils mettent leurs pantalons de travers, ils s'embrouillent dans leurs manches de veste, et partent pour l'exil, leurs effets sur le dos et leurs souliers sous le bras. Un guide, qui les éclaire avec une lumière qui s'éteint, les conduit à travers la Grand'Place et le ruisseau, dans le logis où est leur légitime lit. Ah! le méchant rêve!!!

Bientôt tout dort dans **Samoins**, excepté ce monsieur à qui *il manquait* deux bouteilles de vin d'Aïze.

A SAMOINS

DEUXIÈME JOURNÉE

A trois heures du matin, de petites pierres lancées du dehors contre les vitres réveillent les voyageurs. C'est M. le pasteur B..., qui, par ce moyen ingénieux, résout le problème des trois corps. Vous avez trois maisons inconnues où dorment, dans des lits inconnus, des voyageurs connus, et vous voulez réveiller ces messieurs !... Eh bien, au lieu de procéder par X et Y, vous prenez de petits cailloux que vous lancez contre toutes les fenêtres de toutes les maisons de toute la ville. Ainsi fait M. B..., avec un succès qui s'étend des connus aux inconnus.

Le fils Pellet a employé une partie de la nuit a nous chercher des chevaux, mais il n'a réussi qu'à moitié. Devant la porte est une grand'mère jument, haute de six pieds, menée par un guide grand-père. Comme nous allons partir pour le désert, on emballe des provisions : les unes, sous forme de déjeuner, sont immédiatement mises en sûreté ; les autres, espoir de la patrie, sont emballées dans un grand sac, et l'on part pour Sixt, où l'on compte pouvoir compléter les équipages. Effectivement. à Sixt, deux guides et un mulet entrent dans la caravane.

Le fils Pellet nous a accompagnés jusque-là, en se chargeant de porter lui-même l'un de nos plus gros havresacs, celui du chef, le seul sac de la troupe qui soit en ménage et contienne charge double. M. Töpffer veut reconnaître en partie des services que les usages reçus n'autorisent pas à supposer tout à fait désintéressés. Mais, dans l'espèce, M. Töpffer se trompe : « Je vous remercie, lui dit le fils Pellet, car j'accepte... mais pour notre domestique qui portera vos vivres. Là-haut vous lui donnerez cela de plus ; il l'aura mieux gagné que moi. » J'ai oublié plus haut de compter, parmi les plaisirs du voyage, celui de rencontrer des gens faits ainsi. C'en est un grand pourtant, et moins rare peut-être qu'on ne suppose communément.

En effet, les aubergistes sont un peu ce que les

fait le voyageur. Vous arrivez fier, exigeant, rogue, mettant entre vous et votre hôte l'immense distance qui sépare le riche gentleman du misérable salarié ; voilà la nature du contrat établie par vous-même : on vous sert de son mieux, avec empressement, avec respect ; service, empressement, respect, se retrouvent sur la note, que vous trouverez chère et que vous payerez avec humeur. Vous arrivez bonhomme, bienveillant, sans exigence ni fracas ; vous traitez votre hôte en homme dont les égards, la bonne grâce vous sont personnellement agréables. dont les respects ont leur mérite, mais ne s'achètent pas ; il vous les donne sans vous les vendre ; votre note, déchargée de tous faux frais, se trouve être équitable, et vous la payez avec plaisir. On rencontre des gens qui disent du mal de toutes les auberges ; ce sont gens dont avec plus de justice toutes les auberges pourraient dire du mal.

Tous nos préparatifs achevés, nous nous mettons en devoir de passer le col d'Anterne. C'est une journée qui va compter dans nos annales, et pour la seconde fois ; M. Töpffer a décrit quelque part[1] ce qui lui advint la première. Surpris par une tourmente, on le fit passer par une route abrupte et inusitée ; de Servox à Sixt il mit six heures, que l'émotion, la crainte, le plaisir, firent voler avec rapidité. Aujourd'hui point de tourmente ; mais, en suivant tous les contours de la route ordinaire,

1. Dans les *Nouvelles genevoises*. Voir celle intitulée *le Col d'Anterne*.

nous serons surpris de lui trouver neuf heures au lieu de six annoncées par le chef.

De Sixt on ne voit pas le col d'Anterne, mais seulement la magnifique pointe de *Sales,* au pied de laquelle il s'ouvre. Cette sommité fait partie de l'immense paroi des Fiz, dont elle termine une des extrémités, comme l'aiguille de Warens termine l'autre.

De loin, ces rocs verticaux se présentent comme une majestueuse muraille; vus de plus près, ils se dessinent en contreforts, en tourelles, en dents aiguës, en pyramides augustes, qui, comme la pointe de Sales, tantôt réfléchissent au plus haut des airs les radieuses sérénités du ciel, tantôt percent la nue, agacent la foudre et bravent la tempête. Dès qu'on a commencé à monter, on les perd de vue, pour ne les retrouver qu'au sortir des bois et des pâturages qui couvrent le pied de la montagne. Bryan regrette qu'ils disparaissent ainsi, car, dans chaque trou de ces rochers il suppose des nids d'aigle par centaines. Mais, pour se consoler, il lance des pierres aux nuages où il aperçoit des oiseaux qui planent, et consume dans cet exercice un excédent de vigueur dont plusieurs sauraient bien que faire. Nos porteurs transpirent à fil, et la grand'mère jument jette le feu par les naseaux.

Après une marche de quatre heures, on arrive sur un premier plateau où l'on découvre un lac, et, non loin, les chalets d'Anterne. Nous y faisons une halte, au milieu de pâtres avides et de montagnards mendiants. La grand'mère jument et le guide grand-père refusent d'aller plus loin. Autant en fait l'autre mulet, et, ce qui est bien plus sérieux, autant en veut faire le domestique porteur, qui se met à arguer de ce qu'un homme ne peut faire ce qu'une bête de somme ne fait pas. L'argument est de toute justesse ; néanmoins M. Töpffer, au moyen d'une quantité de sophismes détestables, parvient à convaincre le pauvre porteur qui se remet en marche.

De cet endroit, M. Töpffer fait voir à ses compagnons, au pied des Fiz, la route par laquelle Félizar le fit passer, lui et sa troupe, en 1830. C'est un couloir tout rempli de rocs éboulés que la neige recouvrait alors, et où, sans la neige, il serait impossible de marcher. Il comprend encore mieux que par le sentier battu, lui et sa troupe, exposés pendant plusieurs heures aux fureurs de l'orage, n'eussent peut-être vu ni Sixt ni leurs foyers, et il admire de nouveau la sagacité et la prompte résolution de Félizar. Mais, à propos de Félizar, quel mécompte et quel chagrin! le père de cet homme

est mort, et le bruit court dans le pays que les mauvais traitements de son fils ont abrégé ses jours! Félizar, effrayé par ces rumeurs, et peut-être conseillé par ses remords, a quitté la contrée, et l'on ignore le lieu de sa retraite.

Des chalets au col il y a encore beaucoup à monter au milieu d'une contrée de plus en plus alpestre et sauvage. D'arbres, il n'en est plus question dès longtemps; les pâturages mêmes font place aux arides rocailles; bientôt nous atteignons aux neiges, puis à une croix d'où l'avant-garde fait des signaux. C'est le col. De cette hauteur l'on découvre soudainement un de ces spectacles qui payent de toutes les fatigues. Pardessus les dentelures de Grenairon, c'est le Buet qui étale son dôme argenté; et par-dessus les chaudes cimes du Brévent, c'est le mont Blanc qui pyramide dans l'azur du ciel : de toutes parts un chaos de cimes et de glaces, d'éblouissantes clartés et de noirceurs sévères, des aiguilles qui s'élancent dans les airs, ou des pentes qui se perdent dans l'abîme, et nous, nous, petite troupe aventureuse, comme perdus dans ces solitudes et suspendus entre ces abîmes. A moins de nous accroupir sur la neige de l'autre revers, il nous faut nous blottir de ce côté-ci sur l'étroit replat d'une rampe gazonnée qui se coupe en précipice à quelques pas de nous. C'est là qu'on déballe les vivres et que le pauvre porteur voit, en moins de rien, sa charge réduite à rien.

Toutefois ce joli repas se termine par un triste dessert, car nos compagnons ont résolu de nous quitter ici pour se rendre ce même jour à Chamounix par Brévent. On se dit adieu, en s'exprimant le mutuel regret de ne pas cheminer plus longtemps ensemble, et l'on se sépare après avoir fait le partage des guides. Nos compagnons se lancent dans une gorge qui s'ouvre à notre gauche, paraissant et disparaissant tour à tour selon les accidents du terrain; et les signaux, les adieux, les hurras ne finissent que lorsqu'ils sont hors de notre vue.

Notre porteur s'en retourne à Sixt, chargé de numéraire; plus, d'un grand os de gigot, très charnu encore; plus, de notre tonneau de vin, qui est bien loin d'être à sec; plus, d'un demi-pain. Quel moment pour un pauvre porteur échiné! Le bonhomme laisse voir sur son visage qu'il est doux en effet, ce moment-là; et, au lieu de reprocher à M. Töpffer ses détestables sophismes, il salue affectueusement la compagnie.

En descendant le col on se rapproche des Fiz, ces grandes dents qui branlent dans leurs mâchoires décharnées, pour s'écrouler de temps en temps avec un horrible fracas. M. Töpffer dessine quelques-uns de ces rochers, qui sont reproduits ici ; mais c'est comme la bière bue, comme les bêtises dites, cela ne rend pas sur le papier.

Dès le commencement de la descente, il se forme une avant-garde remplie d'ardeur, qui descend à la course sous la conduite ou plutôt sur les traces du voyageur Laurent, gaillard élastique, plein de vigueur et d'entrain. Vient ensuite un centre où se trouvent le dictateur en personne, quelques marcheurs modérés et un groupe d'éclopés; enfin l'arrière-garde, composée de Bryan, qui, toujours en poursuite de serpents ou de *parpaillons*, dépense, en faisant double route, le reste de son excédent. Ketler, porteur complaisant du havresac de Pillet, le laisse choir de dessous son bras. L'oblongue valise roule, saute, et, de bonds en bonds, gagne le fond d'un torrent, où elle a le temps de se rafraîchir en attendant qu'on la repêche.

A un froid vif succède une chaleur étouffante, lorsque tout à l'heure nous avons atteint le revers du mont qui descend directement sur Servoz. Nous y trouvons aussi pour sentier un couloir de cailloux, où le centre se disloque, et où se démène l'arrière-garde dont on n'a plus de nouvelles. Plusieurs font des chutes qui leur macadamisent les régions charnues.

Mais voici Servoz, voici l'hôtellerie, la bière et

l'oubli de tous maux. Bien que nous marchions depuis environ dix heures de temps, séance tenante, il est décidé à l'unanimité qu'il faut pousser ce soir même jusqu'à Saint-Gervais-les-Bains, quitte à pourvoir au transport des éclopés. Après bien des recherches, on parvient à trouver un char à bancs ayant pour maître et pour cocher un vétéran à jambe de bois; mais ce brave homme est aussi agile et plus gai, très certainement, que la plupart de ceux qui jouissent de leurs deux jambes. Assis de bizingue, sur l'échelle du char, de là il guide, il fouette, il évite les ornières, et répond aux questions tout en gouvernant sa jambe de bois, qui, tantôt logée en travers, barre le chemin et agace les haies, tantôt remise en place, se lime contre le brancard ou chatouille la jument. C'est égal, tout vient à point. Les Savoyards ont des chars qui tiennent par quatre clous, des attelages de ficelle et des bêtes borgnes, mais ils connaissent leur chemin, ils savent le danger, ils ne comptent que sur leur prudence, et l'on est plus en sûreté sur leurs plus misérables chariots que dans nos plus brillants phaétons. En fait de voiture, ne regardez qu'au cocher. C'est un aphorisme.

Ensuite, chacun son goût, il est vrai; mais le mien, dépravé peut-être, me fait trouver un singulier agrément à monter sur ces équipages rustiques qui circulent lentement dans un chemin raboteux mais ombragé, pittoresque. L'allure me laisse le loisir de voir; les cahots me représentent le mouvement de la marche; je cause avec le cocher, qui est savant des choses de l'endroit; je suis certain de lui plaire rien qu'en ne le dédaignant pas, rien qu'en lui parlant de sa bête qui nous traîne. Cette bête elle-même m'intéresse toujours : c'est la patiente compagne, quelquefois le soutien d'une famille, usant sa vigueur en paisibles mais laborieux services, et s'offrant à mes yeux comme l'emblème du serviteur fidèle et désintéressé. Sous cette crinière en désordre, sous ce harnais misérable, je vois non pas la rosse, mais le noble animal vieilli dans des fatigues utiles ; et si, descendu du char, je trouve à le réjouir de quelque croûte de pain demeurée dans le fond de ma poche, j'en éprouve un plaisir véritable.

Nous cheminons en considérant le mont Blanc qui brille dans toute sa gloire du soir. Mais il ne faut plus en chercher l'image dans ce limpide miroir où elle se reflétait autrefois avec tant de charme et d'éclat : le lac de Chède a disparu ; il n'en reste qu'une petite flaque qui croupit entre des boues immondes vomies par la montagne. Il n'est pas à croire qu'il se reforme jamais. Heureux donc ceux qui l'ont vu !

Pendant que chacun s'extasie devant le spectacle qu'offre le mont Blanc, le voyageur Bryan soulève les rocs, fouille les buissons, et bâtonne les *parpaillons*, sans donner un regard au colosse : « Cela, dit-il, ce n'est qu'une colline recouverte de neige ! » Avec cette réponse il tient tête à tous les extasiés, qui s'embrouillent dans une argumentation impossible, comme il arrive lorsqu'on veut prouver le beau à quelqu'un qui le nie, ou qui s'amuse à le nier. Voici un beau visage, des traits qui ravissent !

— Ce sont des os couverts de viande. Façon de voir, ou seulement de dire, qui, dégénérée en habitude, serait triste et dangereuse, mais qui pour l'heure est sans conséquence.

Au bas de la montagne, le char, qui a cheminé jusque-là au milieu de nous, prend les devants, et nous laisse sur une route que l'on parcourrait plus facilement en bateau qu'à pied. Elle fait pour le moment partie du lit de l'Arve, et les truites s'y promènent avec nous. Surpris par la nuit au milieu de ce gué, nous tirons sur la gauche pour prendre par les prés ; mais ici ce sont des marécages à grenouilles, où le pied se perd en des profondeurs aussi glacées que vaseuses. Bien vite il faut rebrousser vers la route, où, pour abréger la durée du rafraîchissement, tous se mettent à galoper vers la terre ferme. C'est un magnifique spectacle, si on pouvait le voir, et les nymphes des eaux s'en souviendront longtemps. Après ce petit exercice, nous retrouvons la poussière qui saupoudre nos personnes, en telle sorte que nous arrivons à Saint-Gervais tout poudreux, bien que réellement tout trempés.

Les bains sont encore très vivants. Selon un projet formé à Genève, les deux Américains ont le plaisir d'y trouver leur mère, qui, accompagnée de M. D..., vient entreprendre de faire avec eux et nous la tournée de l'Allée-Blanche. Après un joli souper au bout de la longue table des baigneurs, un conseil est tenu pour arrêter les choses du lendemain. Il y est décidé que, vu les fatigues d'aujourd'hui, il sera fait un temps de repos dans l'excellent endroit où nous voici, et que, partis demain après midi pour aller coucher à Nantbourant, nous mettrons ainsi trois jours au lieu de deux pour atteindre Courmayeur. Sur ce, chacun prend sa lumière, et bonsoir à tous.

LE VALLON DE SAINT-GERVAIS

TROISIÈME JOURNÉE

De compte fait, nous avons marché treize heures hier : c'est apparemment à cause de cela que nous faisons d'hier à aujourd'hui un sommeil de treize heures, laissant le soleil se lever et le déjeuner attendre. On verra par la suite que nous avons bien fait de prendre ici ce petit acompte.

Par un beau temps et une fraîche matinée, ce vallon des bains est un séjour des plus agréables. Il a des sentiers solitaires pour ceux qui sont rêveurs, de la compagnie pour ceux qui aiment à jaser, des ailes de bâtiments en construction pour ceux qui aiment voir lancer du mortier ou équarrir une poutre, des fresques singulièrement ardentes de couleur et apocryphes de composition pour les amateurs des arts, et puis un vieux débonnaire cheval qui vient s'offrir à la pension, lui prêtant son dos pour faire la voltige. La pension voltige donc, et c'est là que l'on peut voir que treize heures de bon sommeil réconfortent remarquablement un touriste éclopé. La matinée se passe bien rapidement au milieu de ces distractions, et vers une heure commencent les préparatifs du départ. Le premier, c'est le dîner, et le plus possible, car durant deux jours nous allons être mis à la ration. Après quoi, on approvisionne les bouteillons, on charge des vivres sur un mulet, on règle les comptes, et l'on fait connaissance avec nos deux guides, Cohendet et Favre.

Cohendet passe pour le meilleur guide de Saint-Gervais. C'est un bonhomme, jeune autrefois, au timbre de Stentor et au parler plein et pâteux : « Le coffre est bon, dit-il, le jarret va bien ; mais l'œil pas si net que ci-devant. » Il faut savoir que Cohendet est très souvent de noce, et qu'à la noce il ne boit jamais d'eau, bien qu'il mange très salé. Il s'ensuit que Cohendet *festonne* un peu au retour, et que, regardant la montagne, il voit double cime et s'en prend à son âge. Favre commence sa carrière de guide; c'est un vigoureux gaillard qui a dans la voix quelque chose de pacifique, si bien qu'on croit toujours entendre un sage réconciliant des amis brouillés. Par humanité il charge peu sa bête, et conseille au voyageur de lui en louer une en sus, et son père avec, et son petit frère quand il sera grand. Du reste, ni Cohendet ni Favre n'ont cette courtoisie prévenante qui distingue les bons guides de Chamounix. Ils bornent leur office à marcher devant vous, vous laissant à vous-même le soin de franchir un mauvais pas, de porter votre manteau ou votre parapluie, et de vous rendre mille petits services à volonté.

A deux heures la caravane prend congé et part divisée en deux corps : cavalerie, qui passe par la grande route; et infanterie, qui gravit un petit sentier aussi perpendiculaire qu'abréviatif. On voit se reproduire ici toutes les évaporations de la Sierra-Morena; en moins d'un quart d'heure les blouses sont trempées du haut en bas, et néanmoins Bryan déniche, sonde les taillis, grimpe et redescend, comme si de rien n'était. Au-dessous du vallon s'ouvre la gorge de Saint-Gervais, où nous retrouvons en même temps les zéphyrs et l'ombrage.

On achète, en passant à Saint-Gervais, une partie de denrées coloniales pour les besoins éventuels de la troupe dans les déserts où nous allons entrer. Parmi ces denrées il y a un sucre en pain

tronqué qui est destiné à nous accompagner, en se
tronquant toujours davantage, jusqu'aux dernières
étapes du voyage. Ce digne pain sucre notre eau,
sucre nos liqueurs, et ci et là notre thé ou notre
café. Néanmoins chaque soir et chaque matin, on
remet en question sa destinée : le laissera-t-on? le
donnera-t-on? l'emportera-t-on? Et puis, comme
on s'attache naturellement aux vieux serviteurs, on
finit toujours par emmener celui-ci, malgré le misérable état de son habit de papier bleu, qui est
troué de toutes parts. A Magadino, quinze jours
après, le vieux serviteur tombe dans un grand bol
d'eau chaude et s'y noie; vite du rhum! vite du
citron! et toute la caravane boit à la mémoire du
défunt un punch du dernier délectable. Ainsi périt
à la fleur de son âge... mais je m'égare dans l'orai-
son funèbre.

A Bionnay on laisse sur la gauche le sentier qui
conduit par Prarion dans la vallée de Chamounix,
et l'on commence à mettre entre soi et cette vallée
le mont Blanc en personne. Le pays que nous
parcourons est encore riant et cultivé; vers le soir
déjà, il devient solitaire et de plus en plus sauvage.
Le chemin, d'abord doux et facile, aboutit à un
rocher boisé qu'il faut gravir. Mais contre ce
rocher qui ferme le vallon est adossée la chapelle
de notre Dame-de-la-Gorge. C'est une vieille église
précédée de douze petits reposoirs, symbole des
stations du calvaire. Encaissée entre des pentes
verdoyantes, serrée de près par les forêts, et domi-

née par des cimes inaccessibles, cette petite église rappelle ce que l'on se représente de ces temples mystérieux où les druides cachaient autrefois leur culte. Bientôt nous la voyons au-dessus de nous, se perdant peu à peu dans une ombre ténébreuse; tandis que l'aiguille de Warens, les Fiz et le col d'Anterne se découvrent à mesure que nous nous élevons et reflètent sur la saillie de leurs vastes parois les derniers feux du soir.

Durant toute cette partie de la route, nous ne rencontrons qu'un montagnard qui descend des hauteurs : « Ah! les belles gens, dit-il, et puis propres, et puis riches! Ah çà, qui êtes-vous bien, vous autres? Des bienheureux du temps. Et que diable venez-vous donc voir chez ces rocs? Et tant d'autres qui passent aussi, mêmement que si chacun me payait vingt francs, je serions enterré sous mes millions? — Voilà, lui dit magnifiquement M. Töpffer, vingt sous pour vous. — Eh! braves gens, bien vrai? et puis propres, et puis de quoi boire un coup!!! » Et il s'en va aussi joyeux que si les millions étaient venus, sans compter que vingt sous, c'est plus portatif.

Plus loin, l'arrière-garde, perdue dans la nuit d'un taillis, entend tout à coup des chants, du tambour, une noce tout entière... On s'attend à voir Cohendet qui festonne, lorsqu'on découvre les voyageurs Laurent et Miech qui viennent, musique en tête, à notre rencontre, annonçant que Nantbourant n'est pas loin, que c'est un chalet, qu'il y a du foin, qu'il y a du lait, qu'on y sera merveilleusement, et ran, tan, plan, la musique recommence, nous arrivons tambour battant à la première chaumière. Dans ce moment il y règne une grande joie : on vient d'y découvrir que l'auberge possède un grand cornet de vermicelle ; un autre sujet d'allégresse, c'est qu'il n'y a que quatre lits qui sont destinés à qui de droit, et tout le gros de l'armée ira tambour battant dormir dans le fenil. Pour l'heure, on se chauffe à trois feux clairs, plaisir vif, après la marche et si près des glaces ; on ne s'y arrache que lorsque des tourbillons de vapeurs sortis de la salle à manger annoncent que la chaudière est sur table. Il faut voir alors ce que valent la marche et la nécessité pour faire trouver exquis, ravissant, le plus maigre souper, un souper de l'âge d'or, c'est tout dire, et pour être convaincu que ceux qui cherchent le secret de la bonne chère uniquement dans l'habileté du cuisinier font bien souvent fausse route.

Arrive le moment de gagner notre chambre à coucher : c'est un fenil abrité par une toiture en tavillons. On y grimpe un à un par une petite échelle qui glisse et se couche à plat dès qu'on arrive au troisième échelon, ce qui fait ressembler l'opération à une ascension en *tread-mill*. Avec du temps, néanmoins, l'armée franchit ce pas difficile, et arrive dans des plages de foin où elle se fait son creux et se couche au milieu des éclats de rire que provoquent les infortunes des uns, les folies des autres, la situation de tous. Ketler et Laurent, arrivés les derniers, lui passent sur le corps pour

aller s'établir dans une sorte de soupente en façon de paradis, où le plancher abonde, mais où le foin est rare.

Toutes ces dispositions terminées, la petite lampe qui nous éclaire sépulcralement est retirée ; et ici commence la nuit, mais non pas le sommeil. M. Töpffer, qui s'est couché le dernier, comme doit faire un bon capitaine, s'aperçoit trop tard que le havre-sac sur lequel repose sa tête occupe le centre vers lequel convergent tous les pieds de l'armée, ce qui est cause que son coussin est dans un état de mobilité qui nuit au sommeil ou qui disloque étrangement les rêves. D'autre part, Bryan s'écrie qu'il a des ha-né-tons dans la chéveu, et Miech déclare qu'une bête à ventre froid a traversé son visage... En même temps il s'ouvre dans une paroi deux trous lumineux qui nous regardent fixement, et des bruits fabuleux annoncent que la toiture est habitée.

Ce n'est pas tout. Il se trouve dans la maison bien du monde connu et inconnu qui n'a pas d'autre lit que le nôtre. Par intervalles donc, la porte s'ouvre la lampe reparaît suspendue à une main décharnée : et une ombre passe, s'étend par terre en grimpant l'échelle, s'étend sur nous en traversant le foin, s'étend sur Ketler en entrant au paradis, et finalement s'étend tout à fait dans des régions inconnues d'où les rats se retirent à mesure que la civilisation avance. Un quart d'heure après, autre ombre : c'est Cohendet qui revient de la noce, et va s'étendre droit sur le dernier couché, où il demeure en disant : « Pas d'offense ! » Aussi M. Töpffer a beau dire avec autorité : « Une, deux, trois, dormons ! » d'immenses fous rires, d'abord contenus, s'étendent, gonflent, éclatent, et tout est à recommencer.

Les choses vont ainsi jusqu'à cette heure de froidure qui est l'avant-coureur de l'aurore Alors chacun s'acagnarde dans son petit herbage, et, dès qu'il ne rit plus, il dort.

CHALET DE NANTBOURANT

LE LEVER

QUATRIÈME JOURNÉE

Ce jour-ci, l'aurore nous trouve tout habillés, un peu transis et fort disposés à quitter le lit. D'autre part, le jour nous fait voir des choses que la nuit ne nous avait pas montrées. Le foin est humide par places. De ces places on voit surgir des personnages entièrement herbacés; en particulier, le voyageur Augier ressemble à une prairie : blouse et pantalon, tout est verdâtre; il sera verdâtre jusqu'à Milan, lieu déterminé pour une lessive générale. Pour les pays où nous allons entrer, cette couleur a certainement plus d'à-propos que si c'était le rouge républicain ; aussi le voyageur Augier traversera-t-il deux monarchies absolues sans éprouver le moindre désagrément. Cohendet est debout, encore un peu nocé de la veille ; le plancher ne l'a point verdi, mais il se plaint des *rates* qui lui ont rongé les poches... Les rates, ce sont les épouses des rats.

Il demeure démontré, du reste, par cette expérience, qui est nouvelle pour plusieurs d'entre nous, que si le foin est sec et l'assemblée pas trop rieuse, on peut passer dans un fenil une excellente nuit, bien supérieure à celle qu'on passe dans la moyenne des médiocres lits de tant de médiocres auberges, presque toutes livrées au kangourisme.

Le kangourisme (qui dévore la Gaule Cisalpine), c'est... Il y a deux espèces de kangourous : le grand, très commun à la Nouvelle-Hollande, où il saute d'une pierre à l'autre ; le petit, très commun en Europe, où il saute d'une personne à l'autre. Le kangourisme, c'est comme qui dirait le paupérisme, des troupes d'affamés qui se jettent sur vous et vous boivent le sang.

Si vous avez avec vous un chien, un chien à chair délicate et poil touffu, tous les kangourous sautent sur lui et vous ménagent. C'est comme si, pauvre diable, vous marchiez en compagnie d'un fastueux : tous les mendiants se jettent sur le fastueux et vous laissent tranquille. Il est donc bien absurde le préjugé qui porte à éloigner de soi les chiens, de crainte qu'ils ne kangourisent par voisinage.

Le kangourisme dévore beaucoup d'auberges, par cette raison que le sang s'y renouvelle constamment par le concours changeant et perpétuel des touristes, ce qui est agréable aux appétits du kangourou.

Le kangourisme est atroce dans des endroits où l'on s'en croirait à l'abri, dans les montagnes, par exemple. C'est que si, dans une contrée, il n'y a qu'une maison habitée, tous les kangourous du pays y affluent, et un étranger qui survient leur est un supplément de ration très agréable.

M. le pasteur B..., notre ex-compagnon, nous a raconté que, dans l'ascension du Buet, on couche dans un trou, sous une pierre. C'est une caverne de kangourous qui ne mangent que l'été, et rarement; aussi sont-ils audacieux, voraces au plus haut degré. Comme au delà on entre sur les glaces, les kangourous n'osent y suivre le voyageur, et ils rentrent dans leurs trous, affamés encore et regardant si rien ne monte.

Telle est la théorie du kangourisme, toute fondée sur des faits que nous avons pu observer journellement, et encore mieux nuitamment. Je reviens à la caravane, que nous retrouvons faisant sa toilette du matin, sans autre cosmétique qu'une onde claire qui jaillit dans la cour; de là elle passe au vermicelle, puis se met en route, après avoir pris congé de la bonne femme qui nous a traités de son mieux, et pas trop cher. Souper, déjeuner, coucher, pour vingt-trois personnes, net : treize francs.

Après Nantbourant, la végétation cesse; nous nous trouvons dans ces sauvages pentes qui mènent au col du Bonhomme. Une bonne femme et sa chèvre sont les seuls êtres vivants que nous voyons sur ce revers. La chèvre est timide, alerte, propre, la femme aussi; on cause. Comme l'homme d'hier, elle ne conçoit pas ce qui peut nous attirer dans un pays d'orages et de labeur, dit-elle. « Notre vie est bien misérable, bien pénible, et vous faites comme s'il vous amusait d'en goûter, vous autres que rien n'oblige et qui avez le vivre. — Le vivre, bonne femme, nous l'avons comme vous, en travaillant. — Oui-da! Alors qu'êtes-vous bien? — On est maître d'école.

— J'entends, dit-elle; vous êtes occupé de l'esprit, et nous, nous travaillons du corps. Chacun sa tâche, c'est bien sûr; mais la nôtre est rude. »

Il n'y a pas de peuple qui ait plus de bon sens que les Savoyards. Prenez le premier venu, le plus ignorant; son langage est toujours accommodé à ses lumières, et son idée, simple à la vérité, est toujours droite et saine. Le sens vaut mieux que l'esprit, le naturel a son charme certain; aussi c'est plaisir que d'accoster ces bonnes gens et d'échanger avec eux quelques propos tout en cheminant; sans compter que leur style naïf est tout autrement agréable que la phrase gazetée et le parler de table d'hôte des politiques de diligence.

Nous avons en face de nous un mont pyramidal, décharné, terrible d'aspect, au pied duquel le sentier serpente. M. Töpffer, qui s'est oublié dans les charmes de la conversation, arrive le dernier sur un plateau qu'on appelle *le plant des Dames*, à cause d'une catastrophe que Cohendet raconte en ce moment à la troupe assemblée. Il résulte de cette histoire que tous les voyageurs jettent une pierre en offrande à je ne sais qui, sur je ne sais quel tertre. « Qu'à cela ne tienne, dit M. Töpffer ; je serais bien fâché de manquer à mes devoirs ; » et il lance un caillou n'importe lequel. Cohendet approuve ; puis, se trouvant bien de sa position d'orateur, il entame des récits lamentables, qu'il embellit de gestes appropriés au pâteux ramage de sa parole. La route est ensuite continuée, et nous atteignons de bonne heure à la croix qui marque le sommet du col. Comme le temps est aussi sûr que magnifique, au lieu de prendre sur la droite et de passer par le Chapiu sans nous élever davantage, nous prenons sur la gauche, par le flanc d'une montagne entièrement rocheuse, en nous dirigeant vers le col des Fours. Ce passage s'appelle *la Traverse*, ou la traversée.

Nourris de vermicelle depuis vingt-quatre heures, il est temps (c'est l'opinion de plusieurs) d'entrer en communication avec les vivres que nous avons emportés. La place y invite, abritée contre le vent et arrosée par une onde glacée qui court parmi les roches. On déballe donc, et il se forme une administration régulière, impartiale, qui ménage habilement les gigots, tout en permettant l'eau à discrétion. Laurent y remplit avec zèle des fonctions de confiance. En récompense, il lui est accordé l'os, tout charnu encore, et unanimement envié, d'un gigot défunt. Laurent est presque obligé d'emporter sa proie à l'écart, comme fait un fortuné canard au milieu de canards moins fortunés et non moins avides. Quel repas ! et comment se fait-il qu'on ne voie pas sur toutes les croupes de montagnes des gens dînant au soleil ! Loin de là, la plupart des touristes ignorent ce mode de vivre ; ils vont d'une auberge à l'autre, sans seulement soupçonner quel trésor c'est qu'un gigot sur une cime. A l'auberge, ce n'est plus qu'un gigot, chose vulgaire.

Après ce repas, nous commençons à gravir le col des Fours, d'abord le long d'un sentier rocailleux, ensuite sur des pentes de neige, nous approchant ainsi du mont Blanc, dont les épaulements inférieurs touchent à la montagne même que nous gravissons. Arrivés au sommet du col, les glaces éblouissent tout à coup nos regards, et il semble que nous touchions au colosse.

Le col des Fours est fort élevé ; aussi ne faut-il pas s'y engager par un temps mauvais et même incertain ; mais, par une belle journée, on y prend mieux qu'ailleurs peut-être l'idée des grandes solitudes alpestres. Il s'offre sous l'aspect d'une crête noirâtre, sans terre, sans herbe, balayée par les vents et déchirée par la foudre. Aucune chaumière, aucune forêt même n'est en vue, mais seulement des amas de chauves sommités que dominent les dômes du mont Blanc, hérissés d'aiguilles de granit noires et dentelées. Autour de ces dômes, le ciel est d'un azur aussi sombre que la nuit elle-même ; il semble que le soleil en ait retiré ses feux, et que de ce côté soient les inabordables domaines de la mort et du silence.

Le col est resserré entre deux monts. On parle de gravir l'un des deux pour jouir de la vue du panorama tout entier, et aussitôt les amateurs se réunissent en une troupe et passent sous la conduite de Cohendet, qui se montre ici à la hauteur de ses fonctions. Il est grave, solennel ; c'est le grand prêtre du temple qui montre les merveilles et explique les mystères. Du sommet de ce mont on découvre un océan de cimes qui fuient comme d'immenses vagues jusqu'aux lignes douces et bleuâtres du Jura et des montagnes du Dauphiné.

De l'endroit où nous sommes, nos compagnons restés sur le col nous apparaissent comme un petit troupeau de moutons couchés au soleil. Tout à coup ils s'agitent et poussent de grands cris en indiquant par signes le côté du mont Blanc. Toute l'expédition se met à descendre à la course, et M. Töpffer aussi, à qui ces cris causent une vive alarme. Arrivé, il se rassure et crie avec les autres.

C'est qu'on vient de découvrir à une grande distance, sur une arête de glace, un point noir qui se meut, qui descend. La rareté de l'air permet, à ces hauteurs, de faire ces découvertes lointaines, et la vue d'un être vivant sur ces glaces désertes cause la plus frappante surprise. A nos cris, l'être vivant s'est arrêté comme pour conjecturer, puis il s'est remis en marche. Bientôt nous croyons distinguer que c'est un homme, puisqu'il tient une carabine, puisqu'il porte quelque chose dont nous faisons un chamois. Le voici ! c'est un chasseur en effet; mais le chamois n'est autre qu'une lourde gibecière en gros cuir.

Ce chasseur est un homme vigoureux, hâlé, dont l'expression a quelque chose d'intelligent et de sauvage à la fois. Quand il parle de sa chasse, ses yeux s'animent, et il oublie les dures fatigues dont la trace est empreinte sur ses traits. Nous lui apprenons qui nous sommes et la cause de nos transports. Alors il nous raconte les détails et les vicissitudes de sa vie de chasseur, et comment chaque année il quitte sa ville pour se livrer pendant un mois à sa passion favorite. Il y a huit jours qu'il est venu dans la contrée, et il n'a tué encore qu'un seul chamois. « Vous voyez, ajouta-t-il, ce glacier là-bas! C'est de là que je viens. Nous étions trois : les deux autres y sont restés à poursuivre six chamois que je leur laisse. Je ne suis pas en humeur de me rompre le cou... Hier j'ai été là-haut, jusqu'au pied de ces aiguilles. » Puis sortant quelque chose de sa gibecière : « Tenez, messieurs, je n'ai rien de mieux à vous offrir. C'est du *génépi*, comme nous l'appelons; on ne trouve ça que dans les trous des plus hautes aiguilles. Vous versez de l'eau bouillante dessus, et c'est souverain contre les refroidissements. » Il nous donne, en effet, quelques poignées d'une sorte de lichen très parfumé, de la genipote, selon Bryan.

Ainsi se termine cette entrevue, qui, tout insignifiante qu'elle paraisse, n'en a pas moins été pour nous un piquant épisode. On cherche, mais vainement, à découvrir les deux chasseurs et les six chamois; et, à partir de ce moment, la vue des glaciers supérieurs ne nous produit plus avec la même force qu'auparavant une impression d'inaccessible solitude.

J'ai oublié de noter une circonstance qui n'est guère plus commune à rencontrer qu'un chasseur sur les glaces. En redescendant le mont, nous avons trouvé de la neige rouge, celle du moins, pensons-nous, à laquelle on donne hyperboliquement ce nom. Celle que nous avons pu observer est rose seulement, et exactement semblable à ce que serait de la neige blanche arrosée d'un vin rouge trempé d'eau. Du reste, elle n'offre au goût aucune saveur particulière.

Après avoir pris congé du chasseur, nous nous lançons dans la descente, qui, de ce côté, est abrupte, et serait dangereuse sans la nature du terrain, où le pied enfonce assez pour s'y pratiquer un arrêt, ce qui n'empêche pas qu'un des mulets ne tombe sur le flanc, sans préjudice heureusement pour son cavalier. Si la descente est abrupte, elle est longue aussi, il faut aller chercher jusqu'au fond de la gorge un petit pont sous lequel mugit un torrent. Au delà se trouve la misérable cabane où nous devons passer la nuit : c'est le chalet des Mottets, l'unique abri que l'on rencontre entre le col des Fours et le col de la Seigne, ou plutôt entre Nantbourant et Courmayeur. Cette circonstance peut faire apprécier la nature et le caractère de la contrée, à ceux du moins qui connaissent les Alpes.

Du reste, ce chalet des Mottets est très peuplé, presque trop; c'est une sorte de pensionnat où l'on élève en commun des cochons et des moutards. Nous arrivons au moment du repas, qui offre un spectacle très curieux. Une dizaine de moutards sont assis en cercle devant le chalet; au milieu est une petite fille dressée à leur administrer une sorte de bouillie laiteuse. La petite fille empâte le moutard, qui avale partie et laisse filtrer le reste; mais un chien est là, qui lèche, débarbouille, et tout près le cochon, qui attrape les filons égarés. Dès que le moutard a avalé, il pleure, c'est le signal : alors la petite fille l'empâte de nouveau ; le moutard se tait, le chien fonctionne, le cochon pareillement, et ainsi de suite, jusqu'à l'empâtement complet du cochon, du chien et du moutard. Au coucher du

soleil, les moutards disparaissent de dessous le porche, mais on ne peut plus alors s'asseoir dans la cuisine qu'on ne s'asseye sur un moutard : corbeilles, paniers, tiroirs, marmites, soupentes, caisse de bois, bâts de mulets, ont chacun leur moutard inclus ou superposé, qui criaille en attendant son somme.

Il y a deux lits, aux Mottets, qui sont livrés à qui de droit : pour nous, on nous livre une cabane en construction, avec un tas de paille insuffisant pour vingt personnes; aussi devient-il nécessaire de recourir au foin, qui est rare, et que nos mulets raréfient à qui mieux mieux. Pour qu'ils ne mangent pas tout notre lit futur, l'hôtesse les fait passer de l'écurie dans une chambre à coucher où ces pauvres animaux font l'effet le plus étrange et le plus piteux, réduits qu'ils sont, pour vivre, à regarder une paillasse.

Néanmoins nous n'avons pas renoncé au projet de passer une excellente nuit, au moyen d'une organisation improvisée à cet effet. Tous se mettent à l'ouvrage, et la cabane offre bientôt l'aspect d'un vaste lit de camp parfaitement tenu, où chacun a sa place marquée, M. D... à un angle, M. Töpffer à l'autre. Le havresac de chacun, posé contre la muraille, lui sert d'enseigne et d'oreiller, la paille de matelas, et le toit de couverture. Après quoi l'on va souper sous le porche. Le mets principal et unique, c'est une demi-livre de riz cuit dans des chaudières de lait; notre provision fournit le pain, et les moutards un public qui nous regarde faire. L'air est si frais, que notre mets, tout bouillant, se trouve parfaitement approprié à la circonstance. Toutefois, la place n'est bientôt plus tenable, et plusieurs sont contraints d'aller bien vite escalader quelques rampes au grand galop, pour entretenir la circulation du sang.

Au soleil couché, M. Töpffer propose de gagner les lits pour échapper au froid et se caser avec plus d'ordre. Mais à peine sommes-nous casés, qu'un beau touriste à moustache entre dans la cabane, conduit par l'hôtesse, qui l'y pousse en disant :

« C'est là votre lit. — Parbleu! il est peuplé, mon lit... C'est tout un collège! Où est le père jésuite? » Et il sort tout scandalisé.

Alors, réfléchissant aux devoirs de l'hospitalité, M. Töpffer se lève en bonnet de nuit, et courant après le touriste : « Le père jésuite, c'est moi qui en tiens lieu, monsieur, et je viens vous offrir, au nom de tout mon monde, une place dans notre dortoir. » Le touriste refuse avec politesse, dans la crainte de nous gêner, et il est placé quelque part parmi les moutards, dont il y a toujours au moins un qui crie, sans compter les chœurs.

Sur ce, M. Töpffer rejoint, non sans faire un léger circuit, aux fins d'éviter les cornes d'un grand bouc qui a l'air en train de vouloir jouer.

AU COL DE LA SEIGNE

CINQUIÈME JOURNÉE

Même toilette matinale qu'hier; après quoi l'on se dirige vers un déjeuner absolument semblable au souper. Comme nous sommes nombreux, des ustensiles de toute forme sont appelés à figurer sur notre table; il y en a de fabuleux, il y en a qui inspirent de très graves inquiétudes. Les moutards qui attendent la pâtée font un concert symphonique du plus bel effet.

Au moment du départ M. Töpffer veut régler le compte. Alors sort de terre l'hôte, grand gaillard inaperçu jusqu'ici, qui demande trois francs cinq sols par tête pour son lait et sa paille. « C'est, dit M. Töpffer, un brigandage. » Et il pérore, il s'indigne, il tonne... après quoi il paye. Autant valait commencer par là.

Nous devons passer aujourd'hui le col de la Seigne. En quittant les Mottets, on a à main gauche le beau glacier du mont Blanc, où chacun s'escrime à découvrir et découvre en effet des chasseurs de chamois, qui demeurent immobiles comme feraient des rocs. Au passage d'un ravin dont la pente est rapide et le sentier glissant et à peine tracé, un mulet s'abat; et celui qui porte madame T***, abandonné à lui-même, est à chaque seconde sur le point de rouler dans le précipice C'était à Favre d'être auprès; aussi reçoit-il de M. Töpffer ce qui lui revient en reproches et en marques d'indignation. Favre laisse passer l'orage, et témoigne plus tard des regrets sincères. Toujours est-il que l'on n'aurait jamais à redouter une négligence pareille de la part d'un guide de Chamounix.

Au bout de deux heures, on atteint au travers des neiges le sommet du col, et de ce point on découvre l'Allée-Blanche, c'est-à-dire la vallée qui forme au midi le pendant de la vallée de Chamounix. Ce spectacle est magnifique, les montagnes d'un caractère hardi, les glaciers nombreux; néanmoins la vallée de Chamounix l'emporte, ce nu semble, sur celle-ci ; elle est plus riante, plus boisée, plus verte, et le mont Blanc s'y montre sous un aspect tout autrement imposant. Ici c'est un immense rocher, coupé presque à pic, et d'où s'élancent des aiguilles aussi élevées peut-être, mais moins majestueuses, moins harmonieusement balancées que celles qui couronnent la mer de glace. Les glaciers y descendent encaissés dans les gorges profondes, et s'étalent dans le bas de la vallée ; mais ils ne forment pas à la sommité, trop escarpée pour qu'ils s'y attachent, ces magnifiques épaulements qui, de l'autre côté, ondulent en s'abaissant depuis le cône du sommet presque jusqu'aux prairies.

Du haut du col, on découvre quelques aiguilles de glace qui dépassent l'arête des rochers ; mais de vastes moraines, formées par le glacier lui-même, en cachent la vue à sa base. Au pied de ces moraines est le lac Combal, dont les lignes douces contrastent avec le déchirement et les dentelures qui, de tous côtés, frappent la vue, mais dont l'eau est bourbeuse, sans mirage et sans transparence. Au delà, et jusqu'à Courmayeur, on a constamment sur la gauche de magnifiques glaciers éclatants de blancheur, et de toutes parts des eaux qui cascadent, qui tourbillonnent, qui retentissent. En même temps la vallée devient plus riante, on retrouve les forêts, les prairies ; c'est la plus belle partie de l'Allée-Blanche. Nous y choisissons notre salle à manger sur une pelouse, au pied du glacier du Miage, et là disparaît le reste de nos provisions, dont, quelques-unes, déjà avariées, sont abandonnées à grand regret. Pour le dessert on se répand dans les forêts, dont le sol est tapissé d'ambresailles excellentes.

Après une charmante promenade, nous débouchons dans le vallon de Courmayeur, où l'on retrouve tout à coup et sans transition les noyers et, à l'entrée du bourg, un petit café irrésistible, avec bière de houblon, bière de gingembre, et tout ce qui séduit des gosiers altérés. Nous y faisons une étape qui met à sec l'établissement, puis en deux pas nous sommes à l'auberge, qui est tenue par un Suisse, M. Mathey, autrefois aubergiste à Aoste, où, dans un cas de gêne imprévue, il nous ouvrit généreusement sa bourse, sans nous connaître et sans nous avoir jamais vus auparavant.

Il y a à Courmayeur un cabinet d'histoire naturelle que nous allons visiter : c'est une chambre remplie de mauvais cailloux en désordre, sans un seul œuf d'aigle, ou seulement de moineau. Une comtesse, bonne vieille dame, s'y rend avec nous. On lui fait place, on lui aide à monter une petite rampe. Arrivée en haut : « Messieurs, nous dit-elle avec une grâce bienveillante, vous deviendrez vieux, puisque vous avez compassion des vieilles gens. »

Nous allons ensuite visiter la source qui donne les eaux renommées de Courmayeur. L'endroit est fort joli, et la route qui y conduit plus encore. Bryan, qui nous guide, demande aux passants où est la source de limonade gazeuse, et, ce qu'il y a de bon, c'est que tous les passants paraissent comprendre, et nous indiquent aussitôt le bon chemin. Le même Bryan boit six verres de cette *gazeuse*, et quand M. Töpffer l'empêche de poursuivre sa cure, Bryan apprend à l'assemblée stupéfaite qu'il s'était proposé d'en boire dix-huit, à l'instar de je ne sais quel excentrique. Cette eau très fraîche a un goût piquant fort agréable qui rappelle celui de l'eau de Seltz.

Nous couronnons cette belle journée par un souper civilisé, et, comme on peut se l'imaginer, ce n'est pas sans y goûter de bien légitimes délices que nous étendons nos personnes dans des lits excellents, mollets, somptueux, et aussi larges que longs.

ARC DE TRIOMPHE D'AOSTE

SIXIEME JOURNÉE

Aujourd'hui nous quittons le désert pour descendre le vallon fleuri qui sépare Courmayeur de la cité d'Aoste. Madame de Z... et M. D... prennent un char, tout en gardant à leur charge leurs mulets et leurs guides pour passer le grand Saint-Bernard le lendemain; mais ils nous en dotent pour cette journée, en sorte que nous cheminons sur une route déjà facile, avec deux mulets de luxe et un Cohendet de luxe.

Un de ces deux mulets est un vieillard éminemment octogénaire, dont l'allure est impayable et la charpente singulière. Il a les côtes très visibles à l'œil nu, la crinière grise, l'œil philosophique et la lèvre pendante, mais surtout il porte les pieds de derrière en dehors, comme un maître de danse. C'est qu'au moyen de cette position des pieds, les jarrets appuient l'un sur l'autre, et, dans l'état de repos, soutiennent par leur architecture seule, comme ferait une clef de voûte. On dirait, à le voir marcher, le grand chameau du Malabar. L'autre mulet est excellent; seulement il a l'habitude de s'abattre, subitement, pour se vautrer dans la poussière. Au surplus, tous les mulets aiment cette pratique; et c'est pour cela qu'en montagne le mieux est de leur laisser la bride sur le cou, afin qu'ils en soient plus libres de se choisir leur chemin, tandis qu'en plaine, au contraire, et particulièrement sur les routes poudreuses, il convient de les gouverner, afin qu'ils soient moins libres de s'étendre sur le flanc en vous cassant la jambe.

Nous laissons sur la droite Pré-Saint-Didier, joli bourg assis au pied de la gorge du petit Saint-Bernard, et sur la gauche la Salle, où des carabiniers royaux visent notre passeport. A mesure qu'on descend, le vallon devient riant, boisé de plus en plus jusqu'à Arvier, où nous faisons halte pour nous rafraîchir.

Dès Courmayeur on nous a recommandé d'aller à la Croix-Blanche; mais après l'avoir cherchée vainement dans tout le hameau, nous finissons par entrer à une croix qui est noire.

L'hôtesse est sur le seuil, bonne grosse vieille, au teint basané, aux cheveux de filasse : « Et où est donc la Croix-Blanche ? lui disons-nous. — Ici, mes bons messieurs. — Ici, mais votre croix est noire... — Que voulez-vous ? c'est comme moi, j'étais blanche autrefois; nous avons noirci ensemble. » Et elle se met à rire en nous servant un petit vin délicieusement acidulé, des miches fraîches et croquantes, et un fromage gras et délicat qui nous est un mets céleste. Tout irait au mieux, n'était Bryan qui lit en ce moment sur une affiche que, de par l'autorité royale, il est défendu de dénicher des œufs quelconques... Bryan discute et s'exaspère, il remonte au droit naturel et nie à tous les rois de la terre le droit qu'ils s'arrogent d'interdire le dénichement à leurs semblables. « En Amérique, dit-il... — En route, » dit M. Töpffer.

Au delà d'Arvier, nous sommes atteints par le char qui porte madame Z... et M. D... Ce char, chose curieuse, ondule sans cesse de droite à gauche, de gauche à droite; on dirait Cohendet très nocé qui festonne. C'est que, les cochers manquant à Courmayeur, on a confié les rênes à un jeune garçon cafetier, plus habitué à tirer le bouchon qu'à guider Bucéphale. Il s'ensuit qu'il guide pour ce qu'il en sait, et les voyageurs pour le reste. La bête, obéissant ainsi à trois maîtres, se livre à des zigzags dociles mais sans unité.

Pour nous, au bout de deux heures, nous faisons une halte forcée. Notre ami Manfred est pris par un accès de fièvre. La soif le dévore, et, en proie à des rêveries étranges, il se prend à dire tout éveillé : « Ma blouse n'est-elle pas ensanglantée? » Puis

montrant une cabane : « N'est-ce pas Aoste, ceci? » On le soulage de son havresac, Laurent lui met sur la tête son chapeau de paille, on lui permet de se rafraîchir la bouche en se gargarisant avec de l'eau fraîche, et le mieux se fait bientôt sentir. Nous croyons Manfred guéri, mais c'est un accès qui passe pour se renouveler ensuite chaque jour à la même heure.

A Aoste, nous allons descendre à l'hôtel autrefois tenu par M. Mathey. Que les temps sont changés!

Au lieu de cet honnête homme, un ancien palefrenier qui a le nez tordu, des brigandeaux, une brigandelle mal peignée, glapissante et voleuse des quatre mains. Il lui faut quatre francs par lit, quatre francs par repas, quatre francs pour chaque nécessité de la vie! A peine pouvons-nous obtenir quelque insignifiant rabais, et il n'y a pas d'autre auberge! Mauvaise, détestable journée pour la bourse commune!

Pour bien tenir une auberge, il faut certaines qualités de caractère, il faut du tact, de la modération et quelque chose d'un peu élevé dans les sentiments; il ne suffit pas d'avoir été palefrenier, d'avoir le nez tordu et de considérer un hôtel comme une trappe à prendre les voyageurs pour les écorcher ensuite. On trouve les auberges chères en Suisse : c'est vrai, si on les compare aux auberges des autres pays; elles sont meilleures et elles sont plus chères. Mais si les hôtes y sont intéressés, ils sont probes, ils pratiquent leur état avec discernement : et la preuve, c'est que, sans faire presque jamais de prix à l'avance, et en nous livrant entièrement à eux, nous n'avons jamais eu lieu de nous en repentir. Je parle des grands et bons hôtels.

La journée est peu avancée. Nous allons visiter les antiquités d'Aoste, un pont romain, les restes de l'amphithéâtre, et cet arc de triomphe élevé par le divin Auguste pour perpétuer le souvenir de sa conquête sur les Salasses, c'est-à-dire de l'asservissement d'un petit peuple fier, libre et courageux, à ce grand brutal de peuple qui regardait l'univers comme sa légitime proie, et l'indépendance d'autrui comme une insulte à ses droits.

Ce qui est grand, colossal, même en violence et en injustice, fascine les yeux des hommes, et les fait errer à leur préjudice même. Depuis des siècles on chante, on admire, on préconise la gloire romaine, quand depuis des siècles on devrait admirer, préconiser les peuples grands ou petits qui crurent au nom de patrie, et qui ne courbèrent sous le joug qu'une tête mutilée dans d'héroïques combats. Par malheur, il n'en va pas ainsi, et j'ai vu peu d'enfants qui fussent pour les Carthaginois.

Il est probable que les gazetiers du temps se chargeaient de prouver aux Salasses que tout était pour le mieux, et que d'être incorporés à l'empire, ce leur était bien de l'honneur. Sous le règne du divin Napoléon, cette argumentation s'est retrouvée et la tradition n'en est pas perdue. Pour nous, nous sommes, nous serons toujours pour les Salasse, contre le divin Auguste. Bien plus, en dépit des beaux-arts qui durent en souffrir, des lettres qui firent naufrage, de la civilisation qui, de pourrie qu'elle était, s'abîma pour renaître, nous nous sentons un faible pour ces Barbares qui se jetèrent sur Rome, pour ces Germains, pour ces Alains, pour ces Vandales, pour tous ces vengeurs d'une cause sacrée; et, héroïsme pour héroïsme, entre Scipion et Arminius, nous savons à qui donner la palme.

Sous l'arc de triomphe, nous nous trouvons avec

un Anglais et une Anglaise, de ces touristes consciencieux qui voient pour avoir vu, transportant leur indifférence d'une curiosité à une autre, sous la conduite d'un cicerone. Le leur est vêtu d'un habit d'ordonnance couleur cramoisi. C'est le bourreau qui conduit ses victimes, Cohendet veut nous mener voir les collèges d'Aoste, c'est son idée. Nous, collège, très peu curieux que nous sommes de hanter les classes, nous voulons qu'on nous conduise à la tour du Lépreux. Cohendet cède, et il continue ses dissertations sur les Salasses, dont il se forme la plus fabuleuse idée : on voit qu'il s'est rafraîchi en arrivant, et que l'œil n'est déjà plus si net. Il passe ensuite à l'histoire du lépreux, qu'il conte à Bryan. Bryan, qui prononce *limpresse*, et qui s'amuse à n'y rien comprendre, rétorque, embrouille, entortille, et, du tout, compose une histoire nouvelle : c'est à ne s'y plus reconnaître, en sorte que Cohendet y voit toujours plus trouble.

Les gens qui montrent la tour du Lépreux affirment tant qu'on veut, sur l'autorité de M. de Maistre, que son lépreux a vécu là, et ils citent en preuve les localités qui sont toujours les mêmes, ainsi qu'on prouverait que Romulus a tété une louve, parce que Rome est toujours sur le Tibre. Par un désir bien naturel, chacun voudrait apprendre que l'histoire est vraie... Elle l'est suffisamment pour tous ceux qui croient que dans les œuvres de génie la vérité peut se rencontrer indépendamment de la réalité; pour tous ceux qui, lisant l'opuscule, sentent en leur cœur que tels ont pu être, que tels ont dû être, dans des situations analogues, la destinée et les sentiments de plusieurs de leurs semblables. Qui croit à la réalité de Paul et de Virginie? et qui ne croit pas à leur candeur, à leurs amours, à tout cet ensemble de joie et de larmes, de douceur et de désespoir, dont se compose l'histoire de ces deux enfants! L'écrivain et le peintre qui ne savent que copier la réalité qu'ils voient, sont vrais sans charme et sans profondeur; celui à qui son cœur et son génie révèlent ce que la réalité ne montre pas toujours, ou ce qu'elle cache aux regards de la foule, celui-là est vrai sans être vulgaire, profond sans être recherché, et il n'y a que les niais qui lui demandent, en preuve de la justesse d'imitation, l'extrait mortuaire de ses personnages.

Il y a des livres qui mettent en scène des hommes et des faits réels; la vérité y frappe si peu, qu'on serait disposé à la leur contester. Il y a des livres qui mettent en scène des hommes et des faits qui n'existèrent jamais; la vérité y frappe tellement, que l'on veut qu'ils aient existé, que l'on va voir d'âge en âge les lieux auxquels le peintre a attaché leur souvenir, que ces lieux deviennent célèbres à cause d'eux, et que des générations entières, non pas sur la foi d'aucune autorité, mais sur le témoignage de leurs yeux qui ont lu, de leur esprit qui a saisi, de leur cœur qui a compris, vivent et meurent convaincues de leur existence.

SEPTIÈME JOURNÉE

M. Töpffer paye, et puis à la barbe du palefrenier, de la palefrenière et de leurs brigandeaux, nous allons déjeuner tout à côté de l'auberge, dans un honorable petit café. M. D... vient partager avec nous ce repas, après lequel nous prenons congé de lui et de madame Z..., qui nous quittent ici, à notre grand regret, pour rentrer en Suisse par le grand Saint-Bernard.

Nous continuons de descendre le val d'Aoste, qui devient de plus en plus pittoresque. Les peintres y trouveraient à chaque pas des sites admirables et

partout des rochers, des eaux, des ruines et des
études de détails ; mais les peintres n'y vont guère,
tout au plus quelques faiseurs de vues. Les peintres
sont un peu comme les touristes, et les touristes
un peu comme les moutons, qui se suivent tous
les uns les autres.

Il y a aussi des coins tellement ombrageux,
moussus, confortablement champêtres, qu'il est
impossible de n'y pas faire une halte, les uns pour
se reposer et jouir, les autres pour gymnastiquer
aux branches, ou pour grimper aux nids, *exemplum*
Bryan, qui ne se repose jamais autrement. Pendant
qu'il déniche ou télégraphise, au détriment des
gens tranquilles, un bruit de grelots annonce
l'approche de la voiture qui porte l'ambulance...
Ah ! mais quelle voiture ! Il n'y a que nous pour en
déterrer de cette sorte. Une caisse éreintée, couverte d'un dais affaissé, portée sur des roues qui ne
lui appartient pas, et qui ne sont pas sœurs ; deux
ombres de rosses, informes, incolores, sans queue et
sans jarrets ; un automédon conforme, chiquant,
fumant, ignoblement jovial et se rafraîchissant à
chaque bouchon. Le tout va pourtant, que bien,
que mal, sans qu'on comprenne bien ni comment
ni pourquoi.

Buvette à Châtillon, où nous sommes reconnus
par les hôtes et fort bien traités. L'ambulance est
mise au bouillon. Le gros de l'armée croque tout
ce qui se présente, et la bourse commune se met
en frais pour régaler la troupe de vin de Chambave.

Châtillon est un endroit admirable, la véritable station pour un peintre. En arrière, du côté d'Aoste, d'élégants lointains, une brillante et tendre végétation; à Châtillon même, torrents, ponts, usines, magnifiques rochers; en avant, du côté de Verrèze, une solitude sauvage, où croissent épars les plus beaux châtaigniers du monde; puis, la vallée qui se resserre, les rochers qui se rapprochent, une gorge affreuse où mugit la Doire. Après ce défilé, tout à coup le doux vallon de Verrèze et la soudaine impression de riante et paisible solitude qu'exprime si bien ce vers :

Devenerè locos lœtos et amœna vireta...

En de si beaux lieux, il faut bien s'asseoir sous quelque ombrage aimable, et ainsi venions-nous de faire, lorsqu'un naturel se présente, vrai commis voyageur, qui nous tire de son gousset des échantillons de poires. Nous choisissons, il court au magasin chercher la marchandise; mais quand elle a disparu, nous venons à réfléchir qu'après tout du raisin nous aurait mieux convenu, beaucoup mieux convenu. Le naturel alors, bien qu'à demi crétin, comprend à demi-mot et il s'en va faire, pas bien loin, une petite cueillette occulte à notre profit, et au sien apparemment. Pendant que nous vendangeons, il admire nos costumes, et, désireux de se voir un jour vêtu comme nous, il s'informe du prix de chacune des pièces de notre accoutrement, comme faisaient les Taïtiens auprès du capitaine Cook : « Et tous sont ainsi habillés dans votre commune? — Tous. — Bien loin, bien loin? — Du côté de l'Afrique. — Ah! voilà. »

On se remet en route. D'une part, le chef lui-même se démoralise et proclame, en marchant toujours, qu'il n'ira pas plus loin. D'autre part, on perd de vue le voyageur Bryan, qui est très probablement retourné à la vie sauvage, pour laquelle il a du penchant. De temps en temps on l'aperçoit établi dans un arbre, ou escaladant un rocher, ou luttant comme le lion avec les insectes de l'air. Jamais il ne rejoint qu'il ne tienne un serpent par la queue, ou qu'il n'ait des papillons à son chapeau. Ce chapeau lui-même est complètement retourné à l'état sauvage, d'où il est impossible qu'il revienne jamais. De rond il est devenu polygonal; le fond s'est affaissé, et les ailes ont des allures inverses.

Nous arrivons d'assez bonne heure à Verrèze, beau village couronné de ruines. C'est dimanche. Des naturels jouent aux boules, et, fatigués que nous sommes, nous nous asseyons en amphithéâtre sur l'escalier de l'hôtel, semblables aux vieillards qui jugeaient aux courses olympiques. Un honnête chien, qui ne veut plus d'autre société que la nôtre, juge avec nous, et nous dékangourise totalement par voisinage, selon la théorie. Notre hôte est un homme d'une quarantaine d'années, qui a été le guide de M. Brockodon, l'auteur des *Pass of the Alps*, dans toutes les contrées environnantes. L'hôtesse est une femme qui apprête admirablement bien les canards, et notre cher çocher un ivrogne qui tient cabaret dans sa voiture.

On veut lui faire honte de sa conduite. « Bon pour l'estomac, » dit-il.

ROCHES ET PORTE D'ANNIBAL

HUITIÈME JOURNÉE

Ici, comme en beaucoup d'endroits, pénurie de lait. Pour le laitage, allez dans les grandes villes, mais fuyez les vallées. Dès le mois de juin les vaches partent pour les hauteurs, tandis que les auberges restent dans la plaine. A peine a-t-on pu dans tout Verrèze trouver de quoi nous fournir à chacun une tasse de lait; notre ordinaire, c'est quatre ou cinq; sept, selon Arthur.

Au départ, les voyageurs Bryan et Zanta, tourmentés par leur conscience, abordent l'hôte et lui disent d'un ton repentant : « Monsieur, vous avez derrière la maison un petit jardin. Dans ce petit jardin il y a du muscat excellent. Ce muscat... nous en avons très certainement cueilli diverses grappes.. Combien vous devons-nous? » L'hôte se met à rire, et dit : « Je vais vous y mettre l'échelle, et vous vous régalerez. » Beau trait de vertu récompensé, et petite vertu encore. Il s'ensuit une provision de muscat qui régale beaucoup et dure peu.

Nous dépassons le fort de Bar, plus admirable encore comme site pittoresque que comme fort; puis, bientôt après, nous arrivons à Donas, où l'on passe sous une porte taillée dans le roc par les Carthaginois, dit-on. Ce qu'il y a de sûr, c'est que ce ne sont ni les gens de Donas, ni tous les Salasses réunis, qui ont pu faire un ouvrage aussi grand et aussi beau. Les gens de Donas durent se borner à faire boire du vin de Chambave à Annibal et à ses ouvriers, tout en lui recommandant de bien frotter les Romains.

En traversant Donas, l'arrière-garde voit sur l'enseigne d'un café : *Vermout*. Qu'est-ce? — Comme l'arrière-garde est très altérée, elle se persuade qu'il s'agit d'un rafraîchissement d'autant plus admirable qu'il est plus inconnu. On entre, le vermout est servi dans de petits verres... Non, il n'y a pas de camomille fermentée, de valériane quintessenciée, qui ait l'aigrelette amertume de cette infernale drogue! L'arrière-garde grimace à faire tourner du vinaigre, et tous renoncent, excepté Laurent et M. Töpffer, à qui on a persuadé (comme au cocher) que c'est bon pour l'estomac. Ah! mais quelle médecine!

Saint-Martin est, comme Châtillon, un endroit de forges et de hauts fourneaux : ce serait, pense-t-on tout haut, chose à voir. Aussitôt une dame nous dit gracieusement : « C'est à votre service, messieurs; » et elle va prévenir le directeur. Ce directeur est un Français; il nous accueille comme si nous lui étions recommandés par un ami, et, se mettant à notre tête, il nous fait voir en détail tous les travaux, à partir de ceux qui servent à extraire le fer du minerai, jusqu'à ceux qui amènent le fer à l'état de marchandise travaillée. Ce monsieur aimable comme un Français, clair et précis dans ses explications comme un Français, a au plus charmant degré cette obligeance hospitalière qui gagne les cœurs et y grave un agréable souvenir.

Les hauts fourneaux sont en pleine activité : c'est une chaleur à brûler la moustache, rien qu'en y regardant de loin. Nous visitons toutes sortes de machines curieuses. On fait couler de la fonte devant nous; enfin nous entrons dans les forges, où des cyclopes en chemise, qui ressemblent à des pénitents blancs, donnent au fer toutes les formes qu'il leur plaît. Les mines, très riches et exploitées de toute antiquité, sont situées à quelques lieues de là, dans la chaîne de montagnes qui est sur la rive droite de la Doire.

Le fer est une bien utile chose. Les marmites et les poêlons sont indispensables à la civilisation ; mais les mines comme les forges, et les forges commes les mines, sont alors des nécessités attristantes et funestes. Autour de ces hauts fourneaux, il n'y a que les hommes robustes qui puissent tenir quelques années, et, de ces hommes robustes eux-mêmes, les uns sont enlevés par la mort au milieu de leurs travaux, les autres, vieillis et exténués avant l'âge, finissent misérablement. Dans les mines, c'est pis encore : tous y perdent la santé, très peu atteignent aux confins de la vieillesse. Cette vie de fatigues et de privations porte ces malheureux à entasser excès sur excès durant leurs heures de liberté, et les maux du vice et de l'immoralité s'ajoutent à ceux de leur condition.

Bientôt après Saint-Martin, la vallée s'ouvre ; nous entrons dans les plaines : les *rubans* et la chaleur se réunissent pour faire naître une grande démoralisation parmi nous. L'avant-garde tient bon néanmoins ; mais l'arrière-garde, disséminée, halte par détachements à tout bout de champ. Enfin, enfin, voici Ivrée et ses murailles, et ses tours, et l'auberge du Cheval-Blanc, où nous retrouvons notre hôte de 1834. Du bleu, le nez de cet hôte a de nouveau passé au rouge ; ce qui semble un signe de santé ; mais il se plaint ; il a la goutte dans les jambes et un plus grand mal encore, la peur affreuse qu'elle n'aille remonter. A la seule idée de cette éventualité, le pauvre hôte s'attendrit; sa femme le réconforte, et M. Töpffer sans mêle. Du reste, par régime et pour apaiser sa goutte en la tenant au chaud, il habite le foyer de la cuisine, assis à côté de la poêle à frire.

Il est difficile de n'avoir pas pitié, difficile aussi de n'avoir pas quelque velléité de rire, en voyant ces gens chez qui la frayeur de mourir une fois empoisonne tout à fait le plaisir si grand qu'ils trouvent à vivre.

Du reste, cet hôte, comme par le passé, nous reçoit très bien et se pique de voir en nous tous ses amis, presque ses enfants. Il nous introduit dans la salle à manger, où dîne ce qu'on appelle une *belle société*. Ce sont des personnes endimanchées dans leurs vêtements, dans leurs manières, dans leurs discours, et s'espaçant avec un laisser aller fastueux dans la petite auberge d'une petite rue d'une petite ville. Pendant le dîner arrive un officier de la garnison : grands saluts, révérences, capellades, air de cour et endimanchement à nouveau. Nous sommes à Versailles.

Après quoi nous allons parcourir la ville. Ce qui frappe, des Genevois surtout, dans toutes ces villes d'Italie, c'est la prodigieuse quantité de gens qui gagnent leur vie en se promenant sur les places, ou qui travaillent en se couchant sur le seuil de leurs comptoirs. A certaines heures, presque tout le jour, c'est un *far niente* général, assez gai et animé. Et si en quelque endroit on travaille réellement, c'est avec un tapage, un mouvement, comme il s'en fait chez nous autour d'un incendie qu'on éteint ou d'un noyé que l'on tire de l'eau. Du reste, la ville est fort jolie par sa position, ses environs, et les bâtiments de toute sorte et de tout âge qu'on y rencontre çà et là. Près de la grand'place, nous voyons la belle société entrer, comme M. Jabot, au premier café de l'endroit.

Ces événements sont suivis d'un excellent souper qui nous réunit à notre tour en belle société. L'hôte, qui nous traite d'ailleurs très convenablement, circule vers la fin du repas, en disant : « Demandez, demandez, on vous donnera tout ce qui fait plaisir. » Quel dommage que nous n'ayons plus faim ! Il ne faut pas omettre de mentionner ici une circonstance qui est décisive pour la suite de notre voyage. A Ivrée, M. Töpffer s'est fait adresser des lettres de Milan, qui annoncent qu'il n'y a pas trace ni signe de choléra dans cette ville. Nous irons donc à Milan.

PRÈS DE NOVARE

NEUVIÈME ET DIXIÈME JOURNÉES

Décidément la goutte n'a pas encore attaqué les facultés de notre père l'hôte. Il présente à M. Töpffer une note qui est conforme au prix fixé; et puis, d'un air aussi mystérieux qu'amical : « Voilà; vous voyez que je vous traite en amis : ainsi, si vous avez été contents, vous ajouterez ce que vous trouverez juste. » Quel diable de raisonnement! c'est comme si on disait : « Tant pour le prix raisonnable, tant en sus pour l'amitié. » D'où il suivrait qu'à

Ivrée rien ne serait si profitable qu'une légère inimitié avec l'hôte.

Aujourd'hui, nous entrons dans une nouvelle région, celle des plaines. Le pays cesse d'être pittoresque ou seulement varié, et la route est une suite continue de longs *rubans :* aussi est-il d'usage antique et immémorial que d'Ivrée à Milan nous prenions des voitures. M. Töpffer en loue trois qui nous mènent grand train ; nous allons tâcher aussi de mener notre narration plus rapidement.

Les environs immédiats d'Ivrée sont délicieux ; ensuite l'on n'a plus sous les yeux que des mûriers qui bordent la route, et des rizières au delà des mûriers. Ces mûriers sont l'arbre le plus ingrat de la création, une sorte de végétal civilisé, sans grâce, sans grandeur, délicat de santé, rabougri de taille, timide de branchage, et désolant à contempler pendant des journées entières. Les rizières sont pareillement la plus vilaine sorte de culture ; on n'aperçoit qu'épis en désordre, pourrissant dans des rigoles d'eau stagnante. Il y a de quoi dégoûter de la soupe au riz.

Nous faisons à Saint-Germain un déjeuner à la fourchette, dans une salle haute, à grand luxe de fresques sales et de lambris en ruine. Nous avons décrit ailleurs ces curieuses auberges, où la malpropreté le dispute à la magnificence. Dans chacune vous trouvez un hôte cuisinier qui vous apprête en dix minutes un déjeuner à la piémontaise, exquis, ma foi! et où tout ce qui tient à la table et aux mets est propre suffisamment. Les Italiens, pour ce qui est linge, hardes personnelles, ont le goût du renouvellement et de la propreté; mais pour ce qui est constructions, monuments, immeubles et gros meubles, on dirait que les ordures, la saleté, en sont à leurs yeux comme l'accessoire indispensable.

Notre appétit est immense, mais le déjeuner très court. A la fin on se lasse de faire des portions exiguës qui ne sont rien pour un chacun, et dont la réunion ferait un heureux; aussi, d'un commun accord, on décide de mettre les plats en loterie, et, au lieu d'une moyenne un peu basse de bonheur, on a des fortunés qui s'emplissent à leur faim et des infortunés qui les regardent faire.

Arrivés de très bonne heure à Verceil, nous décidons d'y prendre d'autres voitures, et de pousser ce soir même jusqu'à Novare. David part le premier en *volantine* pour commander nos logements. Malheureusement son coursier se trouve être de la pire espèce, une rosse qu'on croit crevée depuis hier. Les volantines sont de petits sièges à une personne, suspendus sur un train à deux roues très larges. Le tout est traîné par un cheval de petite race, et conduit par un Piémontais grillé. Cet équipage, qui est particulier au pays, est commode pour cheminer vite, mais risible et gringalet.

Depuis ce matin déjà, M. Töpffer emploie ses loisirs à faire le compte des dépenses générales et particulières, et il arrive à des résultats qui l'assombrissent tellement, qu'on est obligé de le réconforter, dans la crainte que sa mélancolie ne remonte. Les voitures font des trous énormes à notre avoir, les auberges sont plus chères que de l'autre côté des Alpes, et notre genre de vie nécessite ainsi plus de dépense. Ainsi, les déjeuners au café ne sont plus usités; on ne sait ce que c'est dans le pays, et cette circonstance nous jette dans les déjeuners à la fourchette, toujours dispendieux, même quand ils sont courts. Un fait d'expérience, c'est que, pour nous, la moyenne de dépense d'un voyage en Italie, comparée à celle d'un voyage en Suisse, est plus élevée d'un franc cinquante centimes par tête et par jour. C'est énorme.

Nous arrivons de jour à Novare, ville très jolie, très animée, où il nous paraît que nous sommes admirés généralement par toute la population, qui est occupée dans ce moment à ne rien faire. Abbés, officiers, manœuvres, flânent, se promènent, se rafraîchissent, et sur les balcons les belles dames causent, brodent, rient ou saluent. Pendant notre promenade nous avisons un pauvre diable qui se traîne le long d'un portique. On a soin de lancer de loin des gros sous sur son passage. Le pauvre diable ne comprend rien à cette pluie du ciel; mais il y prend goût évidemment, car il ramasse et empoche, jusqu'à ce qu'ayant découvert le mystère il trouve la plaisanterie excellente.

Ici changement de voiture. Deux iront en poste, la troisième non. Il s'ensuit que, pour que cette troisième arrive à Milan à peu près en même temps que les deux autres, il lui faut partir plus tôt ; aussi ceux à qui elle est échue en partage, à peine couchés, reçoivent sommation de se lever incontinent pour partir sur l'heure, non sans que le bruit de leurs préparatifs, celui des cochers, des palefreniers, des grelots, n'apportent bien des modifications au sommeil de ceux qui demeurent. Quelle vie que celle des gens d'auberge ! Ils ont moins de repos encore que le voyageur qui bouge toujours. Ixion et sa pierre, c'est l'emblème d'un sommelier qui ne finit que pour recommencer, qui ne se met au lit que pour en sortir, à table que pour en être arraché, au quatrième étage que pour être appelé au rez-de-chaussée.

Les deux autres voitures partent au jour, et vont grand train jusqu'à Bufaloro, premier relais, frontière lombarde, mauvais repaire de gueux mendiants, et de douaniers qui mendient ; un de ces coins qui ne laissent dans l'esprit du voyageur que l'horrible souvenir d'un cauchemar de passeport, de visa, d'employés de loisir forcé dans l'antichambre d'un commissaire, ou sur le pavé brûlant d'une rue encombrée de rouliers criards ; un de ces séjours où un honnête homme envoyé en exil périrait de mélancolie au bout de deux mois, à moins que, s'assimilant à la peuplade, il ne se fît joueur, fumeur, crasseux, fainéant, mendiant et douanier. Il pourrait aussi se faire abbé, car nous en voyons un qui semble puiser une grande jouissance dans l'idée avantageuse qu'il se fait de sa personne. C'est un

5.

abbé fat, un abbé jabot, recevant la cour de deux ou trois dames sur le seuil de la maison. Il est en petit négligé du matin, et tient un jeu de bouclettes qui lui sert à montrer la volubilité de ses mains blanchettes. M. Töpffer ne peut y tenir, et fait passer le joli abbé dans son carnet, d'où il est sorti pour venir ci-contre.

Du premier coup d'œil les douaniers voient que nous ne sommes pas des gens à contrebande : aussi se dispensent-ils de nous fouiller, mais non pas de mendier sous la forme que voici. Ils viennent les uns après les autres, jusqu'à quatre, accoster mystérieusement M. Töpffer, se vantant mystérieusement d'avoir été chacun la cause de ce qu'on n'a pas ouvert nos sacs. M. Töpffer prend le parti de n'entendre rien aux choses mystérieuses, et il remercie tout haut, poliment, affectueusement même, mais sans rien donner. Après quoi il cherche un refuge contre le reste de la brigade dans un infiniment petit café, où, lorsque nous y sommes tous, il serait impossible de faire entrer une personne de plus. Dans ce café on nous sert à chacun une demi-tasse qui est notre unique nourriture jusqu'à dîner ; c'est que les temps sont durs, les gens voleurs, la bourse commune avare, et le chef en veine de réforme. Il estime que, lorsqu'on ne marche pas, on ne doit pas manger, et que nourrir les chevaux c'est suffisant.

A propos de chevaux, tous nos postillons prétendent que chacun d'eux a droit à la bonne main convenue pour tous en bloc. La bourse s'irrite, montre les dents, en appelle au contrat fait à Novare, et demeure entièrement nouée. Voyant cela, les postillons exigent un écrit qui constate qu'entre eux tous ils n'ont reçu que tant, afin que cet écrit serve de recours contre le voiturier qui a fait le contrat. « Qu'à cela ne tienne, dit M. Töpffer, des écrits, tant que vous en voudrez. » Et il écrit, et il signe, et

offre de signer encore. Les postillons se retirent contents, et nous partons.

A Cedriano nous voyons sur un balcon une troupe joyeuse : ce sont les nôtres de l'avant-garde qui prennent aux frais de la bourse un ample déjeuner à la fourchette; c'est tout au plus si la bourse est joyeuse. Au jour ils ont découvert que leur cocher est une sorte de fashionable qui a une jambe plus courte que l'autre, un teint rubicond, un petit chapeau et une énorme royale; d'ailleurs il se pique de beau langage et de manières conformes. Rien n'est varié comme la gent des cochers, dans ces pays surtout; cela vient de ce que tous se mêlent de l'état, les uns par goût de pipe, de bouteille, de locomotion poudreuse et criarde; les autres, parce que les affaires ne vont pas, et que les voitures vont toujours. Les Piémontais aiment le bruit et le mouvement; un Piémontais qui roule en volantine au travers d'un

tourbillon de poussière, en apostrophant ses connaissances le long de la route, semble dans son élément comme un poisson dans l'eau.

Cependant nous approchons de Milan, non sans éprouver cet intérêt d'attente qui, ici, n'engendre point de mécompte. Dès les faubourgs, Milan se présente comme une ville belle, gaie, propre, où c'est plaisir que d'arriver. Nous allons descendre à l'hôtel del Puzzo, où nous sommes dédaigneusement reçus et à des conditions élevées. Ce n'est pas la peine alors d'être infidèles à notre ancien hôtel du

Faucon, où nous nous empressons de nous rendre.
C'est toujours le même hôte, petit vieux rubicond, en
perruque, gracieux à tous venants, sans jamais se
tromper d'un centime. D'un petit cabinet vitré, au
milieu du tapage des cuisines, des écuries, des allants
et venants, ce petit homme mène trois ou quatre
auberges dans diverses villes d'Italie, sans compter
le Faucon, sa résidence. Il reçoit, il écoute, il répond,
il commande, sans cesser de faire ses additions et
d'empiler ses écus. Il vit sur son grand-livre, il
mourra sur son coffre, mais il ne l'emportera pas
avec lui. Folie donc que de s'y cramponner ainsi.
Mais que peuvent faire des hommes qui, sans instruction, sans goûts relevés, et secondés d'ailleurs
par les circonstances, n'ont acquis d'autre habitude
que celle de gagner, d'accumuler, et d'accumuler
encore?

Aussitôt établis, nous procédons aux soins de
toilette. Il était temps, grand temps; mais quel éclat
incomparable! Les gens de l'hôtel sont sur le point
de se prosterner devant cette société brillante, et
l'hôte, qui y voit un encouragement à enfler un peu
sa note dans les temps futurs, en est tout réjoui.
Notre splendeur reluit sur son visage tout reluisant
d'écus.

On a demandé un médecin pour Manfred. Il
avait été question d'abord de prendre auparavant
des informations détaillées sur la faculté de Milan;
mais, sur cette réflexion que la médecine est un art
où la chance est pour quelque chose, on décide de

s'en remettre à ce que la chance amènera, et l'on dit à l'hôte de nous procurer un bon docteur. La chance nous sert à merveille en nous amenant le docteur Acerbi, un excellent homme, bienveillant, exact et sans prétention ni pédanterie aucune; ce qui, chez un médecin, est le meilleur critère, en ce qu'il indique que le bon sens n'est pas allié à ce faux savoir, dangereux dans l'espèce, et qui tue quelquefois, dit-on. Le docteur examine notre petit homme avec une bonté qui fait déjà du bien, et il lui dit : « Mon bon ami, vous avez bien fait de choisir cette maladie-là plutôt qu'une autre; nous vous la guérirons demain sans faute. C'est une fièvre d'accès. » Ainsi fut dit, ainsi fut fait, et, pour n'y pas revenir, cette subite guérison de l'un de nos plus gais camarades, gai même au sein de la fièvre, se trouve être une fête, la plus charmante de celles qui nous attendent dans cet Eldorado.

Pour n'y pas revenir non plus (il faudrait y revenir à tout bout de ligne), nous avertissons ici que tous nos plaisirs, toutes nos courses, seront entremêlés, entre-espacés de petites haltes sous la tente des cafés, d'expériences sans nombre sur les *pezzi*, les *braniti*, les *sorbetti*, les *acqua marena* et autres rafraîchissements connus et inconnus, en telle sorte que tous les chefs d'établissement se disputeront notre excellente pratique. La chose se passe ainsi. Toute la caravane envahit un local; les garçons se jettent sur les groupes, chargeant leur mémoire d'une foule de commandes diverses, qu'ils crient tumultueusement aux officiers intérieurs; puis les plateaux arrivent, et c'est le moment du silence. Après quoi les groupes et les individus règlent leur compte particulier; c'est le moment du plus grand tumulte, du cliquetis des explications, réductions, changes, agios et laborieuses monétisations ; au milieu, le maître qui reçoit de toutes mains; autour, des messieurs milanais qui, nonchalamment assis, se récréent à nous voir faire. Beaucoup de Milanais s'occupent tout le jour à être assis dans un café. Pendant que nous sommes ainsi établis dans un café sur la place du Dôme, un orage s'apprête, les nuées courent, le vent fait flotter les vêtements, voler les chapeaux, et la foule accourt. C'est en effet un spectacle magnifique. Sur les teintes sombres d'un ciel agité comme une mer, les aiguilles du Dôme s'élancent éclatantes de blancheur, et la façade, qui reflète à sa partie supérieure la lumière de l'horizon, a une majesté calme et céleste qui contraste d'une manière solennelle avec l'obscurité de la rue et l'agitation de la foule.

Nous allons dîner. L'hôte rubicond nous fait choisir le potage; il se confond en prévenances, mais il ne nous donne que deux plats, et, comme le prix est censé fait, nous n'osons trop nous plaindre. Le lendemain il nous en donnera trois, et le dernier jour quatre, grossissant ainsi afin que les dernières impressions soient favorables, et que sa note, qu'il grossira aussi, produise un effet d'autant moins fâcheux. Oh! l'habile homme que ce petit homme dans son cabinet vitré! Vraie curiosité en bocal.

L'estomac très peu chargé, nous nous rendons à la Scala, où l'on joue deux actes de l'Opéra de *Marino Faliero* et le ballet de *Virginia*. L'opéra est un peu mortel, tant les acteurs sont médiocres chanteurs, et tant les chanteurs sont détestables acteurs; mais le ballet est de toute magnificence, et nous voyons là des Romains et des Romaines, de quoi en être saturé pour longtemps. Virginius a des convulsions, et Appius des piquées d'entrailles; l'un et l'autre se démènent comme des possédés, et les Romains et les Romaines aussi, ce qui se trouve vouloir dire le trait d'histoire qu'on sait. Au beau milieu du drame, Appius veut dîner; il est servi au milieu d'un temple, à cent lieues des cuisines; et pendant son repas, deux Romaines et un Romain, qui ne sentent pas trop l'ancienne république, lui font des entrechats et des pirouettes par douzaines. Puis les convulsions recommencent, et la cavalerie, et les licteurs, et le peuple, et les légions en cotillon court, bas roses et armures de fer-blanc; c'est à la fois magnifique et risible, grave et puéril. Pour moi, j'admire toujours les Italiens, qui y trouvent un intérêt sérieux, et qui se donnent la peine de suivre la marche du drame.

LES CRIEURS

ONZIÈME JOURNÉE

Le kangourisme dévore la Gaule Cisalpine. Il y a eu fête, banquet, noce pour les kangourous dans l'une des chambres. Il y a eu orgie, le sang s'y est bu à la pinte, le sommeil n'a pu y entrer une minute seulement. Arrêté qu'on n'y remettra pas les pieds, le petit Cisalpin d'hôte nous en ouvre une autre. Il est honteux, peiné, il faut le dire, de l'audace excessive de ces kangourous.

Après quoi, nous commençons nos courses en allant visiter l'église de Santa-Alexandra, toute tendue de noir à l'intérieur et à l'extérieur, avec ornements de toute espèce et un superbe mausolée provisoire. Devant l'église et dedans, foule immense, et partout des hommes glapissants qui crient : *Per cinque centesimi*, etc. Pour cinq centimes, les inscriptions latines composées par le signor Labus, à la mémoire du comte Gilbert Borromée ! ! !

Il faut avoir vu ces criards, les avoir entendus, pour se faire une idée de l'horrible et continu tapage qu'ils entretiennent au milieu de cette scène de funérailles et de mort. Tout cela sans que personne s'en trouve incommodé ; bien au contraire, ce petit bruit leur rafraîchit les oreilles. Rien ne se fait là-bas sans beaucoup de bruit. Nous achetons pour *cinque centesimi* les inscriptions du signor Labus, et après en avoir pris connaissance, nous sommes d'accord pour penser que, si le défunt comte a eu la moitié des vertus que contient le latin du signor Labus, il fallait que ce fût un saint deux fois plus saint que son ancêtre saint Charles. Il est plutôt à croire que le signor Labus a voulu employer tout son latin à la fois ; d'ailleurs, le style funéraire, le style de cimetière, a toujours été exclusivement apologétique. Les tombes du cimetière du Père-Lachaise recouvrent bien quelques diables ; elles ne signalent que des anges. On devrait dire : menteur comme une épitaphe. Les épitaphes mentent certainement plus que les arracheurs de dents.

Nous passons au Dôme. C'est la merveille de Milan, que nous ne nous mêlerons pas de décrire, mais que nous avons visitée deux heures durant avec un vif plaisir. Ce Dôme magnifique, cette sainte demeure, recouvre partout des choses peu saintes... Non seulement on y exploite les touristes, mais de petits prêtres, ou apprentis prêtres, sans dignité, sans sérieux même, y grugent comme des rats dans un palais. Ceux qui nous font voir le trésor, les reliques, etc., sont deux farceurs en soutane, qui déshonorent leur habit. Leur respect est équivoque, leur air vil, leur ton cynique. Ils se lavent les mains sans façon dans un réservoir d'eau bénite qui se trouve là, et trouvent apparemment le tour plaisant. J'ai dit des rats, c'est médire des rats que de les assimiler à des drôles de cette sorte.

On a repeint des vitraux dans les grandes fenêtres du chœur. De tout loin, ces repeints font meilleur effet que rien du tout; mais de près, l'art moderne, mêlé à l'art ancien, paraît mesquin, misérable; on dirait des pièces d'indienne neuve rapportées sur un habit de velours ou de soie.

La belle statue de l'Écorché a assez de noblesse pour faire passer sur ce que l'idée a un peu de grotesque : c'est un martyr écorché, qui se présente au ciel apportant en preuve de son martyre sa propre peau. Les idées qu'il faut dissimuler dans l'exécution sont peu heureuses... Ici, au premier moment, on dirait un héros portant la peau de lion, et cette impression première prépare à l'impression seconde. On ne peut plus rire d'une représentation qui s'est d'abord offerte à l'esprit sous un côté noble.

Nous entreprenons ensuite l'ascension du Dôme : c'est un voyage, mais curieux et intéressant à la fois : il y a bien des montagnes que l'on gravit jusqu'au sommet sans obtenir le vaste et magnifique panorama que l'on a sous les yeux du haut du Dôme. Quelques-uns, perchés sur les étroits degrés de la flèche, sentent leur tête tourner et leur cœur faillir ; en particulier, le voyageur Laurent renonce à aller plus loin ; puis réfléchissant qu'il n'y a pas de danger matériel à courir, puisque les barrières sont là, et qu'il ne s'agit que d'une impression qu'il est facile à combattre, il se décide à pousser jusqu'au sommet. On lui donne deux compagnons de secours, un devant, un derrière, et Laurent opère, non sans frémir, sa grande ascension au Dôme. Il a fait ce qu'il devait faire. Renoncer tôt, c'est n'apprendre rien et désapprendre à se vaincre.

On doit toujours tenter de franchir les pas effrayants pour la tête, mais où la réflexion montre qu'il n'y a pas de danger réel, où l'on peut s'arrêter, s'asseoir, s'affermir si besoin est. Cet exercice seul pourra vous conduire à vous tirer d'affaire dans les pas réellement dangereux.

La tête tourne et les jarrets fléchissent en raison de l'angle de la pente, non de sa profondeur. Peu de gens graviraient la Gemmi si la largeur du chemin, moins considérable, bien que suffisante, laissait voir que l'on est au-dessus d'une paroi verticale. Beaucoup de gens passent sans crainte aucune au Mayenwand ; l'abîme y est profond, la pente telle qu'on ne pourrait s'y tenir debout, mais ce degré d'inclinaison suffit déjà pour éloigner les vertiges.

Chose singulière! si vous êtes dans un pas difficile avec un plus poltron que vous, sa peur vous donne du courage, et vous sauvez lui et vous en même temps.

Les sentiers frayés des Alpes, quoi qu'en puissent écrire les itinéraires ou M. Dumas, n'ont rien de dangereux que pour ceux qui s'y comportent imprudemment.

Hors des sentiers, les pas les plus difficiles sont sans danger aucun pour ceux qui se livrent docilement corps et âme à leur guide.

Si j'avais un bras manchot et deux jambes de bois, je ferais l'ascension du mont Blanc le jour où six guides de Chamounix me diraient qu'ils se chargent de m'y conduire.

Je la ferais avec plus de sécurité que si, non estropié, j'allais me prévaloir le moins du monde de mes deux jambes et de mon bras pour n'écouter pas tous les avis des guides.

Ce sont là autant d'aphorismes dont nous avons eu mille fois l'occasion de reconnaître la vérité.

Après cette visite au Dôme, il est question d'une parade qui nous fait tous accourir sur la place Santa-Alexandra. Nous n'y trouvons pas de parade, mais bien les crieurs du matin, qui ont tous perdu la voix, et qui ne cessent point de crier : *Per cinque centesimi*, etc., etc. Rien de plus comique et qui ait une apparence plus méritoire que le travail que font ces hommes. On dirait des damnés du cinquième cercle contraints par des diabloteaux à s'époumoner silencieusement. De là nous allons visiter l'Ambroisienne, où nous tombons entre les mains de ce même concierge hâtif, déjà décrit ail leurs. Il nous fait voir au pas de course les choses les plus belles et les plus curieuses, et il nous oblige à nous arrêter devant deux petites miniatures modernes qu'il regarde comme des chefs-d'œuvre ambroisiens. Les concierges sont, comme une infinité de gens, bien persuadés que la peinture est un art de patience, où le fini, le léché, sont les qualités premières, et qui, tandis qu'au fond ils s'étonnent qu'on s'arrête devant un carton de Raphaël, sont prêts à se prosterner devant toute enluminure au pointillé.

Il est question de déterminer l'emploi de notre soirée. Plusieurs, qui ont des goûts équestres, inclineraient pour une sorte de cirque olympique dont l'affiche promet merveille. D'autres ouvrent l'avis de retourner à la Scala, et cet avis l'emporte. On dîne donc, c'est le jour à trois plats; ensuite promenade au Cours, qui est très animé, brillant, amusant. On y voit entre autres plusieurs messieurs *Jabot* à cheval, qui *croient devoir* se montrer excellents cavaliers. Ceux qui montent des grand'mères juments, dès longtemps revenues de l'âge des passions, se donnent, pour les dompter, une peine risible : et ceux qui montent des coursiers un peu plus vifs s'imposent, pour ne pas les molester, une prudence qui est drôle aussi. Tout à l'heure nous voici assis à la Scala, en face de Virginius et de Marino. Par malheur, un invincible sommeil alourdit nos paupières.

<blockquote>Suadentque natantia lumina somnos.</blockquote>

Plusieurs luttent avec une constance digne d'un meilleur sort. Laurent sort pour faire provision de veilles, Blanchard dissimule, Pillet rêve, Manfred dort d'un œil et écarquille l'autre, jusqu'à ce que ce soit un dormir universel.

LE PEINTRE EN MINIATURE

DOUZIÈME ET TREIZIÈME JOURNÉES

Ce matin nous continuons nos touristiques explorations, en commençant par la *Breyra;* c'est le musée de peinture, où l'on voit beaucoup d'amirables tableaux anciens et un certain nombre de croûtes modernes. En particulier, un artiste s'est attaché à peindre l'histoire d'Abel et de Caïn dans une série de tableaux du dernier lamentable et du classique le plus mortel. Une longue galerie de tableaux comme ceux-là ferait tomber dans l'hypocondrie.

Bryan n'y tombe pas ; au contraire, tout ce mélodrame à l'huile le fait éclater de rire. Et, comme ici nous n'avons point de concierge à nos trousses, il profite de l'ampleur des salles pour prendre de l'exercice, ce qui lui donne éminemment peu l'air d'un touriste en contemplation devant les chefs-d'œuvre de l'art. Nous prenons ici sur le fait le faiseur de miniature d'hier. Accroupi en face d'un immense tableau échafaudé, cet honnête homme pointille dans un petit carré un grand héros et une forte héroïne. Quel chef-d'œuvre ce va être pour le concierge de l'Ambroisienne ! Tout auprès, un autre est occupé à modeler une petite copie de la Vénus accroupie, pour les vendeurs de plâtres apparemment.

De là, visite à l'Hôpital, visite aux boutiques, puis un dîner à quatre plats, un dessert choisi, une bonne grâce reluisante, un moelleux complet, tout ce qui annonce un mémoire conditionné. Il faut pourtant que cette auberge soit bonne, car elle ne désemplit pas ; c'est un continuel mouvement d'arrivants, qui attendent la place des sortants, des soupes qui passent, des plats qui reviennent, des tourbes de valets criards, de cochers chargeant, attelant, jurant, claquant du fouet, et au milieu Plutus en perruque, qui chiffre dans son bocal. Tout ce bruit lui est un avant-goût d'écus ; plus il y en a, plus il est paisible en ses riantes additions.

Après le dîner, et pour pouvoir achever nos explorations, nous frétons trois grands fiacres, et fouette cocher ! car il faut qu'on sache que dix lieues d'Allée-Blanche ne fatiguent pas comme dix heures de flânerie contemplative. Les fiacres nous emportent doucement au Cours, où nous faisons excellente figure ; de là au Lazaret, puis aux Arènes, puis à l'Arc du Simplon. C'est, après le Dôme, la merveille de Milan. Il est presque achevé, et ses grands chevaux de bronze, que nous vîmes la dernière fois galopant tous les huit dans un petit jardin potager, sont aujourd'hui au sommet de l'Arc, où ils piaffent en se détachant sur la nue. On va monter le char, qui porte une colossale statue de la Paix, et l'Arc sera achevé.

Ces choses vues, il reste encore à prendre congé des *pezzi* et *sorbetti* dans une séance finale ; après quoi, rentrant à l'hôtel, nous y faisons tristement nos préparatifs pour quitter le lendemain cette belle ville de Milan, charmant séjour pour une pension en tournée.

Parmi ces préparatifs, Bryan casse un miroir, ce qui empêcherait de partir des superstitieux. Comme nous sommes à déjeuner, l'hôte rubicond vient remettre son mémoire. A ce moment suprême, il redouble de grâce amicale, d'affabilité prévenante, nous promettant bon voyage, beau temps, beau pays et toutes les joies possibles ; mais, pendant ce temps, M. Töpffer qui vient de jeter les yeux sur le chiffre total, devient tout à coup fort sérieux, en telle sorte que les deux physionomies offrent un contraste d'expression admirable. Sous prétexte que tout est cher à Milan, le petit bonhomme nous a imposé à chacun, par jour, un franc de plus que le prix convenu, ce qui présente pour son coffre un petit surplus de soixante francs. Dès le premier mot de cherté, toute sa bonne grâce tombe ; on discute sérieusement, on partage enfin le différend, et l'on se sépare médiocrement content l'un de l'autre : l'hôte, parce qu'il n'encoffrera pas quelques écus sur lesquels il comptait ; M. Töpffer, parce qu'il payera un surplus d'écus sur lequel il ne comptait pas. Nous montons en voiture, et fouette cocher !

Ce cocher est le plus *rotondus* des mortels, une vraie boule surmontée d'une figure à moitié engagée dans la sphère. Cette physionomie rit, chante, pousse des cris fabuleux, bouffonne sans cesse, et  nous fait aller grand train jusqu'à la dînée, où nous ne dînons pas : non pas que nous ne soyons affamés, mais parce qu'ayant déjeuné, c'est une circonstance suffisante. En revanche, notre boule dîne et s'emplit à faire craindre qu'elle ne saute. On la voit veiller aux chevaux, faire graisser les roues sans perdre un coup de dent, attendu qu'elle ne quitte pas la table sans emporter quelque volatile qu'elle mange en chemin.

Il y a dans cet endroit quelques soldats et une musique militaire qui attendent le passage de la reine de Naples pour lui présenter les armes et lui souffler une fanfare d'honneur. Il y a aussi trois gueux associés qui cachent diplomatiquement leur petit jeu de façon à exploiter le mieux possible la pitié des gens, en se les partageant, en se les passant tour à tour; trois gueux modèles. Il y a aussi un puits avec de l'eau claire pour ceux qui ont faim.

Dès avant Côme, le pays redevient pittoresque, et l'on se rapproche avec plaisir des montagnes. Celles-ci sont douces, peu élevées, très vertes, mais sans arbres. La ville de Côme nous enchante par sa situation, par son caractère nouveau pour nous, et par les édifices curieux qui s'y voient; mais le pays et le lac ne répondent pas tout à fait à notre attente : c'est presque trop joli, trop mignon, trop arrangé. Nulle part des rocs ou des forêts, mais un amphithéâtre de monts assez uniformes, sur lesquels s'élèvent en gradins de jolies constructions uniformes aussi. Tout y est joli, rien n'y est grand. Du reste, nous ne parlons ici que de la partie du lac qui est voisine de Côme; c'est la seule que nous ayons visitée. On loue deux bateaux qui nous conduisent, par une soirée délicieuse, jusqu'à la villa de la reine d'Angleterre. Au retour, nous avons à l'arrière le bateau à vapeur, dont nos bateliers, comme tous les bateliers du monde, ne parlent qu'avec un haineux mépris. On devrait faire apprendre à tous les bateliers ruinés l'économie politique. Les économistes, en effet, leur auraient bientôt prouvé que s'ils sont ruinés, c'est pour le plus grand bien possible, et ils s'en retourneraient contents, pour peu qu'ils eussent l'esprit scientifique et l'intelligence ouverte au progrès.

La faim nous ramène tout courants à l'hôtel où le souper n'est pas tout à fait prêt; grand contre-temps, retard funeste! Aussi, à toute question comme à tout propos, Laurent, Bryan répondent : « J'ai faim! » C'est leur idée fixe, sur laquelle ils vivent jusqu'au potage, qui arrive enfin. Au dessert, on sable du vin d'Asti, en réjouissance de ce que notre ami Manfred est rendu à la santé et à ses fonctions, dont il s'acquitte pour l'heure en arriéré qui rattrape.

Ô.

LA DOUANE

QUATORZIÈME JOURNÉE

C'est dimanche. Au jour, nous sommes réveillés par des chants d'église, et voici venir une interminable procession qui encombre les rues de Côme. Une heure après, aussitôt que la rue est redevenue libre, nous nous en emparons pour partir, laissant à l'hôtel deux voyageurs et Mme T..., qui nous rattraperont en char.

Côme est situé dans un fond : on n'en sort qu'en s'élevant, et c'est alors que l'on voit cette jolie ville sous l'aspect qui lui a fait sa renommée touristique. Du reste, les environs et le pays dans lequel nous nous engageons sont agréables sans être précisément beaux. Ce n'est ni la plaine, ni la montagne, ni une riche végétation, ni une stérile aridité, seulement le ciel est plus doux que le nôtre, les maisons sont plus *fabriques,* l'air de la contrée plus riant.

Au bout d'une heure et demie de marche, nous arrivons à la frontière suisse. Il y a là un poste autrichien, puis un pont, et au delà Chiasso, village du Tessin. L'Autriche nous demande notre passeport, et, remarquant que nous ne sommes pas au complet, l'Autriche nous déclare que nous ne pouvons passer outre avant que nos trois voyageurs, qui dorment encore à Côme, soient là. Nous voilà donc réduits à demeurer deux heures chargés et à jeun, sous le porche de la *dogana reale.*

Rien n'est triste, désespérant, comme cette sorte de séjour. Que peut offrir à la vue une douane ou un douanier qui ne soit pas poudreux, crasseux, ennuyeux au dernier point? Qui ne connaît le confortable de ces baraques où il n'y a ni femme qui arrange, ni famille qui réunisse, ni travaux qui animent, mais seulement des fainéants qui sifflent, des fainéants qui rôdent, des fainéants qui fument? Et puis cette indifférence avec laquelle on vexe, par ordre, un pauvre diable de voyageur qui s'est mis en règle, mais qui n'a pu prévoir tous les caprices des potentats?

Pourtant, comme il y a une auberge de l'autre côté du pont, nous nous décidons à y déjeuner en attendant nos camarades... « Vous ne pouvez pas, nous dit l'Autriche. C'est de ce côté du pont qu'il faut attendre ; vous ne pouvez ni déjeuner ni poursuivre avant d'être en règle. » A la bonne heure. M. Töpffer se révolte contre l'Autriche, mais secrètement ; il conspire, mais au fond de son cœur ; il se livre à une rage effrénée, mais sans dire mot et sans souffrir qu'on murmure. Il est bien vrai qu'il ne s'agissait, pour pouvoir passer, que de rosser un ou deux hommes : Qu'à cela ne tienne, dirait-il, et à l'ouvrage, messieurs !

Ces vexations sont intolérables. Toutefois, sur cette frontière, on les doit tout autant à l'imprudent laisser aller, aux bravades du canton de Tessin, qu'à la politique soupçonneuse de l'Autriche. Avec des voisins qui ne prennent aucune mesure de police, qui se vantent de n'en point prendre, qui tirent gloire de crier à tout venant les mots de *libertà*, *independenza*, *odio di tirania*, et ceci par vaine parade, sans savoir ni pouvoir, dans l'occasion, se faire respecter, on conçoit que l'Autriche se charge à elle seule de faire la police de ce côté, et qu'elle la fasse serrée, rigoureuse, vexatoire, pour le pauvre voyageur qui n'en peut mais si l'Autriche est ombrageuse et si le Tessin est sans force parce qu'il est sans dignité.

Au bout d'une heure de séjour, le commissaire, qui a eu le temps de se raser et de prendre son chocolat, descend sur la place : il a l'air comme il faut et très bonhomme. M. Töpffer lui adresse une supplique, et cet honorable commissaire, s'étant fait donner les noms et le signalement des trois absents, nous laisse enfin partir. C'est ce qu'il fallait faire une heure auparavant, et nous n'aurions pas maudit l'Autriche.

Nous courons vite au delà du pont, à l'auberge désirée. Premièrement, les gens sont à la messe; et secondement, il n'y a pas de vivres! ce mécompte est pour l'heure bien plus grand que si on nous demandait nos passe-ports, ce à quoi personne ne songe. Force est donc de pousser beaucoup plus loin, jusqu'à Mendrisio. Là, les éclaireurs, passant devant une porte, flairent quelque chose, et ils entrent : c'est une grande soupe aux tripes! A cette nouvelle tous les corps rejoignent, et la soupe aux tripes, destinée primitivement à une société du pays, nous est servie. C'est très bon, quand on meurt de faim surtout. Le bouillon est clair, les tripes rares; ça ressemble à la soupe au caillou, quand le caillou était encore tout seul. Pendant que nous sommes à l'œuvre, les

voitures rejoignent et viennent prendre place autour de notre chaudière, que nous quittons prudemment avant que la société du pays arrive demandant sa soupe aux tripes.

Nous approchons de l'un des golfes du lac de Lugano. On s'en aperçoit deux heures à l'avance et bien longtemps avant de voir l'eau. En effet, les bateliers avides viennent jusque-là pour mendier auprès du voyageur la préférence pour leur bateau. M. Töpffer a beau dire qu'il n'en veut ni un, ni deux, ni point, il lui faut pendant deux heures subir les exhortations, les raisonnements, les offres de ces importants industriels qui ne nous laissent tranquilles qu'à Capo di Lago, lorsqu'ils nous ont vus défiler à pied devant le port. Mais aussitôt en voici d'autres, ceux de Bissone, une heure plus loin, qui sont pareillement venus à notre rencontre, et qui nous font pareillement la conduite jusqu'à Bissone. Pour nous en débarrasser, nous entrons dans le bac qui stationne en cet endroit, et nous mettons entre eux et nous un bras du lac.

Dès ici la contrée devient de plus en plus belle. Le lac de Lugano, avec ses hautes montagnes, ses golfes étroits, ses rivages escarpés et une riche végétation, nous plaît plus que celui de Côme. Il est vrai que dans ce moment le ciel est à l'orage, en sorte que l'éclat et le mouvement des nuages ajoutent un charme de plus à la beauté du spectacle. Pendant que nous sommes à le considérer du haut d'une esplanade de rochers, dont nous donnons le croquis à la

page suivante, la foudre éclate et la pluie tombe.
C'est la première fois depuis notre départ de Genève,
mais c'est assez pour que nous arrivions haletants
et rincés à Lugano.

LAC DE LUGANO

QUINZIÈME JOURNÉE

La pluie continue de tomber à torrents. Chacun comprend la chose, et se rendort jusqu'à nouvel ordre. Le nouvel ordre, c'est vers neuf heures, le déjeuner, suivi d'une délibération où il est décidé qu'on ne décidera rien au sujet du départ avant midi. Aussitôt chacun de profiter de ce temps d'arrêt pour mettre à jour sa correspondance. On écrit sur les tables, sur les fenêtres, sur la cheminée, sur tout ce qui fait saillie, et l'on dirait les bureaux d'un ministre au milieu d'une gesticulation insolite des télégraphes.

Midi sonne, on délibère de nouveau; et comme la pluie tombe avec une violence croissante, on décide à l'unanimité que, l'hôtel étant excellent, on emploiera cette journée à se délasser au sein du petit foyer domestique que nous nous sommes créé dans la chambre de Blanchard. Aussitôt ce parti pris, on s'adonne aux jeux d'esprit, aux jeux à gages, à tous les jeux que peuvent jouer vingt personnes confinées dans une chambrette. L'esprit n'abonde pas, mais les rires vont leur train; et voici que la pluie cesse, que le soleil perce les nuages et vient dorer la nature encore toute mouillée et grelottante. Nous faisons une sortie. Les montagnes du côté des Alpes se sont couvertes de neige, et le froid très vif nous oblige à établir des courses olympiques, les unes sur deux pieds, les autres à cloche-pied, tout en nous dirigeant vers un couvent de capucins, où se voient des fresques de Luini. Les fresques sont remarquables, mais les capucins, pouah! ignobles, stupides, sales, intéressés, et n'ayant pas l'air de se douter seulement du côté relevé de leur vocation. C'est ce qui a lieu souvent dans les ordres religieux. La pensée religieuse a présidé à l'institution de l'ordre, ensuite les intérêts de l'ordre ont étouffé la pensée religieuse; puis, les intérêts assis, sont venus les moines, *fruges consumere nati*.

Au retour de notre promenade, nous voyons dans la rue, perdu sous une touffe de cheveux, qui?... ce même moustachon grêle que nous rencontrâmes l'an passé à Zug, au milieu d'une ou deux familles fuyant le choléra. Il est tout aussi grêle, tout aussi verdâtre, mais moins écrasé qu'à Zug, où, au milieu de vachers rubiconds et colossaux, il faisait l'effet d'une belette parmi des oursons. Il nous reconnaît et nous considère avec curiosité. Apparemment nous lui rappelons des temps où il avait

bien plus de peur que de mal. Nous ne voyons ni sa grosse maman, ni son frère l'abbé aux cheveux plats et coupés carrément.

Rentrés à l'hôtel, nous allons nous mettre à table. Non loin de nous dînent deux gigues silencieuses, deux de ces cosmopolites blasés, comme on en rencontre parfois dans les hôtels. Plus loin, par une porte, qui s'ouvre et se referme, nous entrevoyons une belle dame qui fume un cigare. C'est à la façon de Sand. Sand se donne l'air d'un génie viril! ces dames se donnent l'air de Sand. Et ici, comme pour les capucins, la pensée virile a présidé à la chose, ensuite la chose s'est passée de la pensée virile, et des femmelettes en sont à fumer comme des hussards.

RIVE DE MAGADINO

SEIZIEME JOURNÉE

Le temps est radieux; le ciel, les montagnes sont d'une fraîcheur délicieuse : nous nous disposons, sans nous presser, à faire la promenade qui nous sépare du lac Majeur. Cette promenade consiste à franchir le mont *Cenere*, mont à châtaigniers et à brigands. Toutefois, les châtaigniers y abondent plus que les brigands, depuis que l'on a établi dans le plus sinistre fourré du passage un poste de gendarmerie. La dernière fois que nous passâmes à Lugano (1831), on faisait de plus escorter la diligence.

A Lugano nous avons été hébergés, nourris, régalés au prix de trois francs dix sols par tête et par jour : nulle part on ne nous a traités à si bas prix.

Dans la plupart des hôtels de ce côté-ci des Alpes, on a affaire avec le garçon, et c'est alors à celui-ci d'endoctriner le maître. Pour reconnaître les excellentes doctrines du garçon de Lugano, la bourse commune enfle fort la bonne main, et sa munificence s'étend jusque sur le décrotteur de la maison, artiste un peu crétin, qui, extasié à la vue de tant de menue monnaie, s'en va partout montrant sa richesse, comme quoi il pratique un art souverainement digne d'envie.

Au Faucon, à Milan, il y a un pauvre diable disgracié, mal bâti, boiteux et l'œil torve. Ce pauvre diable, du matin au soir, et, s'il le faut, du soir au matin, cire tous les souliers de tous les voyageurs, apportant à ce service tout le soin et toute la régularité désirables. Le lustre de son cirage est si beau que nous en faisons compliments à l'hôte rubicond. « Il y a dix ans, nous dit cet hôte, qu'il se tient là où vous le voyez. Je ne m'en mêle pas, si ce n'est pour le conseiller quand il veut placer son argent. Savez-vous que cet homme-là s'est marié, qu'il a famille, qu'il élève bien ses enfants, et qu'il met de côté huit cents à mille francs par année? C'est la conduite, ajoute-t-il, qui mène là. » Comme l'on voit, l'hôte rubicond est sensé; il sait que la conduite mène plus sûrement et plus loin que les talents. Ce qu'il faut dire encore à sa louange, c'est que tous les gens de son hôtel y ont l'air anciens, casés, faisant régulièrement leur petite affaire à côté de la sienne grosse. En vérité, s'il nous avait donné quatre plats dès le premier jour, on devrait le considérer comme un hôte modèle.

En sortant de Lugano l'on a une vue de cette ville qui vaut celle de Côme, et, en s'avançant dans le mont Cenere, l'on traverse un pays bien plus beau que celui que nous avons parcouru entre Côme et Capo di Lago. Nous ne voyons qu'un brigand, encore est-ce un honnête bûcheron qui n'attaque de sa cognée que les arbres de la forêt. Vers le sommet nous quittons la grande route du Saint-Gothard, pour prendre, sur la gauche, le sentier qui conduit à Magadino. Quel sentier! Des châtaigniers l'enserrent sous leur transparent ombrage, et entre les rameaux, au travers des trouées du feuillage, le regard plonge sur la romantique vallée où le Tessin, après s'être attardé dans les riantes prairies de Bellinzone, s'en vient doucement verser son onde dans le lac Majeur. Au bas du sentier on se trouve à deux pas de Magadino. Nous y arrivons de bonne heure, et après avoir procédé aux arrangements d'auberge, nous employons la soirée en riens fort agréables. Les uns dessinent, les autres se promènent, quelques-uns font des ricochets dans le lac, ou luttent à qui lancera une pierre au delà de bois flottés qui sont parqués contre le rivage. L'auberge est à nous, la rive est à nous, le lac est à nous; je veux dire que Magadino est un de ces petits coins où rien ne nous gêne, une oasis où nulle autre horde ne nous dispute, à nous Bédouins, l'eau, l'herbe, ni les dattes.

Notre souper est servi sur une table formant un carré parfait, en telle sorte que nul bras ne peut atteindre aux plats du centre. On fait comme on peut. Il y a truites, il y a canards, il y a de tout, et de l'huile aussi, pur quinquet. Le service est partagé entre un cuisinier grassouillet et un petit garçon, qui n'ose être gentil en présence du cuisinier. Histoire de bonne main. Histoire de gros chien qui éloigne de son os les roquets à coups de dents. Toutefois, le petit garçon prenant son temps offre à Mme Töpffer un bouquet de fleurs; mais gare si le doguin s'en aperçoit; comme nous attendons le dessert, on nous prévient qu'il arrivera ce soir par le bateau, quand nous serons couchés. C'est alors qu'on pousse le pain de sucre dans un bol d'eau chaude où il se noie, et nous buvons un grand punch qui termine merveilleusement une charmante journée.

DESCENTE SUR MAGADINO

DIX-SEPTIEME JOURNÉE

Comme on le sait, il y a un bateau à vapeur sur le lac Majeur. C'est un petit bateau pompeusement appelé *il Verbano*, et qui, tout médiocre qu'il est à tous égards, a été érigé en miracle par l'imagination orientale des matelots et des riverains. On vous vend l'histoire de ce bateau, son portrait, les propriétés, les dimensions et les gentillesses de sa machine; on vous vend la liste de ce qu'il faut regar-

…der du bateau, dans le bateau, avant le bateau, pendant et après le bateau, et une sorte de libraire en jaquette stationne sur le bâtiment, pour y vendre ou y louer à l'heure les écrits divers relatifs à cette huitième merveille du monde, *il Verbano!*

Ce Verbano, qui enchante la foule, inquiète les puissances. Parti de Magadino, rive helvétique et républicaine, il s'avance avec sa cargaison dans des eaux monarchiques, où, d'une rive, l'Autriche le couve des yeux, de l'autre le Sarde le guette, où tous deux se font signe et s'entendent pour envoyer savoir ce qu'apporte le navire. Alors on y voit monter une sorte de gredin décoré, figure équivoque, reste de mouchard, dont l'échine est faussée par d'anciens coups de bâton reçus dans l'exercice de ses fonctions, dont l'œil est faux, le ton impératif, toute l'encolure basse et insolente à la fois; un de ces hommes dont l'administration décore la boutonnière, afin qu'ils ne soient pas jetés à l'eau par le premier gentleman venu; un de ces hommes qui font trembler les passagers honnêtes, et qui font penser aux coquins qu'avec eux on pourrait s'entendre; un de ces hommes, débris de police, échappés des douanes, qui, se confiant peu à l'amour du peuple, vivent toujours à portée des carabiniers, et ne se promènent jamais trop loin du poste. Ce personnage monte sur le pont, flaire les passagers, sonde les regards, se fait livrer les passeports, et malheur à qui ne serait pas dix fois en règle! il se verrait à la merci de ce misérable.

Autrefois, il y a peu d'années, on ne prenait pas ces précautions, les passeports n'étaient demandés qu'aux lieux principaux; mais le Tessin ayant fait des siennes, c'est-à-dire permettant tout, il en est résulté ce redoublement de vexations. La contrebande allait son train, on passait des fusils, les réfugiés rentraient; tant et si bien, que l'existence du bateau est aujourd'hui mise en question. Nous tenons ces choses de Piémontais, certes, fort amis de la liberté, fort désireux de l'obtenir chez eux, et qui déploraient que le Tessin, par sa conduite imprudente, eût donné prétexte à des mesures tyranniques dont les riverains sont victimes sans qu'ils puissent les blâmer absolument. « Entre trois maisons qui se touchent, disent-ils, quelque opposés, quelque ennemis que soient les propriétaires, ils se doivent néanmoins le réciproque entretien de la toiture, des fondements; ils se doivent, de propriétaire à propriétaire, la liberté du chez-soi; ils se doivent de ne pas mettre le feu l'un chez l'autre. On nous gouverne trop, ajoutaient-ils, parce que là-bas ils ne gouvernent pas assez. »

Quoi qu'il en soit, bien que Magadino soit un bourg composé de trois auberges et deux cabanes, à Magadino comme à Genève le départ et l'arrivée du Verbano n'ont pas lieu sans que des badauds couvrent la rive et se délectent à voir la roue tourner, et le merveilleux navire tracer son sillon sur les eaux. Le pont est rempli de monde et de petits chats. Il y en a une colonie, comme aux Mot-

7.

tets une colonie de moutards. Quelques touristes, des artistes, entre autres M. Lory de Neuchâtel, des gens des allées voisines, deux curés et un décrotteur, composent la société. Le décrotteur est un pauvre estropié, à demi imbécile, qui cire bottes et souliers au milieu des rires, des moqueries et des pièges qu'on tend à sa crédulité. Le pauvre malheureux prend tout en patience, et accomplit consciencieusement sa petite tâche, de façon à recueillir une jolie somme. C'est le troisième décrotteur intéressant que nous avons rencontré.

Les rives du lac Majeur sont charmantes; toutefois, ce sont des paysages doux, agréables, riants, plutôt que grands ou fortement caractérisés. Il est probable que du bateau l'on est moins bien placé pour juger du pays à son avantage que si l'on parcourait une des rives. Nous dépassons bientôt les îles Canero, petits rochers qui supportent des châteaux en ruine et qui font le plus pittoresque effet. Enfin nous débarquons à Intra, où la douane s'empare de nous, et où notre passeport, qui vient d'être visé, il y a une demi-heure, est visé de nouveau, pour être encore visé le soir. A peine visés, nous partons affamés pour l'auberge qui est à deux pas. Il n'y a point de lait. On fait prix pour un déjeuner à la fourchette.

Rien n'affame comme les déjeuners à prix fait, qui sont presque toujours horriblement maigres. Ici l'on nous dispense de la soupe, l'on nous sert quelques restes de viande froide; et puis comme nous crions famine, on apporte une truite longue comme le doigt, qui est offerte à M. le supérieur. Volontiers les aubergistes supposent que tout le secret c'est de bien alimenter le supérieur, dût la troupe crever de faim, en le voyant faire. En beaucoup d'endroits

le supérieur a de la peine à leur persuader qu'il mange avec ses élèves, comme eux et un peu moins qu'eux; cela ne peut s'arranger avec leurs idées hiérarchiques et l'opinion majestueuse qu'ils se font d'un supérieur. La plupart concluent *in petto* qu'ils ont affaire à quelque subalterne, qui guide la bande pendant que le supérieur trône dans quelque capitale. Nous sortons de table avec les dents longues, et bien persuadés qu'encore mieux vaut une soupe aux tripes qu'un déjeuner à prix fait. Pour l'hôte, il est enchanté de lui, de nous et de l'excellente spéculation qu'il vient de faire. Et bon voyage, messieurs... à une autre fois!... Politesse affectueuse qui ressemble singulièrement à une ironie amère.

D'Intra nous marchons le sac sur le dos jusqu'à Palanza, franchissant ainsi le promontoire qui nous sépare du golfe sur lequel semblent flotter les îles Borromées. C'est ici un pays enchanté ; ces petites villes riantes, animées, ces promontoires ombragés, ces golfes solitaires ; d'une part les hautes Alpes, de l'autre les collines qui ondulent en s'abaissant du côté de la Lombardie : c'est là un spectacle qui ne peut se décrire. Le caractère italien se fait sentir dans la sereine chaleur du ciel, dans l'azur splendide de l'eau, et sur les rives, dans le goût des fabriques, douces de lignes, pittoresquement situées, et brillant d'une éclatante blancheur au milieu d'une végétation sombre et vivace.

L'homme seul, dans cette terre de poésie, n'est pas poétique ; c'est comme partout, je pense. Il est à la vérité paresseux, hâlé, souvent admirable de guenilles, beau et expressif de visage, excellent modèle pour le peintre ; mais il est vulgaire, criard et sentant l'ail ; mais la poésie morale manque ; la poésie religieuse, celle du sentiment, celle de la mélancolie, sont exilées de ces rives, c'est comme partout, je pense. Partout, la poésie est, non pas dans le modèle, mais dans l'âme du peintre. Lucie quitte le vallon natal, et, voguant sur les eaux du golfe ignoré de Lecco, son cœur se gonfle, les souvenirs s'y pressent, de tendres et mélancoliques adieux s'en exhalent; avec elle, lecteur, tu aimes, tu chéris, tu regrettes, tu pleures ces bords, tu ne les oublieras plus, et si un jour tu vogues à ton tour de l'un à l'autre, ils s'embelliront à tes yeux de tout l'éclat de la poésie, de tout le charme du sentiment !... Ces lieux pourtant ne sont pas plus beaux que d'autres, et Lucie, cette créature charmante, elle n'y exista, elle n'y existera jamais. Va donc porter ton hommage aux pieds du poète ; c'est lui qui a tout créé, tout animé ; c'est lui qui donne la vie aux êtres, et la parure aux montagnes. Vienne ici, à Palanza, à Intra, sur ces bords qui n'enchantent que l'œil, un Cervantès, un Scott, et ils vont peupler ces lieux encore déserts pour la pensée, féconder ces landes, y souffler ces zéphyrs qui rident le cœur et qui soulèvent l'âme.

Prosterne-toi, lecteur, devant ces poètes-là, bien pénétré de ce que tu leur dois, et, adorateur fidèle, tu cesseras de te prosterner devant tant de faux dieux, devant tant d'idoles hideuses que la foule de nos jours a portées dans le temple ; idoles impuissantes, qui n'ont rien fait que des grimaces, rien créé que des monstres, rien fondé que des constructions bizarres, faites de blocs informes ou de débris honteux, dédaignés naguère par les maîtres. N'admire pas ce qui n'a que le mérite d'être médiocre sans sagesse; mais n'admire pas non plus ce qui est brillant à force de faux, et éclatant à force de scandale. L'encens brûle partout ; ose être avare du tien, n'en transforme pas la délicate essence en cette grossière odeur qui empuantait les parvis profanés.

A Palanza, sur la rive, se présente l'hôte de Baveno, auprès de qui nous retenons logements et souper ; puis, débarrassés de ce soin, nous nous embarquons pour les îles. Nous avons marqué ailleurs notre préférence pour l'Isola Madre, séjour enchanteur, la perfection des séjours... si la perfection était de ce monde. Mais dès la rive un cicerone botaniste s'empare de vous; il ne vous laisse ni reposer ni errer, et il vous baptise chaque plante, chaque arbre, de son nom latin. C'est la prose en bonnet de coton, en bonnet de docteur, veux-je dire, qui fait bonne garde, de crainte que sa sœur, qu'elle a déshéritée, ne revienne au manoir paternel. Les kangourous dévorent la Gaule Cisalpine, la botanique désole l'Isola Madre.

Au rembarquement on attrape dans l'eau un serpent qui est mis en bouteille chez Miech, et qui vient avec nous visiter l'Isola Bella. Ici, le touriste débarqué est remis aux mains d'un cicerone qui lui explique le palais, et le plus vite possible, car le bonhomme en meurt d'ennui.

Après quoi le touriste paye, et il est remis aux

mains d'un cicerone qui lui explique les mimosas
et les cactus, autre petit Jussieu insulaire, Linné
babillard, qui vous en donne pour votre argent.
Heureusement pour nous, ce barbare est appelé
pour crucifier une autre société, et il nous confie
à une jeune paysanne toute timide, et qui est bien
éloignée de vouloir nous botaniser le moins du
monde. Assurément la botanique est, à notre gré,
l'une des plus recommandables sciences, une
science que nous choisirions de préférence, s'il
nous fallait absolument être savant ; mais il faut
qu'une science, comme une personne, pour ne pas
déplaire, se tienne à sa place.

De là nous voguons vers Baveno, en passant devant l'île des Pêcheurs, la seule qui ne soit pas
désolée par la botanique ; elle est charmante. Enfin
nous débarquons à l'hôtel, où le petit garçon (c'est
ainsi qu'ils appellent le garçon en sous-ordre) nous
donne dix-huit lits... et où le grand garçon nous
les ôte pour nous en octroyer douze à la place.
Comme il y a beaucoup d'étrangers, on ne murmure
pas, on attend, et cette conduite honorable nous
sert le mieux du monde. En effet, à l'heure du
coucher, grand et petit garçon se sont mis d'accord ;
il y a des lits partout : alors on dédouble, on
émigre, on transmigre, et de compte fait, après que
nous avons chacun notre lit, il en reste deux de
trop.

LES ROCHERS DE GONDO, PRÈS L'ISELLA

DIX-HUITIÈME JOURNEE

Ici, le déjeuner n'est ni à prix fait, ni à la fourchette; mais surtout il est inattendu, et partant bien plus exquis. Depuis quelques jours, la bourse commune est plus traitable; c'est que la joie élargit le cœur et dénoue les cordons. En attendant, le serpent d'hier a quitté sa bouteille et s'est rendu chez Pillet et consorts, où chacun croit l'avoir dans sa chemise.

Nous dépassons Fariolo, et, quittant les bords du lac Majeur, nous tournons vers les Alpes par la vallée de Domo d'Ossola. C'est l'une des plus jolies marches de notre voyage. En effet, le passé, le présent et l'avenir de notre excursion se présentent sous le plus charmant aspect ; la matinée est d'une incomparable beauté, la marche facile et animée ; surtout la conversation s'engage, et il s'agit de prouver que, en toute condition, ce qu'on appelle la conduite est préférable aux talents, et les décrotteurs jouent un grand rôle parmi les exemples à l'appui. Après quoi l'on passe à autre chose, et aussi à un homme qui pêche des grenouilles. De propos en propos, on arrive à Vogogne, où la bourse se délie encore. M. Töpffer est méconnaissable, il trouve qu'on ne dépense pas assez. Et c'est vrai que lorsqu'on est parfaitement heureux et content, quelque prix que l'on paye, c'est toujours vil prix. Augier ayant dit que cet endroit est célèbre par ses saucissons (Vogogne ressemble à Bologne) : Va pour le saucisson ! Nous le mangeons comme si c'était bien le premier saucisson de la terre, et nous apprenons ensuite qu'on ne fait point de saucisson à Vogogne. Qui fut bien attrapé ? — Ce n'est, ma foi, pas nous.

Après Vogogne, on passe le Tessin. Le pont de Mazone a été brûlé, en sorte que nous naviguons sur un bac rustique. C'est fort agréable lorsqu'on est comme nous joyeux de marcher, joyeux de s'asseoir, et au besoin joyeux de quoi que ce soit. Après le bac commencent des rubans interminables, qui nous paraissent presque tôt terminés, et nous entrons à l'hôtel d'Espagne, où l'hôte reconnaît à l'instant M. Töpffer, bien qu'il ne l'ait jamais vu. Les aubergistes vous reconnaissent toujours comme leur pratique.

HALTE AU SAUCISSON, PRÈS ISELLA

DIX-NEUVIÈME JOURNÉE

Comme à Verèze, comme partout, pendant que les vaches s'engraissent sur les hauteurs, le lait est rare dans la plaine, et nous buvons notre café à la turque presque; c'est de quoi avoir beaucoup d'esprit, mais l'estomac creux en proportion. Il n'en faut pas moins s'engager dans les gorges du Simplon. Heureusement, M. Töpffer se souvient qu'au pont de Crevola il y a certaine boutique borgne où il est possible de s'approvisionner, lorsqu'il s'y trouve des provisions

Avant de partir, on fait encore un tour de ville. Deux des voyageurs, s'éprenant tout à coup de belle latinité, se proposent de faire sous l'ombre des grottes et sous le feuillage des chênes quelques champêtres et classiques lectures. En conséquence, ils veulent se procurer un Virgile. Le nom de cet auteur ne paraît pas être familier au libraire de Domo d'Ossola. « Connais pas! » dit-il, et il leur offre des livres d'heures. Ce n'est pas tout à fait leur affaire. D'autre part, on a découvert une boutique où se vendent des couteaux-poignards, admirables pour éventrer les brigands, tout comme pour couper du pain ou pour disséquer des dragons. Bryan, toujours gigantesque, en achète un qui, ouvert, a près de dix-huit pouces de long, et il le brandit en triomphateur; c'est effrayant à voir. Si bien que M. Töpffer rachète de Bryan ce coutelas monstre, et se charge à lui tout seul d'éventrer les brigands.

Entre Domo et entre le pied des Alpes, il y aura un ruban d'une lieue. Voici qu'Arthur et Percy acceptent le défi de franchir cet espace à reculons. C'est à la fois miraculeux et très fatigant à voir. Pendant qu'ils reculent, avec défense de tourner même la tête, les uns les trompent sur la distance qu'ils exagèrent, les autres leur conseillent de renoncer à une entreprise folle; mais eux tiennent bon, et ils arrivent à reculons au pont de Crevola, où finit leur martyre. Ils sont exténués, mais triomphants. Après tout, ils ont fait acte de force et de volonté; seulement ils éprouvent, pour l'heure, de la difficulté à marcher droit devant eux à la façon commune. Bryan, Alfred accourent avec une immense couleuvre qu'ils viennent de tuer, et dont la peau recouvre bientôt une de nos piques.

M. Töpffer ne s'était pas trompé. La boutique borgne est à sa place. La bourse commune y achète six pains et un saucisson de trois pieds de long, un saucisson boa, un saucisson devin. Appuyée sur ce saucisson et flanquée de six pains, la caravane passe le pont et s'engage dans les gorges du Simplon.

Mais voici un serpent encore... c'est la journée des serpents; gare aux serpents! Bryan escalade toutes les pierres, sonde toutes les cachettes, et il est fort bien secondé par quelques amateurs. Ce serpent est étranglé, anatomisé comme l'autre, et, par une bizarrerie qui montre combien il y a de vicissitudes dans la destinée des serpents, la liberté est rendue à ce pauvre reptile de l'Isola Madre, qui est en bouteille depuis trois jours. Si jamais ce serpent-là écrit son histoire, il parlera de la pension comme les revenants du Spielberg parlent de l'Autriche, et ce sera peu honorable pour la pension.

Après Isella, où nos passeports sont vus et parafés pour la dernière fois, nous entrons dans la région des galeries, des rocs déchirés, des eaux furieuses et des horribles solitudes. C'est au sein de l'une d'elles que, trouvant un coin tranquille et verdoyant, arrosé par une source jaillissante, nous y posons nos tentes. Le saucisson boa est mis sous le tranchoir d'Adolphe ! Ah ! quel repas, quel charme de situation, de spectacle, de bien-être ! Quelle colossale satisfaction d'appétits colossaux, au moyen de ce colossal saucisson, si bien approprié à cette colossale nature !!! Nous passons là trois quarts d'heure, de ces quarts d'heure qui ne s'oublient jamais, et que plusieurs d'entre nous aimeront à raconter à leurs arrière-petits-enfants, si Dieu leur accorde quatre-vingts ans de vie et des arrière-petits-enfants.

Pour dessert l'on se remet en route. Le temps est de toute beauté, la vue récréative, changeante, les paysages merveilleux de grandeur, d'éclat ou de grâce, et il se trouve que nous arrivons au village du Simplon plus frais, plus reposés que nous ne l'étions au sortir de Domo. Mme Grilliet nous accueille à merveille, le chien aussi, qui est natif du Saint-Bernard, et, après nous être régalés de chamois, nous gagnons nos cellules, où le sommeil nous met au lit.

L'ILE DES PÊCHEURS, ET, DERRIÈRE, L'ISOLA BELLA.

SIMPLON (ABIMES)

VINGTIÈME JOURNÉE

Miech arrive dans la salle à manger en déclarant que, pris par la gorge, il ne peut rien avaler. Cette idée est horrible! On se rassure pourtant quand on voit qu'à déjeuner Miech se tire d'affaire pas trop mal. Pendant que nous sommes à l'œuvre, les voyageurs de la diligence, glacés, perclus, attendent à une table voisine leur tasse de café qui ne vient pas. Mais vient le postillon qui crie : « En route, en route, messieurs! »

Rien n'est pitoyable comme des gens qui, ayant roulé toute la nuit, sont déposés au petit jour dans une hôtellerie encore endormie. Rien n'est gênant comme d'être attelé à quatre rosses, attaché à une valise, dépendant d'un postillon. Au contraire, rien n'est charmant comme de déjeuner à son heure, en liberté, de n'être attelé qu'à soi et à son sac, de n'être attaché qu'à des compagnons qu'on aime, de cheminer à son allure, vite, lentement, à droite, à gauche, par la route ou par le sentier, jusqu'ici ou jusque-là, sans que qui que ce soit ait à vous empêcher ou à vous prescrire. De cette façon, la création devient votre domaine, la nature votre jardin, où vous vous promenez avec l'aisance et la sécurité d'un propriétaire visitant ses tulipes, en robe de chambre et en bonnet de coton.

Nous chargeons nos havresacs et, après avoir pris congé de Mme Grilliet, nous partons pour franchir le col. Le brouillard est épais, l'air vif, le mouvement indispensable pour ne pas geler sur place; aussi, pressant la marche, nous avons bientôt atteint et dépassé la diligence qui est partie avant nous. Les voyageurs croquent le marmot et déjeunent de brouillard. Vers l'hospice, nous rencontrons un pauvre diable de soldat, déserteur des régiments suisses; il est demi-nu, et sans argent ni hardes. On le fournit de l'un et de l'autre, chacun mettant à contribution son sac ou sa bourse.

Ce plaisir-là, on ne l'a pas, ou bien rarement, quand on vole emporté sur quatre roues.

Le soleil perce enfin le brouillard, et au bout du col il nous éclaire à la fois, nous et les pâturages du Valais, qu'on découvre tranquilles et riants au fond de l'abîme. Nous franchissons les galeries, puis les premiers refuges, demandant à chacun si pommes de terre il y a, et si soupe est possible ; car le déjeuner n'est déjà plus qu'un souvenir, et ceux de la diligence qui n'ont rien pris n'ont certes pas aussi faim que nous. Enfin, au refuge n° 4, une bonne femme nous montre trois raves et huit pommes de terre : « Et avez-vous du riz? — Une écuelle. — Et du lait? — Un peu, bien peu. — Et du pain? — Celui-ci. — Faites-nous du tout une bonne soupe. Mettez tout, et du sel, et de l'eau, et du fromage!!! »

La bonne femme se met à l'œuvre. Chacun cherche, se procure ou se fait des ustensiles; bientôt la chaudière arrive... exquise, onctueuse, liée, salée, bouillante, bien autre chose encore que la soupe aux tripes! Ah! dites, lecteurs, l'histoire qui enregistre tant de fadaises, ne doit-elle pas enregistrer des plaisirs pareils, un contentement si grand, un rassasiement si joyeux? Ne vous ennuyez donc pas trop de voir revenir avec chacune de nos journées ces événements de soupe, de tripes ou de canards; et bien plutôt, si vous êtes encore dans l'âge de la vigueur et de la santé, allez apprendre sur nos traces et à notre exemple, en parcourant à pied les montagnes, ce que valent ces banquets conquis par la marche, assaisonnés par la lassitude, et tout fleuris d'expansive gaieté.

David est parti pour aller retenir nos logements à Brigg, en sorte que, tranquilles sur notre avenir, il ne nous reste plus qu'à savourer le plaisir de la promenade. Après le plateau de Bérisal, dont les beaux herbages flattent le regard comme ferait un moelleux velours, on peut quitter la grande route, celle de Napoléon, pour l'ancienne, un reste de chaussée qui court en corniche au-dessus d'effrayants abîmes. C'est ce chemin que nous préférons, et le soir nous y surprend que nous sommes encore à deviser, comme des sages, à l'ombre d'un pin solitaire.

ÉGLISE EN VALAIS

VINGT ET UNIÈME JOURNÉE

Aujourd'hui nous remettons nos pieds dans leurs étuis jusqu'à l'an prochain. Il est d'usage antique et immémorial que nous nous fassions voiturer tout le long du Valais, et c'est une création délicieuse quand on a suffisamment marché, quand le temps est beau, et surtout quand les voitures sont des chars à bancs, c'est-à-dire ouverts de tous côtés, laissant libres deux choses sans lesquelles il n'y a point de plaisir : l'air et la vue. Jusqu'ici donc nous avons défilé dans les montagnes, ce sont maintenant les montagnes qui défilent devant nous. Celles du Valais sont belles et variées d'aspect, tandis que la plaine où l'on roule est assez uniforme. Toutefois, près de Sierre, le paysage redevient délicieux, et il semble, à la nature des rocs, des terrains et surtout de la végétation, que l'on soit encore de l'autre côté des Alpes, parmi les pins d'Italie qui abondent en cet endroit. Nos cochers, dont l'un ne fait qu'un somme de Brigg à Sion, nous font remarquer la pierre ci-contre, et nous racontent la tradition qui s'y rapporte.

C'est la *pierre de l'Ange*. Une jeune femme allant en pèlerinage gravissait le sentier, chargée de son enfant et de quelques hardes. Des brigands sortirent du taillis, et s'étant jetés sur elle, ils la dépouillèrent et voulurent s'emparer aussi de l'enfant. La pauvre mère frémit : « Prenez ma vie, disait-elle, mais que mon enfant soit libre et rendu aux siens. » Insensibles à ses plaintes, ces hommes farouches s'apprêtaient à saisir le petit garçon, lorsque la femme le saisit avant eux et le lança de toute sa force contre la pierre, préférant le voir périr plutôt que de le livrer en de criminelles mains... On vit alors la pierre se fendre en quatre, donner passage à l'enfant, et un ange le recevoir dans ses bras et l'emporter vers les cieux. Les brigands prirent la fuite, et la mère demeura prosternée, bénissant

Dieu, et pleurant son fils, heureux désormais, et néanmoins arraché d'auprès d'elle.

Telle est cette tradition. Elle est touchante, elle est caractéristique aussi de cette imagination simple et pieuse qui est propre aux Valaisans. Les Valaisans ne sont ni industrieux, ni spirituels, ni, pour l'heure [1], enrôlés dans quoi que ce soit de vapeur ou de chemin de fer, ni attelés au char du siècle présent ; mais ils ont encore la vie religieuse, contemplative ; le ciel, les cimes, les bois, ont pour eux un langage, des voix de colère, de joie ou de ressouvenir ; et ces hommes, dans lesquels plus d'un touriste ne voit que des goitreux plus ou moins crétins, cachent presque tous, sous des traits ingrats, une âme douée encore de cette vie qui devient si rare, de cette vie du dedans qui ne crie, ni ne babille, ni ne gambade, ni n'imprime, ni ne rime, mais qui suffit à ceux que n'ont encore blasés, ni égarés, ni hébétés, le bien-être de notre civilisation, nos Cagliostros de gazetiers et de poètes, les effrénés prôneurs d'un progrès stérile qui a pour dernier terme l'homme moins l'être moral, le corps de l'homme moins son âme, son toit, son manger, son habit, sa cravate et son faux toupet, mais non son cœur, le seul point pourtant d'où procèdent pour lui heur et malheur.

Touriste, les Valaisans ont du goitre, c'est sûr; mais les Valaisans s'aiment entre eux, ils ratta-

---

1. En 1837.

chent leurs devoirs, leurs vertus, leur patiente
douceur, ces soins qu'ils donnent à leurs crétins,
à la foi qui vit dans leurs cœurs, qui allège leur
pauvreté, qui suffit à leurs fêtes, comme elle les
soutient à leur lit de mort. Les Valaisans ont du
goitre, mais ils se pressent dans leurs pauvres
églises, ils écoutent avec une simplicité qui est
bien loin de toi, et que tu regrettes peut-être, la
messe du dimanche; bien que dévots et superstitieux plus qu'il ne faut l'être, ils n'en sont pas
moins des hommes qui s'abreuvent à une source
élevée, qui savent et sentent leur âme vivante et
immortelle, qui n'ont point perdu, dans le tourbillon du progrès et dans le tapage de la civilisation, jusqu'au souvenir de leur origine et de leur
destinée céleste. Les Valaisans ont du goitre; mais
ils sont humains, hospitaliers, fidèles, et à la
guerre, ils savent servir une cause en mourant à
leur poste! Ils ont du goître, mais ils ont des
mœurs, des traditions, des histoires d'anges et des
histoires de diables; ils ont la dévotion pour s'y
plaire et la simplicité pour les goûter; quand ils
cheminent solitaires dans leurs bois, dans leurs
montagnes, ils y ont, pour mystérieux compagnons,
des impressions, des souvenirs, des sentiments :
cette gorge leur peint l'enfer; cette pierre fendue,
une mère dont l'ange sauva le nourrisson. Et voilà
pourquoi, lents et engourdis d'apparence, ils vivent;
tandis que tant d'autres, lestes, agiles, et se remuant
sans cesse, bougent plutôt qu'ils ne sont vivants.

8.

Après un déjeuner à Tourtemagne et une halte à Sierre, nous arrivons par une soirée délicieuse à Sion, où nous sommes accueillis comme des amis dans l'auberge excellente de Mme Muston.

LA TOUR DE SAINT-TRIPHON

VINGT-DEUXIÈME JOURNÉE

Nous reprenons ces jours-ci nos chars de la veille. Le cocher dort toujours plus, ce qui nous oblige à veiller continuellement sur l'équilibre de cet homme.

A Martigny, grande emplette de cristaux, cachets et autres pierrailles, travaillés ou non, qui s'y vendent fort cher. Mais la dernière heure sonne pour ceux qui veulent emporter quelques présents à leurs amis ou à leurs proches.

Ces choses faites, nous poussons en char jusqu'à Aigle, d'où, le sac sur le dos, nous gagnons la rive de notre beau lac à Villeneuve. Le voyage est fini, et les pensées sont à Genève.

LE LAC DE GENÈVE

VINGT-TROISIÈME JOURNÉE

De bonne heure les passagers, nous compris, sont sur le *Winkelried*, et l'on partirait, n'était le capitaine qui manque à l'appel. Enfin, on l'aperçoit au loin qui court le long de la rive, et quelques instants après on l'aperçoit encore mieux qui grimpe sur le pont, où il arrive tout essoufflé.

La roue tourne alors, et, à force de tourner, elle nous approche de nos foyers, où nous rentrons après une absence de vingt-trois journées heureuses et bien remplies.

SAINT-GOTHARD, VALLÉE DE MISOCCO

VIA-MALA, GLARIS ET SCHWITZ

1838

Il est très bon, en voyage, d'emporter, outre son sac, provision d'entrain, de gaieté, de courage et de bonne humeur. Il est très bon aussi de compter, pour l'amusement, sur soi et ses camarades, plus que sur les curiosités des villes ou sur les merveilles des contrées. Il n'est pas mal non plus de se fatiguer assez pour que tous les grabats paraissent moelleux, et de s'affamer jusqu'à ce point où l'appétit est un délicieux assaisonnement aux mets de leur nature les moins délicieux. Au moyen de ces précautions, on voyage partout agréablement; tous les pays sont beaux suffisamment, on jouit de tout ce qui se présente, on ne regrette rien de ce qu'on n'a pas; s'il fait beau, c'est merveille, et s'il pleut, c'est chose toute simple.

Ainsi en est-il advenu pour nous dans une excursion de trois semaines, durant laquelle nous avons été singulièrement favorisés par la pluie et par le froid. Nous cheminions au cœur des Alpes, et, à défaut des merveilles de la contrée, dont les nuages nous dérobaient souvent la vue, nous n'avions en compensation ni les douceurs ni les distractions des villes; mais notre petite bande bien unie, et transportant partout avec elle sa gaie et facile humeur, se suffisait, au besoin, à elle-même. Il n'est rien tel que de vivre de sa vie propre. D'ailleurs, s'il est vrai que la sérénité du ciel communique de son charme à tous les incidents et à tous les spectacles d'un voyage, il est vrai aussi que les injures du temps ont leurs avantages pour qui sait les accueillir : elles rompent l'uniformité d'un plan arrêté et connu d'avance; elles obligent souvent à prendre un parti et à courir d'aventureuses chances; elles développent ce gai courage qui affronte les difficultés, et qui n'entend pas faire dépendre son plaisir des caprices du baromètre. Mais surtout si comme c'est notre cas, on voyage en troupe nombreuse, la pluie et la tempête, au sein des solitudes et loin du foyer domestique, sont une sorte d'adversité qui rapproche, qui assemble, qui porte à s'entr'aider et à compter les uns sur les autres; on ne peut prévoir ni le terme de la marche, ni celui du repos, ni le gîte du soir, ni les choses du lendemain; ainsi, pour chacun, il n'y a d'autre préoccupation que celle du salut commun. Aussi, tandis qu'aux rayons d'un beau soleil tous les jeunes voyageurs s'affranchissent et s'isolent, et que, comme les chèvres, ils se dispersent sur le penchant du mont pour y choisir chacun le brin d'herbe qui lui agrée, quand l'orage gronde, quand les pluies s'établissent, ils se serrent les uns contre les autres, ils se trouvent transformés en une petite colonie compacte, vivant, agissant en commun, et dont on peut dire, à la voir composée de petits et de grands, de frêles enfants et de vigoureux adolescents : *Tous pour un! Un pour tous!* Or, là où cette noble devise est mise en pratique, là n'y a-t-il pas contentement, plaisir?

C'est apparemment à cause de cela que parmi les plus belles journées de nos voyages il nous arrive d'en compter plus d'une qui fut en réalité affreuse. C'était sur quelque cime, le froid glaçait nos membres; point de gîte, point de secours, la route incertaine, les pas dangereux, la nuit menaçante. En s'isolant, on fait de ces heures-là des heures de péril et d'angoisse; en s'unissant, en assurant le salut de tous par le généreux et actif concours de chacun, on en fait des heures de vie, de gratitude, d'expansive joie, dont le souvenir ineffaçable survit à celui des plus radieuses journées. Le col d'Anterne, le Simplon, mainte autre montagne nous est chère, et nous retournons la visiter comme on fait à un ancien ami, non pas parce que nous y fîmes une marche facile sous un ciel d'azur, mais parce que nous y fûmes aux prises avec l'obstacle et le danger, qui firent surgir le dévouement, le courage utile, l'abnégation de soi, puis ce doux et triomphant plaisir qui accompagne tout succès où le cœur est pour quelque chose. Celui qui écrit ces lignes s'y connaît en fait de joies; il a toujours mis au nombre des plus réelles et des plus vives celles qu'il a goûtées dans telles de ces journées affreuses.

A la vérité, le froid et la pluie, à qui nous avons eu affaire cette année, n'engendrent ni crainte ni péril; c'est une simple contrariété, mais à redouter dans un voyage pédestre, lorsqu'elle se renouvelle pendant huit, pendant onze jours. Elle ne nous a pourtant pas lassés, ni fait perdre une heure d'amusement, et nous étions si bien accoutumés aux rigueurs du ciel, que, lorsque le soleil venait à percer un moment les nuages, il semblait que ce fût un plaisir d'extra non mentionné au programme. Tantôt nous cheminions par la pluie, tantôt nous faisions halte aux foyers de campagnards hospitaliers, tantôt nous colonisions pour quelques heures, pour la journée, dans une hôtellerie de village, assez humble pour que l'on s'y trouvât heureux encore de nous avoir et de nous bien traiter. Aussitôt les artistes achevaient leurs dessins, les naturalistes arrangeaient leurs collections, d'autres disputaient un enjeu de figues ou de noisettes, et, chacun étant à l'œuvre, nul ne soupirait après le soleil, qui d'ailleurs se moque des soupirs. Cette manière de prendre les choses naît à l'insu même des jeunes gens qui la mettent en pratique ; mais elle ne se manifeste pas sans qu'elle soit, pour le maître qui en est témoin, la source d'un vif contentement.

Je le répète, il est très bon, en voyage, de n'attendre rien du dehors et d'emporter tout avec soi : son sac pour ne pas dépendre du roulage, ses jambes pour se passer du voiturin, sa curiosité pour trouver partout des spectacles, sa bonne humeur pour ne rencontrer que de bonnes gens ; mais si à toutes ces choses on peut ajouter encore quelque petit goût pour le dessin ou pour l'histoire naturelle, quelque envie d'observer quoi que ce soit, ou le simple but de tracer quelques notes pour soi ou pour ses amis, on a de quoi faire le tour du monde avec agrément ; le mouvement, la marche, la jeunesse, font le reste. La jeunesse, c'est là malheureusement l'ingrédient, sinon unique, du moins principal ; mais, de même qu'il ne suffit pas d'être jeune pour être jovial et dispos au milieu des contrariétés atmosphériques, de même ce n'est pas une nécessité que l'homme d'âge soit grave et pensif au milieu de compagnons jeunes et folâtres.

Tout l'invite à se laisser ragaillardir ; bientôt il s'associe à cette juvénile allégresse, il la règle en la secondant, et il en vient à se demander comment il est bien possible que l'on voyage avec agrément si l'on n'est pas enveloppé dans ce vif et mouvant tourbillon d'adolescents.

Ces considérations nous portent à penser qu'au fond, pour le voyageur jeune et piéton, tout pays est bon pour voyager avec agrément, parce que partout le même mode d'être amène les mêmes avantages, et que, pour le voyageur libre, indépendant, et qui, ne comptant que sur lui-même, s'oblige ainsi à un exercice constant des forces de l'esprit et de celles du corps, il y a partout, quelle que soit la contrée, activité, saveur, conquête, aventure, et nulle part cette torpeur oisive, cet insipide bien-être où végètent tant d'opulents touristes. Aussi est-ce à nos yeux une erreur de l'esprit, une ignorance des vérités élémentaires, que d'attacher l'agrément d'une excursion à la satisfaction d'une curiosité, même louable ou reçue, au spectacle des monuments, des galeries des musées, du lion de Lucerne ou de la chapelle de Tell : ces choses occupent des moments, et il s'agit de remplir des journées ; elles peuvent n'être ni de votre goût, ni à votre portée, ni admirables en elles-mêmes ; la plupart ne valent ni le temps ni l'argent que vous aurez employés à vous faire voiturer jusqu'à elles. Il fallait n'en faire que l'accessoire, et vous en avez fait le principal : et c'est pourquoi, après avoir bâillé en les regardant, vous remontez en voiture tout satisfait qu'elles soient vues, singulièrement content qu'il n'y ait pas deux chapelles, trois lions, des galeries et encore des galeries où vous vous ennuyez debout, au lieu qu'en voiture, du moins, vous vous ennuyez assis et sommeillant. Ah ! je voudrais, cher monsieur, qu'un beau jour, pour votre bien, la roue de votre voiture vînt à casser; il n'y a point de charron alentour, d'ailleurs vous êtes las de payer des postillons tantôt capricieux, tantôt grossiers, quelquefois ivres. Nous irons à pied ! vous écriez-vous dans un moment de mauvaise humeur; et vous expédiez votre valise pour ne garder que quelques hardes, votre bourse et votre carte. Vous voilà, avec un ou deux amis, planté sur la route. Le monde est grand, dites-vous; cherchons un ombrage et fixons nos étapes. Et voyez : déjà les choses qui vous entourent présentent un intérêt nouveau, déjà cet ombrage a une valeur grande, déjà ces sites ou ces villages qu'indique la carte prennent à vos yeux une physionomie ; l'un vous attire plus que l'autre ; vous êtes aise de choisir vous-même le lieu de votre halte, de votre dîner, de votre logis du soir ; puis vous vous mettez en route, non pas avec la lointaine perspective d'un musée à voir, mais avec le sentiment qu'à chaque pas, tout en voyant les campagnes, tout en considérant dans les hameaux, dans les prés, sur les coteaux, au fond des allées, mille objets récréatifs ou dignes d'intérêt, vous poursuivez un but prochain et de toute importance, je veux dire ce quart d'heure de repos que vous vous adjugez à l'avance sous l'ombre de ces châtaigniers qu'on distingue à l'horizon, ce déjeuner qui doit satisfaire un appétit inconnu, primitif; ce bonheur plein et délicieux d'arriver, après une journée remplie, dans un gîte tranquille, où, assis sous le porche, vous goûtez à la fraîcheur du soir un repos suave pendant que le souper s'apprête et que le lit se prépare. Cependant tous les souvenirs de la route se présentent à votre esprit avec une vivacité admirable : ces châtaigniers, qu'ils étaient beaux, aimables ! cette source, quelle fraîcheur ! ce pâtre avec qui nous avons conversé, quel langage simple ! quelle pittoresque figure ! Le bien-être, le contentement qui est en vous, se répand sur tout ce que vous avez fait, sur ce que vous ferez le lendemain, sur les bonnes gens qui vous entourent, sur le gros chien de l'auberge dont l'accueil vous est aussi un plaisir. Que si la chapelle est ici près, si les ruines d'un arc de triomphe s'élèvent dans un lieu voisin, s'il y a dans l'endroit une chose intéressante à voir, c'est gain, enchantement, parce que c'est un plaisir de luxe qui vient s'ajouter à un bien-être déjà parfait. Que s'il n'y a rien de semblable, vous vous en passez à merveille. Rien ne vous manque, pas même les spectacles curieux ; n'y en a-t-il pas partout où sont des habitations, des vaches, des chèvres, un chariot qui passe, une chapelle où l'on prie, une taverne où l'on boit, un taureau qui flâne, une cigogne qui niche sur un clocher! Rendez grâces, cher monsieur, et vous n'y manquez pas, j'en suis certain, à cette roue qui s'est brisée si à propos pour vous apprendre ce que tant de gens ont le malheur d'ignorer : c'est qu'en voyage le plaisir n'appartient qu'à ceux qui savent le conquérir, point à ceux qui ne savent que le payer.

Et puis, voir des musées, voir l'Alhambra, le Vatican et les sept merveilles du monde, c'est fort beau, surtout pour qui veut en voyage récolter de quoi faire un livre ou de quoi briller parmi les touristes; c'est fort instructif aussi, on apprend là toutes sortes de choses qu'on ne savait pas, et une multitude d'autres qu'on ne saura jamais, parce qu'on n'y entend rien, mais dont néanmoins on parlera, parce qu'on les a vues. Mais, en vérité, ces merveilles de l'art, ces sublimes babioles sont-elles, pour l'intérêt qu'elles méritent, ou pour l'instruction qu'en retire le vulgaire des voyageurs, au-dessus des objets ordinaires de la nature ou de l'homme, qu'offrent aux regards du piéton les contrées qu'il parcourt? Valent-elles ces changeants tableaux dont chaque pas que vous faites vous déroule un coin nouveau? Si du Vatican mon esprit s'élève, sur les feuillets d'un itinéraire ou sur les épaules d'un cicerone, jusqu'à Raphaël ou au pape, quelle est la masure en décombres, quel est le roc sourcilleux, la sablonneuse plage, la bourgade retirée, le solitaire vallon, qui, par une pente plus douce, plus facile et plus élevée à la fois, ne le porte pas sans cesse jusqu'aux deux objets qui lui importent tout autrement encore que Rome ou Babylone, Dieu et l'homme? Où sont les vastes forêts, les sauvages déserts, les glaces resplendissantes et infinies qui ne racontent pas mille choses au passant qui les franchit ou qui les côtoie? Où sont les simples cabanes, les constructions, les travaux, qui n'instruisent pas en tous lieux, au sein des bourgades comme au bord des chemins, sur la condition ou sur la destinée de l'homme? Et par cette observation attrayante des objets répandus partout, toujours semblables par leur nature, et sans cesse différents par leurs accessoires ou par leurs accidents, n'arrivé-je pas à une sorte de savoir plus sensé, plus réel, aussi fécond que celui où parviennent ceux qui courent les curiosités et les merveilles? Tous les hommes, peut-être, n'ont pas ce penchant à observer; chez plusieurs, l'égoïsme le tue; chez un grand nombre, il n'a jamais été cultivé; nous n'hésitons pas à penser que les voyages à pied sont un des moyens les plus efficaces pour le faire naître.

Mais si nous avançons que, dans certaines conditions, tout pays est bon pour y voyager avec agrément, il ne nous appartient pas de méconnaître que la Suisse l'emporte à cet égard sur toute autre contrée. Sans parler des facilités matérielles qu'elle offre de toutes parts aux voyageurs, quelle autre terre sur le globe concentre dans un plus petit espace plus de merveilles quant à la nature, plus de variété quant à l'homme? Dans la même journée, on change de peuple comme de contrée : l'âpre et le riant se succèdent tantôt par degré, tantôt par frappants contrastes; les mœurs, de simples ou de sauvages que vous les avez observées le matin, sont devenues, le soir, civilisées ou industrieuses; ici, de chauves sommités; là, des croupes verdoyantes ou des retraites d'ombre et de paix; puis cette chaîne des Alpes qui vous ouvre ses ténébreux défilés, soit que vous vouliez chercher le soleil de l'Italie, ses lacs d'azur, ses couleurs de fête, soit que, après avoir visité Côme ou Lugano, vous vouliez rebrousser vers les paysages plus sévères des cantons. Les monumemts s'y rencontrent aussi, les grands souvenirs y abondent, les plantes y varient comme les sols et les climats, et de toutes parts des sites sans pareils s'offrent aux regards et aux crayons de l'artiste. Cheminer lentement, voir en détail, c'est jouir d'une pareille contrée; s'y faire voiturer au grand trot, c'est consommer gloutonnement et pêle-mêle les mets savoureux ou délicats d'un riche banquet.

Je me suis trop arrêté peut-être sur ces réflexions, qui sont un peu en dehors ou en dessus du ton de cette relation; que l'on excuse ma prolixité. Elle a pour unique cause le désir de propager le goût d'une sorte d'excursion à laquelle une foule de mes compagnons de voyage passés ou présents, et aujourd'hui nombreux déjà, ont dû comme moi

de grandes jouissances et quelques avantages plus
sérieux. Pour tous, le souvenir de nos tournées est
demeuré vif et cher; la plupart en ont adopté ulté-
rieurement et religieusement pratiqué le mode;
chez plusieurs, que leur condition appelait à végé-
ter dans l'opulence, le goût des plaisirs simples,
né dans ces voyages, est demeuré pour orner leur
vie de ce que la richesse ne donne pas. Assurément
ils n'étaient pas philosophes alors; mes compagnons de cette année ne le sont pas davantage, et
ils vont trouver que ce préambule dit de bien admirables choses dont ils ne se sont guère doutés; mais,
indirectement et à leur insu, ils pratiquaient une
méthode dont ils ont plus tard reconnu la bonté et
la portée. Avec quel plaisir, cette année encore,
n'ai-je pas rencontré à Glaris, tout remplis d'entrain, de contentement et d'appétit, deux jeunes
Anglais sortis de mes mains depuis dix ans! Ils
venaient de parcourir l'Allemagne, le Tyrol et la
Suisse, tantôt seuls, tantôt en compagnie de voyageurs qui s'adjoignaient temporairement à eux,
mais toujours aussi simplement, avec les mêmes
errements, plus de fruit et autant de bonheur
qu'autrefois. Les Anglais pourtant aiment leurs
aises, ils ne craignent ni les voitures ni même les
wagons, et ils ne passent pas pour être dépourvus
de guinées.

Une chose a manqué à notre expédition de cette
année, et une chose dont nos expéditions passées
nous ont fait sentir le prix : c'est la présence de

Mme T... au milieu de nous. J'oubliais de noter plus haut, parmi les objets à emporter avec soi, une dame voyageuse, dont les forces, les goûts et l'humeur soient à l'unisson de ceux de la troupe, qui soit l'amie des bien portants et la mère des éclopés, et autour de qui tant de jeunes touristes, exposés à tomber dans l'état sauvage, trouvent une occasion aux prévenances aimables, aux égards délicats, qui font l'ornement et le charme surtout de la vie civilisée. Rien ne saurait, dans une caravane comme la nôtre, tenir lieu, sous ces différents rapports, de la présence d'une dame, quelque fabuleuse que paraisse aux habitants des contrées que nous traversons l'apparition de cette voyageuse unique, cheminant par monts et vaux, en compagnie de tant de voyageurs. C'est pourquoi, tout en réparant une omission, essentielle comme l'on voit, j'invite toutes les caravanes à s'adjoindre une compagne, comme j'exhorte plus d'une dame qui n'a jamais essayé ses forces, et qui ignore peut-être jusqu'à quel point les cavaliers se montreront empressés à adoucir et à distraire ses fatigues, à s'enrôler dans la première expédition que dirigera son époux.

Notre caravane se composait de vingt et un individus, y compris M. Töpffer, M. Henri, l'un de ses amis, voyageur adjoint, et David, domestique ou plutôt majordome et coadjuteur de l'expédition. Reste dix-huit élèves de tout format, de tout âge, de toute patrie, depuis le brimborion Murray, que les immortelles journées trouvèrent en nourrice encore sous le ciel brumeux de l'Angleterre, jusqu'à Borodinos, jusqu'à Zanta, aujourd'hui graves étudiants, jadis marmots jouant sous le beau soleil de la Grèce. Suivant nos us et coutumes, il s'agit de caractériser succinctement chacun de ces voyageurs ; nous apporterons à ce soin toute l'exactitude et toute la politesse désirables.

Blanchard a ceci de particulier, qu'il est de Nîmes, sans compter qu'il a un appétit terrible, des jarrets excellents, et une disposition totale excellente aussi. Voir, pour plus amples détails, le voyage précédent, où il figure déjà.

Percy est un voyageur haut de cinquante et un pouces ; c'est égal, il a la voix basse, le timbre mûr, toutes les allures, gestes et mouvements d'un particulier de sept pieds de haut ; de plus, il est content de sa taille, content de sa peau, content comme ça. Ainsi fait, le particulier est sonore, bouillon, et tient beaucoup de place. Du reste, marcheur intrépide, il laisserait bien loin derrière lui tels grands gaillards qui voudraient essayer de lui tenir tête. Toujours à l'avant-garde, on l'y distingue de loin sous forme d'un gros havresac qui se promène sur deux petites quilles, vives, gillotines, claudicantes, mais allant toujours. Dans les haltes, le voyageur Percy s'espace ; une prairie lui semble étroite pour s'y étendre, et un châtaignier mesquin pour se mettre à l'ombre. Dans les villes, il a le port et le costume d'un ex-officier à la demi-solde, mais que sa demi-solde n'a pas engraissé. Dans les repas, il pratique un régime à la façon des octogénaires, et il y fait infraction à la façon des affamés. En tous lieux, il taquine, réplique, affronte, rétorque, babille à l'envi ou dort à volonté; ou bien, d'une fort petite poche il tire un très grand livret sur lequel il écrit et inscrit, jour par jour, les choses et événements de la terre habitable. C'est le Nouveau Monde qui lui a donné le jour.

Harrison réplique, rétorque aussi à tous et à chacun, et même à personne. Il est à la fois convenable, fabuleux, sérieux et comique; en quelque lieu qu'il soit, on babille, on discute, on s'explique, on s'embrouille, on éclate de rire; les vaches regardent et les oiseaux s'envolent. Son chapeau lui-même a contracté sur son crâne une forme gesticulante. Excellent compagnon, et non moins bon marcheur, il craint néanmoins les *spéculations*[1], et prétend qu'aucune ne lui a tourné à bien; il est vrai qu'au passage des ruisseaux, volontiers il manque le pied sec, et, sans le vouloir, écrase les poissons. Harrison respecte les artistes, laisse faire les naturalistes, raille les numismates; son affaire à lui c'est la visite des églises, chapelles, lieux saints ou consacrés; c'est aussi l'art de faire rire les chambrées jusqu'à désopilement complet de la rate

---

1. Les chemins, sentiers ou passages de traverse où l'on s'engage à l'aventure, dans l'espoir d'abréger.

et entier épuisement du diaphragme. La gaieté est un ingrédient charmant pour celui qui le possède et pour ceux à qui il se communique. La gaieté, à l'âge d'écolier, dans une chambre d'auberge, à quatre ou huit coucheurs, et la chandelle éteinte, c'est le souverain bien, la quintessence du plaisir. — Anglais.

Adolphe et *Auguste*, deux oisillons sortant de la coque, et trouvant que le monde est bien fleuri, bien riant, avec du grain partout, et partout de quoi boire frais, gazouiller, voleter, sauter de branche en branche, voyagent de tout leur cœur et par tous les ports, font une collection de *batzen*, dessinent les châteaux, attrapent les insectes, prennent des notes, picorent à tous les framboisiers, broutent aux ambresailles, folâtrent, rient, mangent, dorment, marchent et vivent un an en trois semaines. L'aîné est Auguste, qui a l'air du cadet; et le cadet c'est Adolphe, qui n'a pas l'air de l'aîné. Ils ont l'attaque gentille et la défense rieuse, de façon qu'entre eux et Harrison il y a guerre perpétuelle, sans morts ni blessés. — Français.

Arthur et *Bryan*. Voir le voyage précédent. L'un, numismate tranquille et scrupuleux ; l'autre, oiseleur fougueux, chasseur effréné de tout ce qui vole, ou plane, ou se pose sur les arbres des montagnes. Il ne communique qu'avec les empailleurs et fait un mince cas du reste des mortels ; visite les ornithologues des cités étrangères et correspond avec ceux de Genève; nomme, décrit, classe tout ce qui porte ailes, abat au vol, poursuit, déniche, et se ruine totalement, et par trois fois, en emplettes de volatiles. Jarrets cambrés, pied grimpeur, allure ample, chapeau de paille de jour en jour plus incohérent et primitif. Déteste et malmène son havresac, jette loin son bâton, ignore sa blouse, méconnaît le grand chemin et s'enfonce dans les forêts. — Américain.

Borodinos. Voir le voyage précédent. Voyageur philosophe, convive grave, camarade rieur, marcheur admirable, allure posée, costume bien conservé, chapeau sage, pas régulateur : total, prévenant et distingué. — Grec.

Zanta. Voir le voyage précédent. Voir aussi ci-dessus l'article Borodinos. Aussi grave et plus risolet, d'ailleurs identique au total, et Grec aussi.

Blockmann. Voir le voyage précédent. Inséparable de Zanta et analogue aux deux précédents voyageurs avec le signe *plus* ou le signe *moins*, selon les termes de l'équation que l'on considère. Tenue conservatrice, lustrée, et, dans les villes, parachevée de gants blancs. Jarret Bréguet et pieds à la Lépine. Est le pianiste de la troupe, partout où se rencontrent pianos, clavecins, épinettes, crincrins. La musique imprévue, la musique au gîte du soir à la fin des fatigues, pendant qu'on se délasse, c'est délice. Le cœur est en train, l'esprit est vivant et renouvelé, l'âme débarbouillée de tous ordinaires soucis et prête à se laisser soulever jusqu'aux nues ; au thème le plus simple le voilà qui s'émeut, qui s'enchante, qui se balance de cieux en cieux jusqu'au moment où entre la soupe. Alors les dieux quittent en tumulte l'Empyrée, et prenant place autour de la céleste table, ils goûtent l'ambroisie ; c'est par quatre, par cinq assiettées, et ils y mettent du fromage. — Genevois.

Sterling, voyageur qui débute avec un plein succès. Il a deux idiomes : l'anglais, qu'il parle avec un timbre hardi et éclatant, et le français, qu'il susurre sur un ton timide et doux. Il cultive les beaux-arts et dessine dans toutes les situations, mais il est sujet à perdre son album, à perdre ses crayons, à perdre sa canne, à perdre sa chemise. Jarret d'acier anglais, allure chevrine ; il grimpe tous les talus, visite tous les framboisiers, pourchasse les fraises, zigzague et fait double route, s'arrière et rattrape, devance et arrive le dernier.

Dussault, débutant aussi, s'équationne par la tenue, la régularité et la conservation du costume, au groupe Borodinos, Zanta, Blockmann. Gai, sans tapage, babillant sans éclat, taquinant sans vacarme ni mêlée, et tenant toujours l'avant-garde. Il cultive les beaux-arts à partir d'Airolo, où un album du pays est offert en hommage et en amorce à ses talents. — Français.

Murray, la virgule, le brimborion, le tout petit

bonhomme de la troupe, et néanmoins l'un des meilleurs pour le jarret, le courage et le port du sac. Parfois, la journée étant forte et le pas bien allongé pour un jeune mortel encore si peu fendu, il donne le bras à quelque géant; on se le passe alors ou on se le demande; chacun et tous ont un œil sur ce petit objet, qui pourrait s'égarer ou souffrir. Au bout de quelques jours de cette vie, Murray se type; il est hâlé, bruni, renforcé, marcheur, tour du monde, particulier et indépendant; chargé de son havresac et appuyé sur son bâton à nœuds, on dirait une figurine d'Auvergnat propriétaire qui part pour aller vendre ses bois. Dès qu'on fait halte, Murray est sur pied, court aux *parpaillons*, ou ricoche dans les flaques, ou sautille en inquiétant les gisants. Son seul mal, c'est un sommeil incommensurable qui le prend dès qu'on est arrivé à l'auberge; alors Murray lutte, nage entre la veille et le sommeil, entre la soupe et le lit. Assis, il oscille du buste et s'éteint de l'œil; appuyé, il ronfle; soupant, il rêve; repu, il erre dans l'escalier, tombe sur une paillasse et y demeure jusqu'au lendemain. — Anglais.

Verret, voyageur *sui generis*, sac en arrière, tête en avant, et chapeau profondément modifié, retroussé, appointi par les injures du ciel et des hommes. Le jarret est bon, la tournure légèrement tambour-major, à cause d'un balancement des hanches et de certaines évolutions de canne. Tantôt mélancolique avec des soubresauts de gaieté, tantôt farceur avec des retours de mélancolie ; porte des toasts parce que ça désaltère, et ne dépense rien parce qu'il transforme tout son numéraire en numismatique. Chaque matin il consacre des soins paternels à son havresac, vieux vétéran renforcé de planchettes, maintenu par des ficelles, toujours près de périr par gonflement comme une vache qui a mangé du trèfle. Chaque soir il sort toute sa numismatique, et la classe tantôt par grandeurs, tantôt par dates, tantôt par cantons, s'embrouille dans les *rappes*, se perd dans les *zwanziy*, et se donne du mal pour lire les exergues effacés par le temps ou noyés par la crasse. « Je ne concevè pas, dit Harrison, cette plaisir tute sale, de garder des choses malproper qui ont été faites pour changer contre des choses très bon à manger et à boooire. » — Genevois.

Frankthal, seul Germain de la troupe, voyageur claudicant, a des cors sous la plante et marche comme quelqu'un qui danse sur des œufs. Avec cela toujours gai, faisant la petite guerre, et, comme Démocrite, riant au mieux de lui-même et des autres. Verret ficelant ou Verret classifiant lui est un spectacle infiniment comique, suffisant, perpétuel, inextinguible. De son côté, Frankthal pilant du poivre avec ses cors à la plante est à Verret une constante récréation ; et comme ils couchent ensemble, tous les deux se sont encore l'un à l'autre un nocturne spectacle où ils puisent une hilarité immortelle. — Prussien.

Régnier, voyageur de taille et de poids, favorisé, c'est-à-dire portant favoris, et l'air âge mûr; très fendu, ce qui le maintient à l'avant-garde, fraternise avec les carabiniers; annote statistiquement les endroits et les distances; costume-noce dans les villes et piéton distingué sur les routes. — Genevois.

Braadly, voyageur rétorquant, résistant et fabuleux dans ses emplettes. Achète et consomme, achète et sème, achète et se dégoûte. Jarret inégal. — Anglais.

Enfin *Gervais*, déjà ancien, quoique un peu brimborion encore. Jouit d'un collet imperméable qui lui donne l'air Scapin. Fort jarret, peu de chair, mollet léger, bonne canne et pas accéléré. — Genevois.

Tels sont les dix-huit touristes élèves. Pour être plus sûr de trouver place partout, on associe ces touristes par paires, et chaque paire n'occupe qu'un lit; parfois même il advient qu'il faut loger trois paires dans deux lits. Alors on fait l'opération du dédoublement, c'est-à-dire qu'on dédouble les gros d'avec les exigus, pour que les trois paires qui n'ont que deux lits soient composées d'un choix agréable de ces derniers; puis les gros se doublent entre eux à nouveau. Cette association par paires donne lieu à l'association par chambrées : association temporaire et soumise aux chances des localités, mais qui se fonde sur des rapports de goût, d'amitié ou de convenance. Il y a des paires calmes qui se recherchent pour former des couchées tranquilles et respectables; il y a des paires folâtres qui s'assemblent pour crever de rire jusque par delà minuit; il y a des paires éclopées qui se conviennent pour s'administrer des soins réciproques; il y a des paires vagabondes qu'on se passe, qui s'échangent, qui roulent de chambrée en chambrée; il y a des paires recherchées parce qu'elles possèdent une brosse ou une corne à souliers; il y en a qui sont de peu de secours, parce qu'elles sont toutes nues quand la bise est venue. Enfin l'association par chambrée engendre, selon les cas, l'association par étage, ou même, dans des occasions fort rares, l'association par corps de logis différents.

Durant le jour, ces associations diverses se marquent à peine. D'autres causes agissent alors et président au libre arrangement des groupes. C'est tantôt la conformité d'allure, tantôt celle de goût et de tempérament, tantôt le hasard ou les incidents de la route. Ordinairement il y a une avant-garde, composée de jarrets secs, d'esprits moins curieux ou moins batifolants, ou qui aiment à conquérir sur les autres un temps de repos. Vient après un centre composé de jarrets plus tempérés, qui, sans haleter, vont moins vite, mais qui regardent, picorent, babillent, chemin faisant; c'est, du reste, une population flottante qui se recrute tantôt d'un éclopé de l'avant-garde, tantôt d'un traînard régénéré. Vient ensuite l'arrière-garde, où sont principalement les artistes, les naturalistes, les flâneurs, les démoralisés, les glaneurs de fraises ou d'ambresailles, les attardés pour une cause quelconque, et M. Töpffer, qui de là tient les rênes et rattrape tout ce qui cloche; enfin, après l'arrière-garde, un ou deux traînards qui se content des histoires, s'adjugent des haltes, entrent dans les chapelles ou prennent racine auprès d'une source, quitte à rejoindre par la suite des temps. Selon les endroits, selon le commun instinct, cette colonne s'espace par un quart de lieue, ou bien elle se resserre en une courbe file; elle a beaucoup de pieds, mais rien qu'une tête. Cette tête a rarement des inquiétudes en marche, et souvent une jouissance grande, quand elle voit tous ses pieds presser, ralentir ou s'éparpiller sans commandement, mais pourtant à son gré; car sans une certaine liberté de mouvements et d'allures, où serait le plaisir? et sans une sorte d'unité et d'ensemble, où seraient le bon ordre et la sécurité?

Dans les montagnes et les passages difficiles, le chef abdique en partie en faveur d'un guide qui est responsable et que personne ne doit dépasser. Lui-même, demeuré en queue, voit ses moutons au-dessus ou au-dessous de lui; et si quelqu'un d'eux gambade un peu fort pour la localité, il souffle dans sa corne, et ce petit bruit inspire du tempérament au jeune homme, qui, sans même se retourner, comprend à qui l'on parle. Du reste, partout où il y a difficulté réelle, on s'attend, on s'entr'aide ; par une sorte d'instinct, on cherche le commandement, et les voyageurs déjà expérimentés dirigent volontiers ou empêchent une imprudence. S'égarer est dangereux dans certains endroits ; c'est toujours désagréable pour soi et pour la caravane tout entière, qui, privée d'un de ses membres, ne peut poursuivre qu'elle ne l'ait retrouvé ; aussi chacun devient prudent à cet égard pour lui et les autres. Il y a pourtant certains chemins qui semblent abréviatifs, que nous appelons *spéculations,* qui sont des pièges toujours offerts aux jeunes touristes ; car les jeunes touristes sont du goût des chèvres : ils préfèrent le zigzag à la ligne droite, l'ardu au plain, le sinueux à l'uni et les broussailles aux prairies. Les touristes de sens rassis, comme M. Töpffer, combattent souvent ce goût, et avec la corne ils rappellent les chèvres, qui ressortent à regret des taillis ou redescendent contre leur gré le ravin.

Les temps brumeux et frais sont charmants pour la marche ; néanmoins rien ne vaut le soleil avec les teintes qu'il répand, les effets qu'il produit et la sécurité qu'il inspire ; c'est pourquoi il faut toujours diriger une expédition pédestre, en grande partie du moins, dans les montagnes. Le soleil réchauffe tardivement le fond des vallées ; et si l'on est sur des cimes, il délecte à toute heure, l'air y étant toujours frais et léger. De plus, la poussière, ce fléau des plaines, ne se rencontre nulle part dans les montagnes. Le *ruban* ou chemin en ligne droite n'y est ni connu ni possible. Or, deux heures de marche sur une route tortueuse, où le paysage change à chaque tournant, paraissent plus courtes qu'une demi-heure de marche sur une route monotone et uniforme. Enfin le chemin plat et de plus bien damé, comme l'est la grande route, n'exerçant qu'une sorte de muscles et qu'une même partie de la plante du pied, fatigue au bout de quelques heures et la plante et les jarrets; tandis que les sentiers de montagne, constamment variés de pente, de nature et de sol, exercent tous les muscles, reposent l'un par l'autre, et permettent de faire sans fatigue ni souffrance des journées de dix, onze et douze lieues. En particulier sur les hautes Alpes et dans le voisinage des glaciers, où l'air est d'une fraîcheur et d'une pureté incomparables, où toutes les sensations ont une vivacité charmante, la marche devient une jouissance aussi réelle que peut l'être le repos pour qui est harassé de fatigue. Notre situation géographique, du reste, favorise admirablement l'application de ces principes. Au bout de notre lac s'ouvre le Valais, qui est encaissé entre les grandes Alpes et les Alpes Bernoises. A droite comme à gauche on peut combiner une suite de zigzags au moyen desquels on voyage habituellement sur des cimes sauvages, tout en descendant tantôt au midi, tantôt au nord, pour se rapprocher par moments de l'homme, des vergers, des bourgades, ou, si le cœur vous en dit, des grandes villes.

L'expérience nous a appris qu'une expédition pédestre du genre de celles que nous faisons gagne beaucoup à ce que le plan en soit conçu selon certaines données : par exemple, à ce que la partie montagneuse du voyage soit placée au commencement, et que les contrées populeuses, riantes, parsemées de villes, ne se rencontrent que dans le dernier tiers du voyage; alors, de même que, pour chaque journée, il s'agit de conquérir par la fatigue l'appétit du banquet et les délices du repos, de même, à considérer l'ensemble de l'excursion, il s'agit de conquérir, ou plutôt de rehausser par le rude et l'abrupt des commencements, les mollesses et les douceurs de la fin. Après une quinzaine de jours d'activité et de fatigues dans des contrées souvent sauvages, quelquefois simplement agrestes, on atteint les pays de culture, les routes de plaines, et alors qui dira bien ce que vaut une demi-journée de char à bancs, un séjour de quelques heures dans une jolie ville bien récréative, bien fournie en boissons, denrées, brioches, et autres rafraîchissements? Qui dira comme chaque retour aux plus insignifiants détails de la vie civilisée est agréable et piquant, combien il paraît neuf et doux de prendre, comme M. Jabot, une glace au premier café de l'endroit? Il n'est jusqu'au changement de toilette qui n'ait son côté de fête; la blouse est délaissée, le havresac livre toutes les richesses mises en réserve, et dont chacune tire de la circonstance une valeur nouvelle que l'on est étonné et ravi de lui trouver. Pendant deux ou trois jours ces jouissances se renouvellent : on atteint Villeneuve ou Vevey, et, après tant de mouvement, on est encore charmé de s'asseoir sur le bateau à vapeur. Jusqu'ici, c'était nous qui bougions sans cesse pour changer de spectacle ; maintenant c'est le double paysage des deux rives qui fuit et se déroule, pendant que nous nous prélassons sous l'ombre de la tente.

Il y a encore une raison qui rend ce plan avantageux ; cette raison est de haute politique, et se lie aux arcanes de la bourse commune. La bourse commune, administrée par M. Töpffer, arbitre et payeur des dépenses, aime à ne pas dépasser certaines limites, et ceci pour maintenir la dépense de cette excursion annuelle à la portée de toutes les bourses particulières, pour conserver intacts le mode et les traditions de simplicité ; enfin, parce que la république romaine périt par le luxe et le changement des mœurs ; tandis que nous voulons que notre ambulante république vive et ne se corrompe pas. Un peu de luxe pourtant fait parfois grand plaisir, ne fait pas grand mal s'il est passager, et ne laisse point de regret s'il est d'ailleurs inévitable. D'après ces principes, conformes du reste au proverbe qui ne veut pas qu'on mange son pain blanc le premier, il y a convenance à commencer le voyage par des économies, d'ailleurs faciles à faire dans tels coins où l'on serait bien embarrassé de se mettre en dépense, et qui n'engendrent point de privations dans un genre de vie où l'appétit assaisonne tous les mets, où la fatigue édredonne tous les lits. Il se crée ainsi tout naturellement dans la bourse commune une bénigne enflure dont on la soulagera plus tard, une petite épargne qui permet plus de large vers la fin, alors que les auberges sont meilleures mais plus chères, les véhicules bien agréables mais coûteux, les douceurs un peu corruptrices mais passagères, conquises et admirablement savoureuses et savourées. Commencer par les villes et finir par les montagnes est une marche qui amènerait une anticipation de dépense suivie d'un changement de vie dont le contraste ne présente aucun des avantages que je viens de signaler.

Au surplus, ce n'est qu'en vertu du contraste et parce que, n'arrivant pas avec des vues de stricte économie, nous sommes en général bien accueillis et bien traités, que nous trouvons de l'agrément aux grandes et somptueuses auberges des villes. Par elles-mêmes, elles nous séduiraient peu. Les honneurs n'y sont pas pour nous; une sorte d'étiquette y règne, à laquelle il est bon de se faire, mais difficile de se plaire longtemps; on y dîne à heure fixe, et selon un service prescrit, la table est louée; en outre, l'empressement des sommeliers est loin d'équivaloir à l'empressement de chacun de nous, lorsque, laissé libre, il s'administre à sa guise, et sans autre contrainte que celle d'un équitable partage, nectar et ambroisie. Ce qui vaut mille fois mieux pour notre caravane, ce sont ces auberges simples mais proprettes, approvisionnées de vivres abondants plutôt que raffinés, et que l'on rencontre dans mainte vallée de la Suisse ou dans chaque petite bourgade de quelques cantons; ce sont, à défaut, ces modestes hôtelleries tenues par le gros paysan de l'endroit, et qui servent dans les jours de foires aux gens du pays. Là on se fait une fête de nous héberger, l'accueil est cordial, l'empressement réel et point gênant. « Nous avons ceci, nous avons cela, on fera de son mieux. » A nous alors de choisir notre soupe, à nous d'insister sur l'incomparable quantité de *kartoffeln* (pommes de terre rôties) qu'il nous faut; à nous d'arranger, de distribuer nos chambres, nos lits; à nous la salle, à nous la maison, à nous les maîtres, la famille, le foyer. Le plaisir naît du bon accueil, le bien-être de la liberté, et la sécurité de tout ce que cela est sans danger pour la bourse; car ces bonnes gens nous demandent un prix qui leur paraît avantageux, tandis qu'il nous paraît bien minime; nous nous quitterons enchantés les uns des autres.

Ce que nous disons ici des auberges, nous le disons aussi des endroits, des cimes, des vallées. Il y en a qui sont encombrées de touristes, de chaises de poste, d'allants et de venants; partout tapage, mouvement : mille bruits de ville, mille grelots du monde qui vous accompagnent et qui font un discordant contraste avec les scènes de la nature; mais il y en a qui sont silencieux, paisibles, où rien ne vous ôte à vous-même ni aux impressions que vous êtes venu chercher. En s'écartant de la grande route, seule pratiquée par le commun des voyageurs, il y a telle vallée de traverse où vous vous enfoncez avec l'aimable assurance que durant un ou deux jours vous ne vivrez qu'avec les bois, les prairies et leurs pauvres habitants; que dans ce petit monde vous serez seuls et maîtres, objets de surprise pour les pâtres, de bienveillance pour les villageois, et si vous y rencontrez un touriste, celui-là est votre semblable, il cherche ce que vous cherchez; au lieu de vous fuir, vous pouvez vous unir, cheminer ensemble, et former une de ces passagères relations auxquelles l'isolement, la nouveauté, le trait aventureux donnent un prix particulier, et dont la trace reste dans le souvenir et quelquefois dans le cœur. Sans doute les jeunes touristes dont se composent nos caravanes ne sont ni très contemplatifs ni très curieux de silence et de paix; mais, outre l'agrément de la variété auquel ils sont sensibles, il y a ici pour eux l'attrait toujours vif d'une liberté plus grande; et de même que dans la modeste hôtellerie ils échangent quelques privations contre l'avantage de choisir, de disposer, d'arranger à leur gré, de même, dans ces vallées solitaires, ils s'accommodent fort de s'emparer sans crainte du bois, de la prairie, du chalet, et de cheminer à leur guise, sans que rien, ni personne, ni M. Töpffer, mette aucune entrave à l'indépendance de leurs mouvements. Le haut Valais, après Brig, le Kanderthal, l'Oberhasli, la vallée de Misocco, celle de Coire, l'Underwald, une foule d'autres présentent ces avantages.

Voilà déjà bien des détails. J'y ajouterai encore deux mots qui compléteront l'idée qu'on peut se faire de nos expéditions, et ces deux mots seront des chiffres relatifs, soit au nombre des lieues parcourues, soit au nombre d'écus dépensés. La tournée de cette année se trouve présenter justement, à l'un et à l'autre égard, une moyenne suffisamment exacte.

Quant au premier point, durant vingt et un jours de voyage, nous avons parcouru un total de deux cent douze lieues, ce qui fait, l'un dans l'autre, environ dix lieues par jour. Sur ces deux cent douze lieues, nous en avons fait cent en bateau à vapeur ou en char, et le plus souvent avec une grande rapidité, ce qui explique comment, sur vingt et un jours, nous en avons pu employer cinq environ en différents séjours. Ainsi, sur ces cent lieues, trente-deux, par exemple, faites sur les bateaux de notre lac en partant et en revenant, n'ont employé que dix heures, et la même chose s'est présentée sur les bateaux de Wallenstadt, de Lucerne et de Thun. Ces cent lieues retranchées, il en reste cent douze que nous avons faites sur nos pieds, soit, en moyenne, cinq lieues et demie par jour; sur ces cent douze, nous en avons fait quatre-vingt-seize avec le havresac sur le dos; ce dernier chiffre est surtout glorieux pour nous et dépasse la moyenne ordinaire. Les chiffres que je viens de donner expriment bien la juste proportion de marches et de véhicules qui convient à une expédition comme la nôtre. Marcher moins, ce serait compromettre l'amusement et l'entrain ; marcher plus, ce serait risquer de dépasser cette limite au delà de laquelle la fatigue devient souffrance.

Quant à la dépense totale, elle s'est élevée à 2300 francs; ce qui, divisé par vingt, nombre des voyageurs, fait pour chacun 115 francs, soit par personne et par jour 5 francs 50 centimes. Dans ce chiffre entrent tous frais quelconques de voitures, bateaux, guides, bonnes mains de tout genre, extra, jusqu'au blanchissage, jusqu'au prix de l'or et du passeport. Or la bourse commune, économe en certains points, est fort large sur d'autres : elle donne des bonnes mains réjouissantes, elle récompense à un haut prix la prudence des bateliers et des cochers, elle ne lésine pas sur les guides, et elle sème les aumônes. De plus, tout en fuyant le luxe, elle aime à bien traiter son monde, parce que c'est là ce qui assure sa bonne santé, ce qui éloigne l'échauffement et la maladie. Si l'on tient compte de ces circonstances, on s'assurera que ce chiffre de 5 francs 50 centimes par personne et par jour, bien qu'il paraisse un peu élevé, ne pourrait être réduit beaucoup sans que l'agrément des voyageurs et surtout la sécurité du chef eussent à souffrir de graves altérations. Nous faisons observer qu'il se trouve être une moyenne entre le coût d'une journée en Italie, qui est plus élevé, et celui d'une journée en Savoie, qui l'est moins. Je termine ici cette longue préface pour entrer dans le détail de nos journées, dont le caractère général se trouve suffisamment connu au moyen des considérations qui précèdent.

Nous partons le 15 août, au nombre de vingt-cinq; c'est que M. le pasteur M..., ses deux fils et M. G..., nous font la conduite jusqu'à Saint-Maurice, ce qui ne contribue pas peu à jeter de l'animation sur cette première journée, celle justement qui est sujette à en manquer. La vapeur a ses charmes, mais elle a aussi sa monotonie, ses bouffées carboniques et ses petits balancements, qui affadissent les cœurs. Des deux fils de M. M..., l'un surtout a de l'animation pour quatre : le mouvement lui est repos, le repos lui est consternation; c'est le sieur Alfred, brimborion maigre et musclé, typé comme Murray, et tout autant Auvergnat, n'était sa fougue d'Aliboron et le gigantesque de ses mouvements. Par esprit de délassement, à peine à terre, le sieur Alfred se chargera du sac d'un camarade, et prendra un pas à se fendre jusqu'au menton. En revanche, Paul est vif sans bruit, tempéré d'allure, et pour chaque angle saillant de son frère, il a un angle rentrant. Ainsi, cette paire de frères est merveilleusement assortie, chacun surabondant de ce dont l'autre pourrait manquer, et tout d'ailleurs étant commun entre eux.

Il y a des dames sur le bateau, des dames anglaises, et, suivant un usage qui est particulier à leurs compatriotes, au lieu d'aborder ouvertement et d'entrer en communication, elles attirent dans un coin un de nos touristicules, pour le questionner au sujet de nous tous. C'est l'effet du décorum. C'est un sot effet, presque désagréable quand il se répète souvent. A Lucerne, des Anglais qui dînent dans la même salle que nous font dire tout bonnement par le sommelier que s'il y a de jeunes Anglais dans la troupe, ils aient à leur venir parler. Oh bien oui! C'est pousser le décorum jusqu'à la stupidité, et prendre les gens pour des bêtes à cornes. On leur fait répondre que s'ils ont quelque chose à nous dire, notre adresse est même chambre, autour de la table voisine, où ils nous trouveront. Ils n'ont pas su nous y trouver.

Faire ainsi, c'est se moquer du monde en général, c'est aussi y aller cavalièrement avec le chef, qui a bien quelque droit de savoir quel particulier converse intimement avec son monde, et qui peut avoir, au besoin, des motifs d'empêcher le colloque. Mais le décorum permet d'accoster un enfant, et il permet moins de se mettre en frais de politesse avec un maître d'école. Là est tout le mal.

Vers une heure nous touchons à Villeneuve, c'est-à-dire que nous y toucherons, si nous ne touchons pas auparavant le fond de l'eau. En effet, l'*Aigle* ne songe déjà qu'à s'en retourner bien vite, et il nous jette pêle-mêle dans des bateaux qui flottent au hasard des velléités de deux manants. Le bateau qui nous porte regorge de paquets, de malles, de gens, les uns debout, les autres assis, certains équilibrés; et la moindre secousse, le moindre ébranlement nous amènerait la visite de l'onde bleue. C'est peu gai. Les deux manants, l'un à l'avant, l'autre à l'arrière, debout sur les rebords de la rame libre, font une sorte de manœuvre molle et sans accord. C'est peu récréatif; M. Töpffer finit par les apostropher vivement, ce qui redouble la frayeur de quelques dames, qui aussitôt se pendent aux poches de l'orateur; sait-on ce qui peut arriver? Par hasard, le bateau arrive en se dandinant sur la grève, et l'on en est quitte pour quelques détestables moments. Sur quoi, nous remarquons deux choses :

La première, c'est que rien n'est stupide, rien n'est aveugle comme de mettre l'exactitude du service et la réputation ou les avantages de vitesse avant la sûreté et la vie du moindre des voyageurs. Or tous les bateaux à vapeur, et les nôtres aussi, surtout dans les mois de concurrence, tombent, par moments du moins, dans cet écueil, et font des folies très désagréables, à ceux surtout qui voyagent pour leur agrément. Quant à ceux qui voyagent la montre à la main, pour aller vite, il doit leur paraître tout simple, et même spirituel, de sauter en l'air ou de barboter au fond de l'eau pour la vitesse du service.

La seconde chose, c'est qu'il n'y a de sûr pour les embarquements que les embarcadères. Ces petits bateaux que l'on surcharge, qui ont contre eux la chance du vent, celle de manquer la corde qu'on leur jette, et bien d'autres, sont des embarcations détestables, quoi que l'on puisse arguer des accidents qui ne sont pas encore arrivés, mais qui arriveront, nous n'en doutons pas. D'ailleurs, n'est-ce rien que de faire trembler les gens pour eux et pour les leurs, et doivent-ils se tenir pour contents parce qu'on ne les a pas noyés? Beaucoup de personnes de notre connaissance ne voyagent pas par le lac, pour n'avoir pas à courir la chance de ces débarquements; et, quant à nous, notre principal motif autrefois pour descendre à Villeneuve, où le bateau passait la nuit, et où le débarquement se faisait à loisir et tout près de terre, c'était d'éviter les débarquements intermédiaires et peu sûrs d'Ouchy et de Vevey. Or, qu'est-ce qui empêche l'érection d'embarcadères, ou tout au moins une station du bateau au bord de la rive? Ce n'est pas le peu de profondeur de l'eau, c'est la vitesse du service, cette stupide vitesse à laquelle les Américains, nos confrères (et nous bientôt à leur exemple), sacrifient des cargaisons de ladies et de pères de famille. L'idole des Mexicains avalait moins de monde que n'en engloutit cette idole de l'industrie, des capitalistes, des actionnaires, cette idole des désœuvrés de cafés, des badauds de ports, des flâneurs de rues; cette idole de qui tant d'hommes attendent la richesse universelle, le mariage des hémisphères, la chute des préjugés, l'abolition de la peine de mort, la désuétude de la poudre à canon, et la société refondue et remise à neuf... la vitesse!

Sur ce, nous prenons terre, et vive la terre ferme !
Là, on trouve des omnibus, mais des omnibus à
musique qui fanfarent pour le bien du service. Cette
diable de musique à manivelle, qui part inopinément,
qui ne s'arrête plus, qui va toujours, qui va quand
même, c'est une amorce qui nous semble propre à
faire fuir le gibier. On la retrouve sur le bateau à
vapeur du lac de Thun. Nous croyons qu'on la trouvera bientôt partout. C'est le progrès ; les jouissances
des arts mises à la portée de tous. Que de gens prêts
à s'attendrir d'admiration, si on leur affirmait
qu'avant cent, avant cinquante ans, du train dont
nous y allons, la serinette sera à la portée du peuple !
le prolétaire travaillera en cadence sur l'air de *Marlborough*, il n'y aura plus de machine qui ne manivelle une triole, plus une filature qui ne symphonise par tous ses pistons !

L'Allemand, dès Aigle, commence à ressentir ses
cors et à danser sur des œufs ; c'est vrai que cette
route d'Aigle, si plate, si marécageuse, et pourtant
jolie, donnerait des cors à ceux qui n'en ont pas. C'est
qu'elle nous est archi et superconnue, et que nous
ne la pratiquons jamais que de nuit ou à l'heure
chaude. Or les pays de vignes, à l'heure chaude, sont
incandescents. C'est ce qui rend le vin bon, c'est
aussi ce qui altère le gosier ; nous entrons dans un
bouchon. Voilà M. le pasteur, M. le professeur et
toute leur suite qui sont au cabaret buvant du blanc.
Nulle honte, nul remords, pas l'ombre de décorum ;
on fraternise même avec les altérés qui sont là, et

on s'en trouve à merveille. Après quoi l'on s'achemine à nouveau; le soleil baisse, et nous touchons aux noyers qui ombragent les approches de Bex.

Nous évitons Bex pour spéculer par les prés; c'est l'arrière-garde qui fait cette bonne affaire pendant que l'avant-garde, qui a suivi la grande route, nous attend, *fusi per herbam*, c'est-à-dire étendue sous les ombrages. Bientôt la corne se fait entendre dans une direction alarmante pour l'honneur de ces messieurs. Aussitôt ils se lèvent en sursaut et gambadent à travers champs. Dans son empressement, le voyageur Verret oublie son sac sous l'arbre, et rejoint dépouillé et pauvre comme Job. « Et le sac! » s'écrie-t-on. Coup de foudre pour l'infortuné, qui rebrousse et regambade, pour rerebrousser et reregambader encore, au grand détriment des herbes et moissons. Depuis ce jour, Verret ne délaisse plus son sac, et il répare ce moment d'oubli par des heures de tendres soins.

Bientôt on arrive au pont de Saint-Maurice, et le petit homme descend de sa tourelle réclamant le pontonage. Ce petit homme exact, presque mécanique pour ceux qui l'ont déjà vu souvent, fait l'effet de ces figurines qui, dans les vieilles horloges, sortent d'un trou et frappent l'heure; après quoi, elles rentrent dans leur trou jusqu'à l'heure suivante. Ce pont date du temps des Romains, et cet éternel pontonage aussi, et ce petit homme avec. Il fit payer la légion thébaine.

L'abord de Saint-Maurice est toujours charmant

et d'un pittoresque riche, antique et original. Ce qui est original aussi, c'est que dans ce moment il s'y joue une tragédie. Ce sont, dit l'aubergiste, *nos* étudiants. Des étudiants là! qui l'aurait cru? Et de la tragédie! qui l'aurait deviné? Quel spectacle ce serait, non pas la tragédie, mais les tragédiens et le public! Malheureusement la catastrophe a eu lieu, le rideau est baissé, et il ne se relèvera que demain.

L'auberge est pleine. Des gens très altérés, à ce qu'il semble, occupent la table où nous souperons un jour. Un gros chien, race du Saint-Bernard, vocifère à tout venant. Un sommelier marche ran tan plan. Des douzaines de Valaisans et autres colloquent bruyamment dans le vestibule. L'hôte vague. Un grand diplomate en houppelande mystérieuse se promène d'un air profond en attendant la diligence. Au milieu de tout ce bruit, nous seuls, parfaitement calmes, nous nous prélassons sur chaises et sofas, et rien ne saurait altérer notre quiétude. En effet, notre destinée se prépare dans les cuisines, pour éclore quand ces altérés n'auront plus soif; et Frankthal, qui a mis des pantoufles rouges, n'a garde de rien désirer au delà; il songe au sac de Verret laissé sous l'arbre, et cette idée le tient en joie. De son côté, Verret songe au poivre, à propos de pantoufles, et ce songe l'entretient en pleine hilarité. Mais voici du sérieux... tout bouge... tout se lève... tout se recueille... c'est la soupe qui entre.

CHAPELLE AU-DESSUS DE SION

DEUXIÈME JOURNÉE

Drôle de nuit et caractéristique; on la retrouve partout semblable dans toutes les auberges du bas Valais, tant qu'on est sur la route du Simplon. Toute la nuit, tintamarre de chaises de poste, de grelots et de postillons; vers trois heures, carillons de cloches dans toutes les églises. Ce léger vacarme altère un peu le sommeil de l'étranger, mais il ne paraît pas qu'il agisse sur celui des naturels; ou bien serait-ce parce qu'ils ne ferment pas les yeux la nuit, que les Valaisans ont, le jour, l'air si endormi? Vers six heures, nous sommes tous debout, hormis nos compagnons M. le pasteur M... et M. G..., que nous quittons, livrés aux douceurs du premier sommeil. Il s'agit de gagner le déjeuner par trois lieues de marche qui nous feront arriver à Martigny. Plusieurs, qui se sentent déjà un creux terrible, achètent des prunes pour combler la fosse; entre autres, le voyageur Percy marchande un corbillon auprès d'une femme qui lui répond : « Baillerez c'qu'ou plaira (ce qu'il vous plaira). » Percy croit qu'on lui demande *cinq complairas*, et le voilà bien embarrassé. Il voudrait acquérir les prunes, mais cette monnaie lui est totalement inconnue, à Verret aussi, à tous nos numismates. On vient à son aide et l'affaire s'arrange; Percy mange des prunes.

Plus nous visitons Pissevache, ou du moins plus nous avons eu l'occasion de voir d'autres cascades, moins celle-ci nous paraît mériter sa réputation; elle n'a ni encaissement mystérieux, ni végétations élégantes ou fortes, ni entourage séduisant; et quant au volume d'eau, il est ordinaire. Pendant que nous nous reposons en face de la merveille, une voiture arrive, s'arrête, et le cocher descend pour réveiller toute sa cargaison de dames; Holà! hé! la cascade! Les dames ouvrent les yeux, bayent à la cascade, descendent sommeillantes, se laissent promener dans l'herbe mouillée et sous la rosée du phénomène, et, après avoir accompli ce pèlerinage de rigueur, elles remontent en voiture, justement assez réveillées pour réfléchir combien tout cela est peu récréatif.

Nous n'approchons jamais de Martigny à jeun

et par un beau soleil, sans éprouver tous les effets d'une entière démoralisation. La colonne s'étend alors sur une lieue de pays, et, hormis un ou deux hommes d'avant-garde, tout le reste se compose de traînards disséminés, s'informant des distances ou jonchant le bord des fossés. L'Allemand pile, pile, le tout en pantoufles rouges; Arthur est vu, pour la dernière fois, par l'avant-dernier des traînards, assis auprès d'une flaque, où il considère des grenouilles. Il arrivera après que nous aurons tous déjeuné. « Et que faites-vous donc? — Je considérais des grenouilles... » C'est comme ceux qui portent des toasts parce que ça désaltère, ou comme les meuniers qui portent des chapeaux blancs pour se couvrir la tête.

Trois messieurs déjeunent sur la table que nous venons de quitter, et quels messieurs! énormes, rubiconds, florissants, mais qui mourront avant l'âge s'ils continuent de déjeuner de la sorte. Ils se font servir de si bonnes choses, et ils les mangent avec un si large et bel appétit, que, tout repus que nous sommes, la faim nous revient rien qu'à les voir, et le seul respect humain peut empêcher quelques-uns d'entre nous de sauter sur leurs côtelettes.

On prend ici deux chars pour franchir le grand ruban qui conduit à Martigny. C'est, d'une part, une calèche mollement suspendue, dont les moelleux balancements endorment les sept voyageurs inclus, en sorte qu'ils présentent l'intéressant spectacle de l'innocence au berceau. D'autre part, c'est un char à échelles suspendu sur essieux, et dont les cahots tiennent en vie et en joie les quatorze voyageurs restants, qui pilent, pilent, et sans pantoufles rouges. Dans le char, on élève des drapeaux, on fait une voilure, on chante, on fraternise; il n'y a d'infortunés que ceux qui se seraient proposé de dormir. Du reste, nous allons en poste, et, à Riddes, on change de chevaux et de postillons.

Le postillon du char est un homme d'âge, large d'épaules, haut en couleur, qui cause dru, fouette sans cesse, et connaît admirablement les mérites de chacun des plants de vigne que nous dépassons. « Ceci, dit-il, c'est de la malvoisie, et puis bonne! vous la payerez deux francs, vous autres; nous, vingt sous; c'est juste. Moi, j'en bois de préférence, par rapport au médecin qui m'a défendu de toucher au mauvais. Le mauvais vin, c'est fatal! Beaucoup périssent par le mauvais vin. Du mauvais, ça vous abrège la route du cimetière; de la malvoisie, ça vous pousse dans le siècle... » Et pli, pla! nous allons ventre à terre; pile qui veut. En moins de trois heures nous sommes à Sion, où toute la compagnie débarque sous les yeux de toute la capitale.

Le temps est magnifique, et l'heure peu avancée. Devant l'auberge, à la même place où nous l'avons vu souvent, végète cette sorte de crétin manchot qui sert à Sion de domestique de place pour faire voir aux étrangers l'église des *Jésitivisites*, *les Aghettes* et *les Masettes*, deux choses inconnues. Il reconnaît M. Töpffer, et sourit à la société; nous l'engageons aussitôt pour qu'il nous guide sur ces monts pittoresques, couronnés de constructions crénelées, qui dominent la ville de Sion. Nous faisons là un pèlerinage charmant. L'endroit est désert, la vue de toute magnificence, et tout y convie irrésistiblement les artistes à prendre leurs crayons : rocs, ruines, lointains, mouvements du sol, arbres et surtout murailles moussues, constructions séculaires tapissées de jeunes plantes, percées de jours, assises sur de vieux arceaux, tout s'y rencontre de ce qui charme et ravit les peintres.

De cette solitude nous faisons notre domaine. Plusieurs dessinent au bruit des éclats de rire de leurs camarades. Ceux-ci ont, en effet, découvert dans le crétin aux Aghettes une disposition à la vanterie et un tour d'esprit fanfaron qui, vu le personnage, sont effectivement impayables. Notre homme a servi la France et tué force ennemis, plus de cent cinquante, dit-il. « Vous voyez cette tour? c'est là qu'on enferme les méchants prêtres, et l'on me remet la clef; et puis qu'ils bougent! » et beaucoup d'autres propos analogues. Cependant le soleil se couche. Après une visite sur l'esplanade du vieux château, d'où l'on domine toute la vallée du Rhône dans les deux sens, nous reprenons doucement le chemin qui mène au souper.

Après le repas, Mme Muston, notre hôtesse, nous surprend fort en nous apprenant que nous avons mal soupé, et qu'en conséquence elle veut nous régaler de malvoisie. C'est là un raisonnement où, bien que les prémisses soient fausses, la conclusion est admirable. La malvoisie est servie... savourée... Pas si bête le postillon de Riddes! Il est évident que cette liqueur-là ne peut que ressusciter les morts. Nous faisons participer à la fête un monsieur du Tésin, qui soupe au bout de notre table : c'est un bel homme de trente à quarante ans, qui voyage à notre façon. Derrière nous, assis ténébreusement, sont des *gentlemen* à grand décorum ; on n'ose les faire boire.

Ces choses faites, on gagne les lits. Ce que voyant, notre Tésinois se lève, et, dans un mouvement de cordialité antique, il demande à M. Töpffer la permission de l'embrasser sur les deux joues. « Qu'à cela ne tienne! » Et les voilà qui s'embrassent et se réembrassent chevaleresquement.

EGLISE DE WISP

TROISIÈME JOURNÉE

Encore une demi-journée en char. Le Valais, jusqu'à Brigg, n'est qu'un long ruban de poussière, et, le parcourir à petites journées, ce serait mal employer son temps. Nous prenons donc trois chars à bancs. Dans le premier, on converse agréablement; dans le deuxième, il y a vacarme intestin; dans le troisième, on goûte les douceurs du sommeil. De nos trois cochers, deux ont pour principe de mener de la voix, jamais du fouet; aussi l'un dit sans cesse : Allez, Lisette! l'autre : Aberidochlach! Mais les coursiers ne tiennent aucun compte de ces paternelles invitations. Vers midi, nous arrivons à Tourtemagne pour y déjeuner.

Il y a une cascade à Tourtemagne, et plus belle que celle de Pissevache. Nous allons la voir, et un jésuite aussi, qui promène un tout petit collège de cinq Aliborons; on dirait un grand pâtre qui mène cinq agnelets le long du fossé. Pendant notre promenade, le ciel commence à prendre un air cascade aussi, et la vallée passe du riant au diaphane.

C'est le père Simond qui tient l'hôtel de Tourtemagne. Le père Simond est un gros ventru circonspect, qui emploie un sommelier grêle, et de couleur tendre. Entre eux deux, ils nous font faire un déjeuner exquis et abondant; seulement, quand on demande du pain au sommelier grêle, il va voir le baromètre et rapporte des nouvelles du temps. Cet homme croit que nous vivons de l'air du temps (excellent calembour, improvisé longtemps après).

On prend congé du père Simond pour s'engager dans un ruban de cinq lieues. Le ciel s'assombrit toujours plus; néanmoins, après quelques heures de voiture, la marche fait l'effet d'un soulagement. La route est bordée de fossés marécageux où croissent de magnifiques roseaux. Bryan l'oiseleur et quelques haut-fendus enjambent pour s'en procurer. Voyant cela, Percy enjambe pareillement, et puis, moins fendu par la nature, il plonge sa jambe dans la vase. Percy est surpris de la chose, mais pas du tout décontenancé. Il retire son pied et s'achemine, tout aussi content de sa taille qu'auparavant.

A Wisp, il y a un pont couvert, d'où l'on découvre un charmant paysage. Pendant que nous sommes occupés à en faire le croquis, passe un crétin impayable. Il porte une canne qu'il balance involontairement d'un air ombrageux et tambour-major; on dirait qu'il nous passe en revue et qu'il n'est satisfait ni de la tenue ni du fourniment M. Töpffer s'empresse de le faire entrer dans son paysage.

Au moment où nous quittons le pont couvert, voici les cataractes du ciel qui s'ouvrent et la nature qui passe du diaphane au diluvien. Gervais, qui a déjà son imperméable sur le dos depuis une heure, est au comble de ses vœux; Régnier déploie le sien et y donne l'hospitalité à Blanchard : on dirait Paul et Virginie. Les autres se font petits, enfoncent leurs chapeaux, ferment les écoutilles, pressent la marche, ce qui n'empêche pas qu'ils ne soient *perméés* à fond; néanmoins ils vivent d'espoir et finissent par se persuader que cette pluie annonce le beau temps. Certains qui sont abrités sous le péristyle d'une chapelle y font la découverte d'une porte en bois chargée de sculptures du xve siècle, qui sont d'un goût et d'une élégance admirables. Certains autres, qui sont entrés dans une cabane, y font la découverte de bons Valaisans hospitaliers, de qui ils obtiennent du vin pour tremper leur eau. D'autres, enfin, sont déjà à Brigg, où toute la caravane se trouve avant la nuit, réunie, séchée, et possédée d'un appétit vengeur.

OBERGESTELN

QUATRIÈME JOURNÉE

Le temps est sinistre, la nature mouillée ; il a plu toute la nuit. De grises vapeurs cachent toutes les cimes, s'élèvent de toutes les gorges ; néanmoins, nous nous acheminons, quitte à nous comporter selon les circonstances. Laissant derrière nous le Simplon, nous franchissons le Rhône pour en remonter la rive droite jusqu'à la source du fleuve. Plusieurs supputent combien de fois nous avons traversé le Rhône à partir de Genève, et l'on découvre à cette occasion qu'un des voyageurs passe et repasse les plus grands fleuves sans s'en douter. Il se croit dans le prolongement de la rue de Cornavin.

Harrison et Sterling, venus directement d'Angleterre et par la France, où le catholicisme n'est un peu bien logé que dans les grandes villes, sont très surpris de rencontrer partout des chapelles et des images; aussi visitent-ils les unes et les autres curieusement, dans la compagnie d'Arthur, à qui ils communiquent leur goût d'observation. Il s'ensuit que, durant toute cette journée, ces trois voyageurs forment une arrière-garde très en arrière et tirant sur le traînard.

Le Valais, au-dessus de Brigg, devient beaucoup plus pittoresque et plus varié d'aspect. Dans la première partie, ce sont de belles forêts entrecoupées de prairies, de ravins; une petite route à chars serpente à travers ces charmants endroits. Au-dessus de Lax, la végétation est uniquement composée de sapins; mais les pâturages s'élargissent, le plateau s'élève, et l'on ne se sent plus, comme dans le bas Valais, profondément encaissé entre des montagnes immenses et rapprochées. L'air y est pur et léger, les habitants propres et de bonne mine, sans mélange de crétins et de goitreux. De distance en distance on rencontre leurs petits villages, dont l'aspect est caractéristique : ce sont des cabanes, toutes construites en bois, qui se serrent les unes contre les autres, comme pour se tenir chaud, et l'herbe du pâturage enclôt de toutes parts ces nids de montagnards. Au-dessus du village, sur quelque rocher, ou abrité par la lisière de la forêt, s'élève l'église, dont la blancheur contraste avec la sombre noirceur des bois. Tout autour et au loin, les vaches paissent en liberté, et le son harmonieux des clochettes achève de donner à cette scène un caractère de poétique simplicité. Tout en marchant, l'esprit et les yeux se reposent sur ces agrestes tableaux. Et qui empêche qu'on ne se livre aux illusions de désir ou de regret qu'ils font naître, que l'on ne fasse des hypothèses de philosophe, des retours sur sa propre destinée, des songes d'âge d'or ? Qui empêche qu'à l'exemple de M. Vieux-Bois, mais dans le secret de son propre cœur, l'on n'ait des velléités bucoliques, l'on ne prenne, un quart d'heure durant, la houlette et le nom provisoire de Tircis ? Mais j'anticipe : nous ne sommes pas encore arrivés au plateau.

A une heure de Brigg, et pendant que nous sommes à considérer des arbres qui, lancés du haut d'une montagne, bondissent au fond d'un couloir de rochers, la pluie commence à tomber, et elle nous accompagne jusqu'à Lax. Avant d'arriver à ce village, on gravit, sur une route en zigzag, le flanc escarpé d'un mont. Plusieurs spéculent en droite ligne pour éviter les zigzags, et, parmi ces chevreaux, on remarque le voyageur Zanta, qui, depuis ce jour, y regardera de plus près avant de s'aventurer dans les rocailles abruptes et que la pluie rend glissantes. Zanta arrive à ne pouvoir plus avancer, ni reculer, ni tenir en place : au-dessous de lui est un profond abîme. M. Töpffer et Henri accourent effrayés pour tenter de l'arrêter au passage s'il vient à rouler en bas; au même moment, Régnier, arrivant d'en haut, parvient à lui tendre la main, et la délivrance de Zanta nous arrache à une courte mais épouvantable angoisse.

On attend ici les traînards pour qu'aucun ne s'engage dans la même aventure, et telle est, dans notre siècle, la fureur de spéculer que ces traînards en sont tout marris.

Au surplus, l'inexpérience compromet, et l'inexpérience tire d'affaire. Celui qui, comme les jeunes gens, ignore le danger ou ne le raisonne pas, a mille avantages pour le combattre. A la place de Zanta, étendu sur des rocailles et accroché à une racine, mais qui trouve cela plus gênant encore que dangereux, mettez un prudent père de famille qui sait à fond tout le désagrément des abîmes, et qui raisonne, pendu à sa racine, sur le désespoir de son épouse et l'infortune de ses enfants, en cas qu'il vienne à choir. Il est très à craindre que la tête du pauvre homme ne se brouille, et que de son épouvante ne naisse sa perte.

Il n'y a qu'un père de famille dans la troupe, et, le moins qu'il peut, il se confie aux rocailles et aux rejetons; toutefois il n'a pas parcouru si souvent les montagnes sans connaître ce sentiment d'abandon et de danger, dont l'effet est de repousser le cœur avec une extrême véhémence vers les objets d'affection qu'on a laissés au logis. Bien souvent, sans qu'il y ait danger réel, il y a risque immédiat; on voit la mort à trois pouces de soi, mais elle ne peut vous saisir, et il dépend de votre prudence que vous ne lui donniez aucune prise; dans ces moments, le foyer domestique, les enfants dans toute leur grâce aimable, la patrie sous son air le plus chéri, vous apparaissent, vous émeuvent, et quand l'étroite corniche est franchie, avec quelle vivacité vous sentez la valeur de ces biens, avec quel transport vous vous dites que vous les possédez encore !

A Lax, on nous sert le déjeuner dans une salle dont M. Töpffer n'a point perdu le souvenir, bien que douze ans se soient écoulés depuis qu'il y soupa en 1826. C'est l'architecture et le style valaisans dans toute leur pureté : on ne les retrouve ainsi que dans quelques endroits du haut Valais : plafond en bois orné de compartiments à moulures ; poêle en pierre, avec niches chaudes entre le poêle et la paroi, et les armes du Valais sculptées sur le front du séculaire édifice ; de grands portraits d'ancêtres graves, accoutrés dans toute la rigueur du costume ; une longue table antique dont les solides ferrements sont travaillés avec élégance et le pourtour orné de sculptures pleines de goût ; un grand bahut pareillement ciselé sur trois faces ; des images, des crucifix, une aiguière en étain, complètent l'ornement de cette salle, dont les fenêtres, à carreaux hexagones, sont basses, mais à la portée du coude, et, de plus, contiguës dans deux des côtés de la chambre. La fenêtre, c'est l'un des articles de confort du paysan suisse : elle est ordinairement vitrée avec soin, tenue avec propreté, toujours placée du côté ouvert de la vallée, et chacune des deux croisées a de petits portillons, aux fins de ne laisser entrer dans la cabane que juste ce qu'il faut de chaleur ou d'air frais. Souvent, au-dessous, une petite galerie supporte quelques caisses d'œillets, dont la fleur rouge brille d'un admirable éclat sur sa touffe de feuilles grisâtres. Le dimanche, on voit assis auprès de son portillon ouvert le montagnard, qui de là regarde ses bois, ses herbes, l'air du ciel, le passant, et qui coule doucement sa journée dans un religieux repos. Car plus on pénètre avant dans ces vallées, plus on retrouve dans le dimanche le jour du Seigneur; une sainte solitude règne dans les prairies, tous les habitants ont mis leurs vêtements de fête et brillent de propreté; le matin, ils se pressent dans l'église ou prient agenouillés autour du portail; le soir, quand la chaleur baisse, ils causent ensemble, appuyés contre la clôture d'un pré ou assis sous le porche de leurs cabanes. Le vin est trop cher sur ces hauteurs pour que le dimanche y soit, comme dans nos campagnes, le jour des buveurs et la fête des cabarets.

Les hôtes seuls de cette auberge ont changé. En 1826, c'étaient deux hôtes corpulents, mari et femme, ayant déjà l'air ancêtre; aujourd'hui, ce sont de jeunes époux qui ont plus d'empressement que d'aplomb, mais à qui l'âge viendra, nous n'en doutons pas, et même l'air ancêtre. Des guides qui nous ont flairés sont par là, au nombre de trois, et tous sont des *retours*. M. Töpffer, sentant l'avantage de sa position, fait mine de ne point vouloir de guide, et, par ce moyen bien simple, il en engage un à bas prix et en a un autre qui vient pour rien, ce qui veut dire pour ce qu'on voudra, lui et son mulet. On charge sur la bête d'abord un sac, puis deux, puis douze, puis Auguste par-dessus. Et l'homme, qui voit en espérance sa bonne main se grossir, est tout joyeux; il voudrait charger toute la caravane. Les pactes libres valent mieux

que les pactes tarifés; à l'abri derrière un tarif, un guide est malotru tant qu'il veut. Il faut excepter toujours les guides de Chamounix, qui ne se croiraient pas guides s'ils n'étaient remplis de complaisance et de politesse.

Nous croisons un touriste de l'espèce *nono*[1]; c'est un grand Anglais sinistre, en jaquette, et qui fait en silence, et sans paraître regarder le

---

1. Voir *Voyage à Venise*, 3ᵉ journée.

pays, de grands pas mesurés. Deux hommes haletants courent après lui, portant sa valise et des carabines; c'est pour tuer des chamois. Tout le monde sait combien c'est facile, avec deux hommes surtout, une valise, de quoi changer de chemise et se faire la barbe. J'ai oublié de noter plus haut qu'il ne faut pas faire dépendre l'agrément d'un voyage du nombre de chamois qu'on tuera, ni le nombre des chamois qu'on tuera du nombre des carabines qu'on emportera.

A partir de Lax, nous avons un temps magnifique : tout est riant et plus frais, comme il arrive après la pluie; et puis l'appétit est dévorant, et Harrison va demandant dans toutes les cabanes à acheter du pain; il n'en trouve nulle part : « Je croyè, dit Harrison, qu'il vivè, cette gens-là, sur l'air, comme les chamélions. » M. Töpffer, plus heureux, parvient à acheter du sucre chez un barbier, et, dans une halte, il ensucre toute la population des marmots du village. Ce sucre leur est plus précieux et plus rare à posséder qu'à nous l'ambre. Une vieille dame du bas Valais se trouve par là : « Que c'est joli, madame, par ici! » lui dit M. Töpffer. Les naturels croient qu'on plaisante, et ils sourient. « Vous dites vrai, répond la dame; de bonnes gens propres, et point de crétins. Oh! un bon pays, monsieur, c'est sûr : tous pauvres et aucun misérable!... »

Il s'agit à Munster de faire une buvette économique; nous entrons dans l'auberge qui est tout ouverte et assez jolie. Holà! hé! Personne ne répond; on appelle dans le village : personne non plus. Tout le monde est aux foins; alors nous nous asseyons pour prendre patience. Arrive enfin des montagnes un petit hôte propre et discret, qui fait en termes précieux des raisonnements tendant à nous retenir chez lui; mais nous sommes décidés à pousser jusqu'à Obergestelen; de sorte que l'on part au moment où arrivent les visiteurs de chapelles, qui tombent sur nos restes.

En approchant d'Obergestelen, nous sommes vus de loin par notre hôte futur, qui plante là foin et râteaux pour nous courir après. L'auberge est une petite boîte, assez jolie d'ailleurs, mais que nous remplissons jusqu'au couvercle. Un rémouleur est devant la porte, qui aiguise les couteaux de la vallée; aussitôt tous les nôtres passent successivement sur sa meule. Un homme forge sous un hangar : quelle trouvaille! Aussitôt toutes les piques ou cannes qui clochent lui sont apportées, et il prend des commandes de quoi forger toute la nuit.

L'endroit lui semblant convenable et l'homme digne, M. Töpffer confie aussi son bâton. Ce bâton a fait environ quinze voyages et rendu mille services; néanmoins, bien que ferré, il a perdu par l'usure deux pouces et demi de sa longueur. Ce sont ces deux pouces et demi que le cyclope d'Obergestelen est chargé de rendre au vieux serviteur. Alors se dissipe la triste idée d'une séparation prochaine, et s'ouvre tout un avenir de soins mutuels entre M. Töpffer et son bâton. Le corbin de cette canne est orné d'un riche pommeau d'argent, ramassé en 1830 sur la route du Saint-Bernard. La forme en est insolite, et c'est pourquoi, dans les cantons, M. Töpffer est toujours reconnu au pommeau de son corbin avant de l'être à sa figure ou à son parler.

Verret procède ici à une reconstruction entière de son sac à planches, qui a des indocilités obstinées. Quand tout est fini, clos, ficelé, il serait à désirer que le sac fût ouvert, afin que Verret changeât de chemise, car les gouttes lui tombent. O Verret! Verret! dit l'Allemand, qui du reste, depuis qu'il est dans la montagne, a vu disparaître ses cors, et marche des mieux, sans tambour ni pantoufles.

Le repas est funéraire; deux tout petits cierges éclairent la scène, et des spectateurs fantômes errent à l'entour. Tout vient à point pourtant, et l'on va dormir dans les petites boîtes.

Grande anarchie dans le lit de Blanc et Noir (Blanchard et Percy, qui n'est pas blanc).

GLACIER DU RHONE

CINQUIEME JOURNÉE

Le temps est radieux, et par un grand bonheur, car il s'agit de passer la Furca, sous peine de demeurer cois dans notre boîte. En deux heures nous atteignons Oberwald, le dernier village du Valais, puis les bases stériles du Mayenwand, et enfin le glacier du Rhône, qui comble la vallée dans toute sa largeur. Avant tout, nous déjeunons dans la petite boîte de mélèze qui est au pied du glacier. M. Töpffer y demande du thé : on lui sert sans hésiter une infusion de jolies fleurs bleues : c'est du thé de Suisse; l'autre n'est pas connu dans cet endroit.

Nous allons ensuite visiter la source du fleuve et la voûte du glacier, qui est en ce moment admirable. On dirait les arceaux gothiques d'une belle cathédrale; arêtes et parois chatoient de mille reflets, les uns verdâtres, les autres bleus; les uns sourds, les autres vifs et scintillants. On n'ose pénétrer sous cette voûte, qui sans cesse se détruit pour se reformer sans cesse; mais, du haut de la moraine du glacier, les voyageurs, unissant leurs efforts, font rouler en bas d'énormes quartiers de roc mal équilibrés.

Nous avons décrit ailleurs la montée de Furca; il suffit de rappeler qu'elle est fort rapide; en conséquence on multiplie les haltes, et à tout moment un amateur venant à s'étendre par terre, tous les autres en font autant pour qu'il ne soit pas seul. M. Töpffer dessine ici le cheval de notre guide. Celui-ci vient voir, approuve, critique, et donne, avec sollicitude, les renseignements sur la bête. C'est que M. Henri lui a mis la puce à l'oreille. « Ce monsieur que vous voyez, lui a-t-il dit, il dessine tout, parce qu'il écrit des livres ensuite. — Et les chevals? — Les chevals aussi. » C'est alors que le bonhomme est bien vite venu donner des renseignements.

De halte en halte, on arrive au sommet, d'où l'on découvre un immense horizon de montagnes, sans aucune trace de végétation nulle part. A quelque distance, une caravane de messieurs et de dames montent à mulet le revers neigeux que nous allons descendre. Ce ne sont pas des nono, car ils font des signaux avant même de savoir qui nous sommes. On répond à ces avances; la caravane approche, arrive, et se mêle à la nôtre. Ce sont des Français

très aimables, très communicatifs, et un petit chevreau qui les suit depuis deux heures. Une des dames reconnaît Percy, qui ne se hâtait pas de la reconnaître. C'est la première; il y en aura d'autres, et nous serons obligés de confesser que le Percy est très connu dans le monde. Cette caravane s'éloigne en nous laissant le chevreau, qui s'est décidé à passer dans notre troupeau, où on le comble d'amitiés, de croustilles et de tabac, dont il est particulièrement friand.

Après quelque séjour sur ce col, nous entreprenons de descendre; il faut ici passer sur d'immenses pentes de neiges, que l'on peut traverser obliquement pour gagner un sentier qui en longe le côté, et que l'on peut aussi descendre directement en glissant à la façon des guides. Plusieurs, ce sont les prudents, se décident pour l'oblique ; d'autres, aventureux ou seulement novices et curieux de s'essayer, se lancent dans la pente. A peine sont-ils en route, qu'ils chutent, s'étalent convulsivement, et descendent, les uns sur le ventre, les autres sur le dos... Cependant, au milieu d'eux, l'oiseleur Bryan descend debout, sans broncher, et arrive vainqueur au bout de la resplendissante lice.

Voyant cela, le voyageur Harrison veut essayer de cette façon d'aller ; il quitte le sentier, il met le pied sur la neige, puis le derrière, puis la pente l'emporte, et malgré ses réclamations, malgré ses assurances qu'il se repent, et qu'il reprendra le sentier pour n'en plus sortir, Harrison va son train, glisse, roule, tourbillonne, désapprouve, s'indigne, expectore des vociférations d'honnête homme compromis... Heureusement la neige se tasse sous lui, et le voilà qui jouit de quelque repos. Mais il est encore au milieu du désert, et bien averti que, s'il bouge, la pente va le reprendre et l'emporter de nouveau, sans lui demander permision.

« Harrison ! Harrison ! lui crie-t-on, ne bougez pas ? — Je ne bouge pas !... » Au même instant Harrison repart pour ne s'arrêter plus qu'à deux pieds d'un trou noir. On lui lance une pique, la pique entre dans le trou ; Harrison y arrive aussi, sa jambe s'y engage, et la pique s'engage dans son pantalon. On le croit alors au plus fort de la crise, lorsque, patatras! la neige s'écroule sous lui, et le voilà assis au fond d'un ruisseau, les pieds en l'air... Si la caravane n'a pas littéralement crevé de rire ce jour-là, ce n'est la faute ni de Harrison ni de la caravane. Plusieurs en sont à se rouler par terre, livrés à des éclats inextinguibles, qui se renouvelleront chaque fois qu'il sera question de l'aventure, ou seulement de neige, ou seulement de pente ou de trou.

Le reste de la descente se fait sans encombre. Bryan l'oiseleur, au sortir des neiges, voit un oiseau, prend une pierre et abat sa proie; c'est sa manière. D'autre part, le petit chevreau nous est fidèle, si fidèle, que nous ne pouvons parvenir à le perdre n'y à l'effrayer assez pour qu'il se sépare de nous. Il nous faut le livrer à des femmes du pays que nous croisons, et qui l'emmènent de force. Le sentier, en approchant de Réalp, devient perfide et dangereux.

Réalp est au pied de la Furca, à l'entrée de la verte vallée d'Urseren. Toutes les fois que nous y avons passé, nous y avons trouvé tous les naturels ambresaillés, c'est-à-dire barbouillés jusqu'aux yeux d'une lie violâtre, à la façon des satyres en goguette. La faim est canine; craignant l'émeute, le chef se décide à faire une distribution de vivres, assez pour empêcher une révolution, pas assez pour ôter l'appétit que réclame le souper. En effet, nous n'avons plus que deux heures de marche jusqu'à l'hôpital, où nous atteignons la grande route du Saint-Gothard.

Adieu les auberges tranquilles et les hôtes empressés. Nous voici sur un chemin où l'on ne considère comme voyageurs dignes de quelque attention que ceux qui arrivent en chaise de poste; aussi sommes-nous reçus d'une façon disgracieuse, et tolérés plutôt qu'accueillis, jusqu'à ce que pourtant on ait eu le temps de reconnaître que nous sommes d'assez bonne compagnie. Malheureusement cette découverte n'a lieu qu'après le souper, qui est en conséquence maigre et mal servi. Sans le fromage de Réalp, nous aurions les dents longues. Pendant le repas, l'oiseleur Bryan part pour Andermatt, où sont des ornithologues; il y fait, comme don Quichotte dans la caverne de Montésinos, un mystérieux séjour, et il en revient ruiné.

On nous reprend une de nos chambres, avec notre consentement pourtant, et en revanche deux paires coucheront sur des lits futurs, dans la salle où nous soupons. Cette chambre contient toutes les chaises de la maison, en sorte que jusque par delà minuit tout l'hôtel s'y viendra fournir de chaises au détriment des deux paires, qui feront des songes étranges et des remarques intimes.

HOSPICE DU SAINT GOTHARD

SIXIÈME JOURNÉE

Nous avons à faire aujourd'hui un passage intéressant, celui du Saint-Gothard; nous partons à pied, à jeun, de grand matin et nos sacs sur le dos. Un froid brouillard enveloppe la montagne, en sorte qu'à deux pas nous avons déjà perdu de vue l'hôpital.

M. Töpffer, avant de quitter cet endroit, a voulu y mettre une lettre à la poste. C'est une femme qui est l'unique employée. « Faut-il affranchir ? — Pour quel pays? — Pour Genève. — C'est trente sols. — Je croyais qu'on n'affranchissait pas pour la Suisse. — Est-ce en Suisse, Genève ? — Oui. — Alors il n'y a rien à payer. » Nous sommes un canton bien neuf; mais celui-là est aussi par trop primitif. Un marchand de bœufs de l'Underwald monte avec nous. Il sait le français; on parle politique. Cet homme n'entend rien à la question d'Orient ni à celle d'Alger, mais c'est merveilleux comme il connaît, traite et expose bien toutes les questions relatives à son petit canton, dans ses rapports avec les cantons voisins.

Nous sommes, M. Henri et M. Töpffer, bien loin de connaître et de comprendre aussi bien ce qui intéresse notre petit pays; en revanche, nous avons des données sur l'Inde et des opinions sur Alger.

Le brouillard s'élève et le temps se met au beau. A la hauteur où nous sommes, il n'y a plus de forêts, plus d'arbres en vue ; il n'y a pas même de pâturages: ce sont de toutes parts des rochers recouverts d'un lichen verdâtre, ainsi qu'on en remarque au Saint-Bernard, au Grimsel.

Ces rochers ont des formes nobles et majestueuses, plutôt qu'abruptes et irrégulières, et la beauté du paysage est entièrement dans les lignes et la couleur de ces gigantesques masses. Comme dans tous les paysages analogues, la grande route, perlée de bouteroues, et contournant les contreforts des montagnes, ressemble assez à un fin collier reposant sur une colossale poitrine.

Plusieurs s'engagent dans une spéculation par la vieille route. Cette route remonte le fond de la vallée en compagnie du torrent, qui tantôt la longe, tantôt la traverse ; et de là tout le mal ! En effet, la division Henri s'embrouille, passe le fleuve aux mauvais endroits, manque la route aux bons, se rallie sur des îles sauvages, et manque le pied sec à tout moment. Découragé par ces événements, M. Henri côtoie la rive droite sans rencontrer de gué ; on lui fait des signaux, mais il semble décidé à remonter le fleuve jusqu'à sa source, pour mieux tourner la difficulté. D'autre part, Harrison passe et repasse l'eau, écrase les poissons, éclabousse les rochers, et toujours il arrive à des îles, d'où il faut encore, pour sortir, écraser, éclabousser ; Harrison n'y comprend rien, et proteste. A la fin, il se lance d'île en île et arrive à la terre ferme, naufragé de la tête aux pieds, tandis que la division Henri y arrive enfin par la voix sèche.

Mais, pour qui a un havresac sur le dos et rien dans l'estomac, la terre ferme est de mince secours et de bien peu d'agrément. Au bout de deux heures, une effroyable démoralisation s'empare de tous les voyageurs ; vainement M. Töpffer essaye de distraire ces malheureux par des considérations tirées soit de la beauté des aspects, soit des douceurs prochaines du déjeuner. Ventre affamé n'a point d'oreilles. Le vulgaire halte à chaque pas, plusieurs déclarent qu'il leur est impossible d'aller plus loin; les plus courageux ont des mines creuses, affligées, et marchent d'un air vieille garde revenant de Rus-

sie. Heureusement, au bout de la troisième heure, on atteint un plateau : c'est le haut du col. Voici l'hospice, voici le déjeuner tout prêt, surabondant, et les joies du paradis qui succèdent aux tourments de l'enfer. On est très bien accueilli, très bien servi dans cet hospice, et ce n'est pas la faute de quelques fainéants de capucins, qui, gras et repus, végètent çà et là au soleil.

Par un beau temps, ce plateau, sur lequel s'élèvent diverses constructions, où l'on voit des chemins qui se croisent, deux lacs et un air d'animation, ne présente rien de l'aspect sévère du Saint-Bernard. L'Hospice est un joli bâtiment, mais qui n'a ni vétusté, ni poésie, ni d'autre caractère religieux que celui que lui impriment ces quelques oisifs encapuchonnés.

L'air étant très vif, nous allons chercher le soleil dans une enceinte de rochers qui nous abritent contre le vent. Avec cette disposition au frisson, qui est assez ordinaire sur les cols élevés, rien n'est plus agréable que de se griller à fond dans quelqu'une de ces anfractuosités des rochers ; mais si le vent et le soleil arrivent du même côté, ce plaisir-là n'est plus possible, il n'y a d'autre chose à faire que de repartir bien vite et de marcher ferme. A quelques pas de l'Hospice, on laisse sur la droite une petite chapelle, construction robuste et grossière plus qu'élégante, faite pour résister à la rudesse des hivers.

Bientôt on arrive à l'extrémité du plateau qui forme le sommet du col, et l'œil plane tout à coup sur un spectacle des plus curieux : c'est la route, dont les infinis contours se développent en serpentant jusqu'au fond d'une gorge ardue et profonde : on dirait un immense reptile qui se ramasse en onduleux replis, et dont la tête fouille dans les entrailles de la terre. La caravane pousse des cris de surprise et de joie, puis elle se met en devoir de descendre. Comme l'on peut croire, ce chemin en zigzag est éminemment favorable au génie de la spéculation ; bientôt tout s'éparpille, tout rivalise ; de toutes part les hardis Lilliputiens franchissent le dos du reptile, et quelques-uns arrivent au fond du gouffre, que d'autres marchent encore sagement dans les régions moyennes ou supérieures. Vue d'en bas, cette route présente un aspect moins bizarre, mais tout aussi intéressant. Les zigzags sont brisés et épars, ils s'échafaudent les uns sur les autres, et jusqu'à la dernière sommité on découvre des fragments du collier de bouteroues. Nous demeurons là en admiration devant l'industrielle audace des hommes en général, mais surtout des hommes libres, des hommes d'Uri, de ce petit canton qui a su faire avec ses minces ressources un ouvrage aussi beau que celui du Simplon, ce chef-d'œuvre si vanté, si admiré, si célébré et si lithographié. La renommée n'est souvent qu'une vieille folle sans équité.

Après avoir franchi la gorge, on finit le zigzag, et l'on arrive sur le revers d'un autre plateau. Nouvelle surprise, nouveaux cris... C'est toute la vallée d'Airolo, boisée, verdoyante ; c'est, au sortir de l'enfer, le doux aspect des Champs-Élysées ;

et ici encore l'on ne peut s'empêcher de murmurer :

Devenere locos lætos et amœna vireta...

On voit jusqu'à des justes qui font leurs foins çà et là dans les prairies; jusqu'à des vaches bienheureuses qui paissent au soleil; jusqu'à l'avant-garde qui, assise sur un gazon fortuné, fait de lointains signaux auxquels nous répondons par de retentissants hourras. Cependant Blanchard, tout en spéculant, gagne dix batz, qu'il trouve sur la route.

La troupe fait son entrée dans le joli village d'Airolo, toujours rempli de chariots et de mulets. Elle y consomme une buvette qui compte parmi les plus gaies, puis elle reprend sa route pour pousser ce soir même jusqu'à Faido, six lieues plus loin. « Mais, halte-là! payez le péage, messieurs. » M. Töpffer tire sa bourse et paye pour vingt et un. « Et les quatre qui ont déjà passé? dit le receveur. — Quels quatre? — Quatre qui ont dit de s'adresser au maître. — J'en ignore. » Voilà toute l'administration en peine, voilà les administrateurs qui se mettent au galop..., et voilà qu'on rattrape les quatre amateurs, qui payent sans insister le moins du monde sur leur qualité d'élèves.

A quelque distance d'Airolo, la vallée se referme presque; il n'y a plus entre les rochers qu'une coupure étroite où passent la route et la rivière. Au delà on trouve un nouveau vallon également riant.

Nous venons d'y entrer, lorsque nous sommes apostrophés par un brave homme qui rit toujours, parce que, dit-il, il est gai. Il est gai toujours, parce que, dit-il, toujours il vient de boire. Ses rires excitaient les nôtres, les nôtres surexcitaient les siens, il s'ensuit une hilarité inextinguible. En partant, nous laissons le particulier planté au milieu de la route, où il rit toujours, où il rit encore.

Le pays devient de plus en plus beau. Nous entrons dans la région des châtaigniers; ceci seul indique le caractère de la contrée rocheuse, mousseuse, agreste. On retrouve cette région sur tout le revers des Alpes du côté de l'Italie. Au sortir des hautes vallées, partout où sont des terrains montueux et des rocs éboulés, elle est tout particulièrement agréable au piéton, qui trouve là ombrage, solitude et moelleux gazons. Néanmoins, en approchant de Faido, la fatigue se fait sentir, et plusieurs se démoralisent, en particulier l'Allemand et Verret, à qui il ne reste d'autre consolation que de rire à fond du spectacle qu'ils se donnent l'un à l'autre. Murray trouve que le monde est prodigieusement grand; et puis vient Faido, vient l'hôtel, la soupe, le lit, et une remoralisation **générale**.

AVANT FAIDO

SEPTIÈME JOURNÉE

Cette journée s'ouvre mal : le temps est menaçant, le réveil brumeux et les souliers sont introuvables ; de plus, Harrison prétend avoir été claqué au petit jour par des inconnus qu'il prétend connaître. M. Töpffer trouve à louer une voiture de secours, et l'on part. La pluie, qui n'attendait que de nous voir en chemin, commence alors, et chacun la conjure de son mieux : M. Henri ouvre son parapluie ; certains s'imperméent ; plusieurs pressent le pas ; le reste demande abri au châtaignier de la montagne, et cela va bien pour un moment ; mais bientôt l'arbre tutélaire distille, asperge, trempe, et l'hospitalité n'est plus qu'une ombre vaine. Il faut déguerpir, et l'on pousse jusqu'à une petite hôtellerie, où déjà l'avant-garde bivouaque et se sèche autour d'un grand feu.

Dans ces occasions, on régularise la sécherie d'après le principe de chacun son tour. A mesure qu'un particulier a passé au feu, il s'en va coloniser avec ses pareils, déjà occupés d'annoter, de dessiner, de numismatiquer, ou de tenir conseil en regardant tantôt la carte, tantôt le temps. Les cataractes du ciel se sont ouvertes. « On est bien ici, dit M. Töpffer, et rien ne presse ; mangeons ! — Mangeons ! mangeons !... » On s'informe, et l'on apprend qu'il y a trois choses dans cette auberge : des œufs, du sucre et du fromage : vite des omelettes au sucre et un dessert de fromage ! Exquis ; seulement le règlement de compte est très laborieux. Nous avons affaire à des braves gens qui calculent en monnaies diverses à nous inconnues, à eux indistinctes et irréductibles. Tous prennent la craie et additionnent, multiplient sur les bancs, sur les tables, sur les murailles ; il sort de là trente-six résultats qui ne s'accordent pas, et nos pauvres hôtes, placés entre la crainte de nous demander de trop et celle de se tromper à leur détriment, ont des crampes de conscience. M. Töpffer, usant alors de la méthode d'intuition, finit par montrer un écu, et puis un second écu, et puis un troisième... « Trop ! trop ! » Il retire son troisième écu... « Pas assez! pas assez! » D'approximation en approximation, on arrive à un total de 11 francs 50 centimes pour feu, logement, repas et bonne grâce. Ce n'est pas cher.

La pluie a cessé, mais pour recommencer bientôt. Nous atteignons sur la grande route un brave homme, ivre, content, glorieux, jovial au possible.

Comme si le soleil dardait ses rayons, il porte le chapeau sur l'œil et sa veste sur le bras. Son propos est allègre, son regard triomphant; à notre vue il s'anime, il harangue, il apostrophe, il éclate de rire, et nous sommes émerveillés de tant d'allégresse, lorsque au village prochain, de par l'autorité, on arrête l'orateur et on le conduit à la prison, où il se rend en chantant. Nous apprenons alors que ce brave homme est un drôle qui a bu son bien, bu celui de sa femme, bu l'argent de ses créanciers, bu jusqu'à l'habit qu'il porte. Depuis huit jours il est en tournée dans les cabarets du canton, et, n'ayant plus ni sou ni crédit, il vient lui-même se mettre à la disposition de l'autorité. Nous donnons son portrait.

Une lieue avant Bellinzone, nous quittons la vallée du Saint-Gothard, et tournant à gauche, nous entrons dans celle du Saint-Bernardin, avec l'intention de coucher à Lumino. Mais voici qu'à Lumino il n'y a point d'auberge et que notre voiture de secours, après y avoir déposé monde et paquets, est repartie, comptant rencontrer sur la grande route le payeur M. Töpffer, qui arrive par un sentier. Cependant il est tard, et les figures dont nous sommes entourés sont de telle sorte qu'il est visible qu'on ne saurait déposer entre leurs mains les trente francs dus au cocher. Ce sont des espèces de brigands en guenilles, belles têtes, barbes magnifiques, yeux terribles et mains crochues. On laisse donc David pour attendre le cocher. Celui-ci, n'ayant pas vu trace de payeur sur son long ruban, détèle, enfourche un de ses coursiers, et arrive au grand galop à Lumino, trois quarts d'heure après que nous en sommes partis.

Pendant ce temps, nous cheminons de nuit et par la pluie sur Roveredo, où nos notes signalent l'excellente auberge des sœurs Barbieri. Plusieurs sont démoralisés, d'autant plus que Roveredo est un de ces bourgs qui s'espacent sur une lieue de pays, en sorte que l'on passe sans cesse de la certitude que l'on est arrivé à la certitude que l'on n'arrivera jamais. Enfin, enfin, une belle maison se présente ; c'est tout justement celle des sœurs Barbieri...

Point de sœurs, mais un gros homme qui nous donne l'agréable assurance qu'il n'y a point de place...

« Pas possible! dit M. Töpffer, votre maison est bien grande... mettez-nous au grenier, à la grange, où vous voudrez... — Elle est grande, mais elle n'est pas finie, et nous n'avons point de meubles... Bien fâché, Bonsoir. » Pendant ce dialogue, une bonne dame qui loge dans l'hôtel intercède pour nous, la fille de la maison fait chorus, et le gros Barbieri se prend à dire : « Si vous voulez, moi, je le veux bien ! on fera comme on pourra ! » Nous voilà parfaitement contents, et nous envahissons en triomphe une jolie salle neuve, mais sans meubles ni chaises. Chacun se fait de son havresac un siège ou un coussin, et dort ou babille durant les difficiles apprêts du souper hypothétique, qui se prépare dans une cuisine sans ustensiles, sans cuisiniers, sans vivres. « On fera, dit de temps en temps le gros Barbieri, on fera comme on pourra. » Bien dit, et sensément; car l'inverse de la proposition serait : on fera comme on ne pourra pas, ce qui serait absurde.

Arrive enfin le souper. C'est une soupe, une truite coupée en petits morceaux, et, pour chaque convive, un petit fromage. Les rations sont d'une légèreté inexprimable. Heureusement plusieurs, Murray en tête, nagent au sein d'un sommeil décevant qui les met hors d'état de rien apprécier, de rien dire; ils rêvent qu'ils mangent, et cela leur suffit. Les autres mangent sans rêver, et cela ne leur suffit guère. Quand il n'y a plus trace de vivres, chacun se fait un établissement quelconque, durant les fabuleux préparatifs qui s'exécutent pour nous pourvoir de lits. Enfin le signal est donné; nous montons dans des greniers à peu près bâtis, où nous trouvons d'informes juxtapositions de planches, de bancs, de tables, de mécaniques, avec superpositions de sacs, de paillasses, de hardes quelconques : ce sont nos lits. Dès qu'on y touche, ils crient; dès qu'on s'y repose, ils se disjoignent; dès qu'on y dort, c'est l'échafaudage du voisin qui craque, s'ébranle, et vous impose le devoir de veiller, les yeux ouverts, sur votre équilibre dormitatoire. Divers ustensiles de toute forme complètent l'ameublement, tout en compliquant les périls en cas de désastres. C'est égal, on dormira comme on pourra. Au dehors, le déluge.

VALLÉE DE MISON

HUITIÈME JOURNÉE

Déluge toute la nuit, déluge le matin, déluge tout le jour... On fera comme on pourra. En attendant, on décide de coloniser jusqu'à des temps meilleurs. La première chose que fait une colonie en se levant, c'est de déjeuner si elle peut. La chose est difficile en cet endroit, mais praticable pourtant : il n'y a pas de lait, mais il y a du café ; il n'y a point de coquetiers, mais il y a des œufs; point de beurre, mais des petits fromages; il y a aussi, ce qui supplée à tout, des hôtes empressés, complaisants, qui, par des prodiges de zèle, arrivent à nous faire déjeuner amplement. Ils parviennent aussi à nous fournir de sièges presque suffisamment, et nous nous arrangeons pour passer là notre journée, si le déluge continue. La table est divisée en trois régions. Dans l'une on écrit des lettres : tout y respire un recueillement épistolaire; dans la deuxième, on dessine, tout y respire les arts et la paix; dans la troisième, on tient des cartes; tout y respire le jeu. On vient de découvrir une boutique où se trouvent des figues... c'est merveille! Chacun accourt pour se pourvoir, et les figues roulent sur le tapis, à la place de guinées. Il y a figue et figue; on remarque que les joueurs, d'une main mangent les bonnes; de l'autre exposent pour enjeu les minimes, les coriaces, les scandaleuses; en sorte que plus on gagne, moins on se régale. Zanta, assis par terre, joue avec un roquet, pendant que sa blouse se fresque entièrement contre la fresque rouge de la muraille. De là cet exquis calembour qui sera fait au départ : « Mais, monsieur, je n'ose la mettre... — Je crois bien, et qui ne rougirait pas en la mettant! »

Dans l'après-midi, la pluie s'arrête un moment; le soleil fait mine d'avoir l'air de vouloir se montrer si le cas advenait qu'il se montrât. Les éclaireurs crient au beau temps. M. Töpffer règle alors

avec le gros Barbieri, et donne le signal du départ...
A peine sommes-nous en route que voici le déluge
qui recommence. En cinq minutes, nous sommes
percés jusqu'aux os. C'est dommage, car le pays
est charmant : c'est une vallée étroite, boisée, où
se montrent çà et là de belles ruines. A tous les

cent pas on voit un pêcheur qui jette dans la rivière une sorte de filet ressemblant, à la grosseur près, aux coiffes à papillons. C'est que l'eau étant trouble, à cause des pluies, les belles truites du lac Majeur s'amusent à voyager incognito, et il y a chance que la coiffe attaque une
de ces dames. Effectivement, nous rencontrons plus
loin un homme qui revient chargé de deux truites
magnifiques, de douze livres chacune. Nous nous
expliquons alors pourquoi tant de manants lancent
tant de fois leur coiffe sans se rebuter de ce que
vingt fois, cent fois elle n'amène rien. C'est ainsi
dans toutes les loteries.

Rincés que nous sommes, nous entrons à Lostallo, dans la petite auberge du lieu. C'est encore ici une sœur Barbieri, mais quelle sœur! qui pèse huit sœurs ordinaires. Bien que prévenus d'avance, la vue du phénomène dépasse toutes nos prévisions : c'est une masse informe, une tour, un éléphant, qui remplit la chambre et fatigue la poutraison... La pauvre femme a honte d'elle-même, et son croissant embonpoint lui est un perpétuel supplice. On n'ose ni la regarder ni affecter de ne la regarder pas; néanmoins, quand elle traverse la chambre où nous sommes, le sentiment de quelque chose de monstrueux arrête les propos et provoque le silence.

Le déluge continuant, il est arrêté que l'on couchera à Lostallo, si faire se peut. L'hôtesse, aussi bonne qu'elle est grosse, et bien que cette tombée ne lui aille guère, comprend notre situation, et nous accueille pour nous faire plaisir, pour nous réconforter, bien plus que pour tout autre motif intéressé. Elle met à notre disposition sa maison, fort simple à la vérité, mais cependant proprette et confortable; puis elle s'en va porter le carnage et la mort dans son poulailler. Deux coqs vieillards ne sonneront plus la fanfare de l'aube.

Pendant ces apprêts, nous colonisons, tout comme à Roveredo, avec cet agrément de plus, qu'il y a dans la salle, bien meublée d'ailleurs, un piano vieillard, une épinette crincrin, dont l'imprévu bénéfice nous cause un vif plaisir. Blockmann nous joue tout son répertoire, et, comme au temps d'Orphée, cette mélodie attirant les sauvages habitants des forêts, la salle se remplit de Lostalliens grands et petits ; l'hôtesse elle-même se complaît à entendre ces airs, qui bercent doucement sa mélancolie et la distraient du supplice de sa rotondité. Entre aussi l'inspecteur des routes, gros bonhomme cordial et grand parleur, qui se fait d'entrée notre auditeur, notre cicerone, notre convive, notre truchement, et finalement notre ami.

Vers le soir, la pluie cesse, le soleil reparaît, et toute la troupe s'en va gambader sur les bords de la Mœsa, où elle se livre à tous les jeux et prouesses qui peuvent aider à combattre un froid glacial. Une rivière, pour les pêcheurs, c'est où prendre du poisson ; pour les écoliers, c'est où faire des ricochets ; pour l'inspecteur, c'est une malicieuse et puissante fée, qui tantôt mine sourdement un bout de route, tantôt abat des ponts, jette bas des chaussées. Depuis quinze ans, ce bonhomme étudie sa fée, répare ses sottises, et en fait à qui veut l'entendre l'histoire détaillée, circonstanciée, sans jamais se perdre ni dans ce dédale de dates, ni dans ce dédale de localités. Il a si bien personnifié sa rivière, qu'il dit : « La gueuse, la mauvaise, la rusée ! C'est en 34 qu'elle fit ses farces ; c'est en 32 qu'elle se tint tranquille ; ces pluies lui vont donner du montant, etc., etc. »

On rentre pour souper : tout est excellent, hors qu'il n'y a pas dans la troupe de mâchoire qui soit en état d'attaquer les deux coqs vieillards. Pendant ce souper, la société, se livrant à d'admirables jeux de langage, exhibe toutes les curiosités linguistiques, et Harrison se perd, s'embrouille, s'entortille à crever de rire, dans cette légende expérimentale : *Coquaos, vernaos, ratta patte et os, poule en a, pie aussi*. Sur quoi l'on va se coucher. Les lits sont exquis, peu nombreux, fort larges; on procède donc au dédoublement, et on loge six petits touristes dans deux couches colossales.

Bonne auberge, bonnes gens, bonne nuit et bon marché.

L INONDATION

NEUVIÈME JOURNÉE

Le temps aujourd'hui est froid et incertain; beau, néanmoins, en comparaison des temps que nous avons eus depuis Faido. Après avoir pris congé de notre bonne grosse hôtesse et des braves gens qui l'ont aidée à nous traiter si bien et si affectueusement, nous nous enfonçons dans la vallée, en remontant la Mœsa, qui coule à notre droite. Le pays est admirablement boisé, mais désert; les montagnes immenses, très rapprochées, verdoyantes de leur base à leur cime, autour de laquelle flottent avec vitesse de diaphanes nuées.

A une lieue de Lostallo, nous trouvons l'inspecteur, qui nous attend debout au milieu d'un chaos de rocs et de graviers parmi lesquels serpente un long bout de route neuve. Dans un endroit, cette route neuve passe entre deux rocs énormes qui furent amenés là par l'inondation en 1834, ainsi que le marque une inscription gravée sur l'un des deux : « Vous voyez, dit l'inspecteur, c'est son chef-d'œuvre de 1834, la scélérate couvrit tout; il y avait un pont, là; la rusée est venue couler ici!... et puis, prête à recommencer! Mais nous allons faire le chemin là-haut dans le roc, et puis bonjour! Elle ne viendra pas l'y chercher! » Et le bon inspecteur triomphe à l'avance. Puisse-t-il vivre assez longtemps pour voir la fée sous ses pieds et de l'eau sous tous ses ponts!

Quelle singulière chose pourtant que cet homme qui, seul, dans cette vallée déserte, trouve moyen d'y avoir un intérêt, un sentiment, une passion; qui, sans cesse en présence d'un adversaire redoutable, sans cesse le combat ouvertement ou le déjoue par ses ruses, ou médite sur la façon de lui échapper tout à fait!

Quel cauchemar aussi que l'idée de deux ennemis qui peuvent lutter éternellement sans pouvoir jamais ni se vaincre ni s'ôter la vie!

Une lieue plus loin, nous passons devant les pittoresques ruines du château de Misocco. Ce site est célèbre, nous en donnons le dessin. A un quart d'heure du château est le village du même nom, où nous entrons haletants, affamés, et d'un saut nous sommes à l'auberge. Ici encore il y a une sœur Barbieri, monumentale dans sa rotondité, et bonne femme, nous aimons à le croire ; mais elle est mariée au plus fieffé beau diseur, au plus impudent écorcheur que nous ayons encore rencontré. C'est à lui que nous avons affaire.

Ce charmant homme nous accueille délicieusement. Il est tout à tous. Il sympathise avec toutes nos envies, avec tous nos goûts. Il chérit chacune de nos patries ; il approuve chacun de nos projets : « Votre voyage est bien combiné. — La Via Mala ! c'est romantique ; toujours je m'y arrête à cause du sublime ! Annibal y a passé, et Rhœtus aussi, notre fondateur ! Ces petits jeunes hommes ont de l'appétit ! C'est bien, j'aime bien voir qu'on mange bien. Mangez, mangez, mon ami !... » On ne demanderait pas mieux ; mais en même temps qu'il nous entretient si gracieusement, ce drôle nous affame en règle. Un peu de café, mais pas de lait ; des œufs, mais fétides... Il poursuit : « Genève ! une belle ville, vraiment ! j'y ai été. Vous avez là le lac, et puis du commerce beaucoup. Ville riche, ville plaisante à voir ! (Au garçon :) Ne vois-tu pas qu'il n'y a plus d'eau là-bas ! De l'eau, imbécile !... Excusez, messieurs, ça est si bête, que ça vous laisserait manquer de tout... Voilà, voici de l'eau, buvez, mon petit ami. Fait soif dans les voyages, pas vrai ?... Belle jeunesse que vous avez là... »

Cependant toute cette jeunesse a les dents longues. On prend patience pourtant, M. Töpffer surtout, qui pense que ces gens font *comme ils peuvent*, à la façon de *Barbieri, mon ami*, et qu'après tout, si la pitance est maigre, la dépense sera minime. Pour s'en assurer, il demande la note. En ce moment, l'hôte disparaît, et nous n'avons plus affaire qu'à ce Samoyède de garçon, qui nous apporte un chiffre scandaleux de trois francs par tête! « Où est l'hôte? » Pour toute réponse, le garçon disparaît à son tour, et nous ne voyons plus personne. M. Töpffer crie, appelle; le Samoyède revient terrifié... « Où est l'hôte? je ne payerai qu'à lui; conduisez-moi vers lui. » Alors le Samoyède fait circuler M. Töpffer dans les chambres, dans les cuisines, jusqu'à ce que, rencontrant un manant qui dort à côté d'une bouteille vide, il le réveille en disant : « Le voilà! » et il s'enfuit. Le manant se lève, M. Töpffer l'envoie promener, et le pauvre diable se rassied sans comprendre comment, ni qui, ni quel, ni pourquoi.

Cependant l'hôte, après avoir dit à son Samoyède : « Tu demanderas tant, et que je n'aie aucun désagrément, ou bien je te rosse! » s'est réfugié sur la grande place, devant l'auberge, où il converse agréablement avec les étrangers réunis sur le balcon d'une maison voisine. Il leur explique les beautés du pays et les charmes de la chose, lorsque arrive M. Töpffer, qui dit d'une voix retentissante : « Monsieur l'hôte, quand on écorche le monde, il faut savoir écouter les cris de ses victimes. » Décontenancé par cette apostrophe infiniment déplacée, l'hôte se hâte de rentrer dans son antre, invitant M. Töpffer à l'y suivre, pour s'expliquer loin du monde et du bruit. « Non, non, monsieur, lui crie M. Töpffer, c'est ici, sur la place publique, par-devant ces messieurs et ces dames qu'il convient de dire que vous nous avez affamés pour nous

voler ensuite... C'est par-devant ces messieurs et ces dames qu'il convient que vous receviez les trois francs par tête que vous réclamez pour vos œufs gâtés... Je les pose par-devant ces messieurs et ces dames, sur cette pierre, où vous viendrez les chercher par-devant ces dames et ces messieurs. » Et M. Töpffer continue de parler haut et franc, à la façon de Simon de Nantua, tandis que l'hôte, l'hôtesse, les Samoyèdes et toute la bande, du fond de leur trou, tâchent de l'apaiser du signe, de la voix du sourire, et le supplient de finir cette scène si pénible, qui divertit infiniment trop les étrangers sur le balcon.

Au delà de Misocco, la route monte beaucoup, et le pays devient de plus en plus sauvage. On fait par-ci par-là des spéculations plus ou moins fortunées ; une entre autres, où il faut se faire un pont (pont aux ânes) d'une vieille rigole de moulin. Plusieurs, qui n'ont pas la tête forte, funambulisent à regret, et parmi eux le voyageur Harrison, toujours malheureux en spéculations et toujours entraîné à en faire. Après quelques heures de marche, on atteint au plateau qui forme la base du Saint-Bernardin. Nous y faisons une buvette, et nous apprenons à l'hôte, qui est tout émerveillé de tant d'appétit, que si nous sommes voraces, c'est pour avoir déjeuné chez son confrère de Misocco. Le bonhomme sourit. On voit qu'il est habitué à ne voir venir de ce côté que faims canines et bourses délabrées. Il nous conte que l'on dévalise de temps en temps, et que l'on tue quelquefois sur le col que nous allons passer, et il nous donne son fils pour nous accompagner jusqu'au sommet. Le temps s'est éclairci, mais le froid est glacial.

Nous grimpons en compagnie de deux botanistes silencieux, uniquement attentifs aux herbes. On atteint la région des ambresailles, ou plusieurs achèvent de déjeuner, se mêlant à d'innombrables moutons qui déjeunent aussi par là, sous la conduite d'un pâtre sauvage dont la figure et l'accoutrement sont admirables de caractère alpestre. Le ciel s'est découvert; de toutes parts se montrent d'innombrables cimes, les unes d'un bleu pur et sévère, les autres empourprées des rayons du soleil couchant. A notre droite, la pyramide majestueuse du Saint-Bernardin semble nous écraser de sa menaçante grandeur; vers le sommet toute végétation disparaît, on ne voit plus que d'admirables rocs tapissés de lichen vert qui encaissent un lac parsemé d'îles. Ce col est plus sauvage que celui du Saint-Gothard. Il n'y a pas d'hospice, mais une petite maison qui est habitée pendant toute l'année.

La descente du côté de la Suisse est charmante, au moins si l'on prend par un sentier qui descend droit sur la sauvage gorge d'Interheim. C'est aussi une région d'ambresailles. Toute la pension broute, toutes les lèvres, toutes les mains sont violacées. A gauche, on voit un grand glacier d'où sort un bras du Rhin; en face, des pentes vertes, quelques sapins; à droite, au fond de la vallée, deux ou trois cabanes, et auprès la blanche église de ces pauvres montagnards. Tandis que le ciel est radieux encore d'azur et de lumière, nous sommes déjà enveloppés dans une ombre crépusculaire. On compte dix lieues de Lostallo à l'endroit où nous sommes; aussi, volontiers nous arrêterions-nous ici. Mais à Interheim il n'y a pas de ressources suffisantes; à Nusenen, une lieue plus loin, on ne nous veut pas : nous poussons donc jusqu'à Splügen, où ce n'est pas sans peine que nous trouvons place. Toutes les auberges, en effet, sont encombrées d'ambassadeurs, de comtes et de barons qui se rendent à Milan pour assister au couronnement du vice-roi. Pendant deux jours encore, nous aurons à lutter contre ce couronnement et contre ces comtes et barons qui tournent la tête de tous les aubergistes et leur font prendre en dédain tout ce qui ne couronne ni ne baronne. Néanmoins, nous trouvons moyen de faire ici un repas gigantesque ! et jamais soupe brillante ne délecta plus vivement des voyageurs transis. Pendant le banquet, une pendule de la Forêt-Noire joue des airs, c'est charmant ; mais voici qu'on ne peut plus l'arrêter ni changer d'air, et nous sommes submergés, noyés dans l'inextinguible charme d'une ritournelle éternellement renaissante.

LES TOURISTES DE LA VIA MALA

DIXIÈME ET ONZIÈME JOURNÉES

Le ciel est encore nuageux et le froid est aussi intense qu'hier; de plus, le café est une pure décoction de chicorée, et la pendule joue toujours ce même air. Les auberges versent de toutes parts leurs comtes et barons dans des chaises de poste qui s'acheminent aussitôt vers le couronnement (la *coronation*, comme dit Harrison). Au bruit de la serinette et avec accompagnement de grelots, M. Töpffer donne lecture de quelques pages de notre itinéraire; c'est afin de rectifier les idées un peu fabuleuses que quelques-uns de nous se font de la Via Mala, où nous devons entrer aujourd'hui, comme aussi afin d'apprendre à plusieurs, qui pourraient ne s'en apercevoir pas, que nous allons voir des merveilles vraiment fabuleuses.

Nous laissons ici sur la droite le passage du Splügen, plus célèbre et bien plus fréquenté que celui du Saint-Bernardin. Il nous arrive des hauteurs un froid pénétrant contre lequel ni la marche ni le sac ne peuvent rien ; tous les doigts sont gelés, tous les nez violets, toutes les mâchoires grelottantes. Heureusement, voici un vallon où sont des forges, et un monsieur fort poli qui nous offre de visiter les travaux. On accepte bien vite, et nous voilà devant la flamme des fourneaux, qui y grillons avec volupté nos pauvres membres, tandis que le bon monsieur explique en détail les ressources de la mine, les qualités du minerai et mille autres choses qui, on peut le dire, tirent de la situation surtout un intérêt tout particulier. Ce monsieur est Milanais, tous les ouvriers sont Bergamasques. Il arrive au printemps avec ses hommes, pour repasser les Alpes en automne avec eux. A mesure que ces cyclopes ont brûlé toutes les forêts d'un canton, ils vont dans un autre : chose affreuse ! pittoresquement parlant, mais dont, pour l'heure, il ne nous appartient pas de nous plaindre.

Ainsi réchauffés, nous nous remettons en route. Le chemin est partout bordé de fraises, de framboises, d'ambresailles ; aussi il se fait des récoltes miraculeuses, et une foule d'obligeants picoreurs conspirent contre le régime sévère que le chef s'est imposé en lui offrant d'irrésistibles bouquets de fraises impitoyables. M. Töpffer résiste à chacun, les accepte tous, les mange en protestant, et rend responsable des suites chacun des malicieux donateurs. La pluie nous visite encore, et puis le soleil, et puis de nouveau une abondante averse au moment où nous arrivons dans le bourg d'Andeer. On se tire d'affaire en entrant à l'auberge, où une buvette nous est servie. Tout ici est en pleine *coronation;* on n'entend que grelots et postillons, on ne voit que duchesses transies et barons couverts de crachats.

C'est au delà d'Andeer que s'ouvre le fameux défilé de la Via Mala. Avant d'y arriver, nous cheminons avec un bonhomme de figure respectable, vêtu de noir, et qui fume avec solennité une énorme pipe; c'est le pasteur de l'endroit; il conte de son église des choses curieuses, et il nous invite à nous détourner un peu de notre route pour la visiter. La proposition est acceptée, et aussitôt, transformés en antiquaires, nous allons admirer au fond de la vallée un temple dont la construction remonte au xiiie siècle; à l'intérieur sont des peintures du même temps, extrêmement gothiques, barbares et intéressantes à la fois, qui représentent toutes les histoires de la Bible; la chaire est un autre morceau d'antiquité, et la clepsydre aussi, dont l'usage s'est conservé dans ces églises de montagne. Malheureusement il n'y a pas ici comme dans les usines une belle flamme qui réchauffe; le froid nous oblige bientôt à prendre congé du bon pasteur.

Il est difficile de donner une idée des beautés horribles de la Via Mala. Ce défilé célèbre se com-

pose de deux gorges étroites, ou plutôt de deux
profondes fissures, au fond desquelles mugit le
Rhin, et que sépare l'une de l'autre une petite vallée
paisible, verdoyante, et placée là comme pour
donner au voyageur les plus vives impressions du
contraste. Dans cette fissure, la route serpente,
tantôt serrée contre les parois du rocher, tantôt
jetée au-dessus d'un abîme ténébreux dont le fond
échappe au regard, et d'où, en quelques endroits,
le bruit même du fleuve, qui s'y tourmente et s'y
brise, n'arrive pas jusqu'à l'oreille. De magnifiques
arbres s'élancent de tous les points où il y a un peu
de terre, et la gorge est si resserrée, qu'ils forment
de leurs cimes qui se rejoignent, de leurs branches
qui s'entre-croisent, comme des dômes transparents
qui ne laissent passer qu'un pâle reflet de lumière.
Un peu plus loin, tout est pierre noire, lueur
souterraine, et au silence succède un fracas infernal
d'eaux invisibles qui bondissent, déchirent et
opposent fureurs à fureurs; il semble qu'on soit à
mille lieues du monde et des hommes, et l'on ne
peut se défendre d'une secrète horreur. Nous trouvons assise au plus épouvantable endroit une
élégante société de touristes. Messieurs et dames,
jeunes et vieux, gardent le silence et l'immobilité;
à peine nous voient-ils passer à côté d'eux, absorbés
qu'ils sont dans l'impression de cette scène tumul-
tueuse et sublime. Une dame pourtant secoue
l'impression pour parler au voyageur Percy, si
connu, ainsi que nous l'avons déjà remarqué, dans

l'ancien comme dans le nouveau monde; c'est, certes, passer du grandiose au microscopique.

Au sortir de la seconde gorge, on passe au pied d'une paroi de rochers au-dessus de laquelle on voit les ruines du château de Rhœtus, celui que l'hôte de Misocco appelait *notre fondateur*, c'est-à-dire le fondateur des hôtels mielleux et rapaces. Aussitôt qu'on a dépassé ce rocher, la vallée s'ouvre fertile, cultivée, verdoyante, et le passage est subit du Tartare aux Champs Élysées. Le bourg de Tusis s'élève au sortir de la Via Mala : c'est là que nous allons chercher un gîte et passer la nuit.

De Tusis, nous nous acheminons sur Coire par un temps douteux toujours, mais en attendant fort joli. Le ciel est caché par des nuées légères qui forment comme un dais transparent derrière lequel on sent resplendir le soleil. Cette transparence semble s'être communiquée aux montagnes, qui paraissent aériennes, diaphanes, étalant à la fraîcheur matinale leurs verdoyantes croupes, d'où s'élèvent çà et là de grises vapeurs qui se déchirent, s'espacent et se dissipent insensiblement.

Les paysages des Grisons sont sévères et fortement caractérisés ; ce sont de hautes vallées, larges, vertes, plutôt paisibles que riantes, encaissées entre deux lignes de montagnes vertes aussi et boisées, tantôt jusqu'à la cime, tantôt jusqu'aux rocs ardus qui en couronnent le sommet. De toutes parts les couleurs sont d'une crudité harmonieuse, d'un éclat austère, dont les colorieurs des marchands de vues ne nous donnent que l'indigne caricature. Comme tant d'autres, cette partie de la Suisse est demeurée injustement en dehors du domaine de l'art.

A Reichenau, l'endroit où jadis Louis-Philippe fut maître d'école, les deux Rhins, supérieur et inférieur, se joignent pour couler désormais ensemble. Ces deux fleuves arrivent presque directement l'un contre l'autre, et il est curieux de voir par quels détours et quelles précautions naturelles il arrive que cette rencontre se fait à l'amiable. On dirait deux puissants personnages qui, se sentant fiers et susceptibles, composent leurs mouvements et dissimulent les exigences de l'amour-propre sous les dehors d'une infinie civilité.

A une lieue de Reichenau, qui est un magnifique village, on entre dans la vallée de Coire, aussi verte et plus riante que celle d'où nous sortons. On voit, au pied des montagnes, les clochers de cette petite capitale reluire au soleil, et l'approche des joies de la civilisation nous porte à hâter le pas, lorsqu'un petit drôle nous propose soudainement de lui acheter des prunes qu'il cueillera sous nos yeux. Oh hé! que faire? On entre dans le verger et l'on mange des prunes; c'est tout simple.

Coire nous plaît infiniment, d'autant plus que nous y arrivons éreintés, salis de boue et de poussière, pour nous y délasser et nous y blanchir. A peine descendus à l'hôtel, nous procédons à une toilette générale; c'est la première fois depuis notre départ de Genève, et nous sortons éclatants de linge, de gants, de souliers lustrés : c'est à éblouir les regards surtout les nôtres, accoutumés à reposer sur les blouses modestes de camarades rougis par les fresques ou verdis par les gazons.

En attendant le dîner, qui, s'il était prêt, nous serait antiquité, curiosité, arsenal et musée, nous allons voir les choses remarquables de l'endroit, à commencer par le grand café, où nous demandons des glaces, et où l'on nous offre de l'eau-de-vie ou bien de la bière, les deux seuls rafraîchissements en usage dans l'établissement. De là nous passons à la cathédrale, où se voient, tant en reliques qu'en tableaux et en architecture, des choses extrêmement curieuses et intéressantes. Notre cicerone parle beaucoup d'un Anglais nommé Lucius, qui vint avec sa sœur apporter le christianisme dans les Grisons, et en preuve il nous montre le buste de Lucius et la grotte où il habita. Nous ne contestons sur rien; mais, de crainte d'en venir à nous manger les uns les autres, nous plantons là toutes curiosités pour courir du côté du dîner. En courant, nous nous perdons; on se sépare, on rebrousse, on se dissémine, et puis il se trouve qu'au moment où le souper entre, tous se retrouvent autour de la table. Mais quel dîner! tout à souhait, et des hôtes qui se font une gloire de notre appétit, une joie de ce que nous avalons tout, un devoir de rapporter des poulets à mesure que les poulets disparaissent. Il y a dans la salle un excellent piano; au dessert, Blockmann va s'y placer, et la soirée s'écoule en musicales jouissances, chacun écoutant à deux oreilles, tout en reposant de tous les membres.

AUCUN NE SE PERD, TOUS LES CHEMINS
MENANT A LA SALLE A MANGER

DOUZIÈME JOURNÉE

Nous nous levons de bonne heure afin de ne pas partir tard; mais notre linge, envoyé la veille au blanchissage, n'arrive pas. On déjeune, on fait de la musique, on écrit des lettres, on flâne jusque vers dix heures qu'arrive la blanchisseuse éplorée. Hélas! elle a pleuré sur nos chemises, car tout est mouillé, sortant de l'eau, et, n'était l'évidente affliction de cette pauvre femme, elle aurait à essuyer vingt et une apostrophes de toute colère... M. Töpffer distribue à chacun son paquet, ou plutôt son éponge gonflée d'eau, et chacun va le mettre en presse dans son havresac. Pendant ce temps, la pluie s'apprête, afin que nous ne manquions pas d'eau, comme disait l'hôte de Misocco.

Les sacs faits, nous nous remettons en route, et tout aussitôt les nuages crèvent sur nos têtes, ce qui n'empêche pas que le pays ne nous semble fort joli. Un pont couvert se présente, et l'on y fait halte au sec. C'est alors qu'un petit bonhomme demandant l'aumône, M. Töpffer lui offre du tabac; l'enfant insiste... *Abdericaramachatavaradaltach! Patarachkitawdrabramatanaramach!* s'écrie M. Töpffer. L'enfant est déjà à trois portées de fusil, fuyant à toutes jambes; en général, ce procédé réussit parfaitement si l'on y met l'aplomb et la solennité nécessaires.

La pluie ne voulant pas cesser, on quitte le pont couvert pour atteindre bientôt le Rhin, que l'on passe sur un pont découvert, au bout duquel est une auberge couverte... A cette vue... à cet aspect... mais la bourse ne veut pas, et puis elle veut un peu, et puis elle veut tout à fait, et on entre. Pains et fromages sont servis. Au bout d'un quart d'heure, la société manifestant quelque désir de connaître ce qu'elle a bien pu avaler de gros petits pains frais d'une demi-livre durant cet espace de quinze minutes, il lui est révélé qu'elle est au soixante-cinquième gros petit pain frais. Deux dames, dont l'une remarquablement belle, qui nous servent, éprouvent un étonnement prodigieux, et nul doute qu'elles éclateraient de rire, si ce n'était que, hôtesses, elles respectent leurs hôtes. Du reste, il faut observer ici deux choses : c'est que la pluie affame en général, et que, depuis ce fatal déjeuner de Misocco en particulier, nous n'avons jamais pu combler le vide qu'il a laissé dans nos estomacs; encore à l'heure qu'il est, le rassasiement n'est pas venu.

Nous quittons cette auberge, si peu attristés par les pluies du ciel, que nos chants et nos cris de joie épouvantent deux pauvres pèlerins mendiants. Ces braves gens allaient nous demander l'aumône, lorsque, nous entendant crier à tue-tête et tous à la fois : *Chose également périlleuse, soit qu'il dit la vérité, soit qu'il dit un mensonge!* Ils s'arrêtent, puis se

jettent de côté, puis ils fuient dans une prairie. Et c'est vrai qu'il n'est pas ordinaire de rencontrer vingt et une personnes qui se promènent par la pluie, en criant à l'une d'elles : *Chose également périlleuse, soit qu'il dit la vérité, soit qu'il dit un mensonge!* C'est là un sobriquet, comme on le verra en son lieu.

On arrive à Ragatz. C'est ici qu'il faudrait quitter la grande route pour faire une excursion aux bains de Pfeffers; mais le temps est trop mauvais pour y songer : on poursuit donc. Nous croisons beaucoup de soldats qui reviennent d'un tir ou d'une revue, les uns fort avinés, les autres portant parapluie. Plus loin, c'est une grande voiture de *coronation*, avec le plus beau nègre possible sur le siège. Déjà le ciel est noir, la montagne violette, la verdure bleue. A cette apparition de nègre, on est tenté de se pincer les côtes pour s'assurer qu'on ne rêve pas.

C'est sur Sargans que nous marchons, au travers d'un marécage, et rincés jusqu'à la moelle. On y arrive enfin, et c'est délicieux; délicieux d'arriver, délicieux de se changer, délicieux de fréquenter le clair feu du foyer. L'auberge est à nous tout entière : les hôtes sont d'excellentes gens. Nous nous sommes amusés comme des compères, et nous allons souper comme des rois.

LANDSGEMEINDE A WESEN

TREIZIÈME JOURNÉE

Durant toute la nuit, le déluge a continué; au lever, c'est déluge encore; déjà il est question de coloniser, quand la pluie cesse subitement, et l'on se hasarde à partir. Cependant les nuées s'élèvent, on signale un trou bleu dans le ciel; voici un rayon de soleil qui dore une forêt, et enfin un temps radieux qui s'établit. C'est fort agréable pour tout le monde, mais pour nous quelle prospérité! sans compter que ceci nous permet d'arriver à Wallenstadt avant le départ du bateau à vapeur. Chemin faisant, nous voyons deux nids de cigognes posés sur des clochers; c'est un spectacle nouveau pour la plupart d'entre nous. Arrivés à Wallenstadt, nous allons nous poser sur le bateau.

Sur le bateau, il n'y a encore qu'un capucin et une voiture vide. Mais un soleil admirable se joint à la chaleur de la cheminée pour achever le desséchement de la caravane, qui est encore fortement imbibée. C'est pendant qu'elle jouit de ces douceurs qu'arrive un homme essoufflé ; cet homme essoufflé tient un paquet blanc ; ce paquet blanc, c'est la chemise de Sterling, grand semeur de crayons et de paires de bas ; la chemise est rendue, et l'homme reprend haleine.

Des étrangers, selon la coutume, attirent un des myrmidons de la troupe pour savoir un peu de lui qui nous sommes, pourquoi tant de monde, et pourquoi cette chemise. Ils s'adressent au particulier Percy, qui, interrogé sur ce qu'il a vu de curieux, répond laconiquement : « Une église avec une cigogne. » D'autres Anglais aussi, entretiennent mystérieusement le voyageur Broadly, et sans un vieux monsieur qui nous aborde avec une affectueuse bonhomie, tout, grâce au décorum, serait mystérieux sur le bateau. Vive le décorum !

Le lac de Wallenstadt est charmant, encaissé, bleu, agreste et assez petit pour qu'on jouisse partout de la vue entière du pourtour ; toutefois il nous paraît moins sauvage que celui des Quatre-Cantons, et pittoresquement parlant, bien inférieur. Après trois quarts d'heure de navigation, on débarque fort proprement à Wesen, où l'on a le choix de descendre la Linth pour gagner les plaines du canton de Zurich, ou de remonter les bords de ce canal pour s'enfoncer dans les gorges de Glaris. A peine débarqués, M. Töpffer annonce la nécessité de tenir une landsgemeinde pour voter sur ce choix. Aussitôt le peuple souverain s'étend sur le gazon, et il est voté tout d'une voix qu'on ira à Glaris, puisque, pour y aller, on voit en passant le champ de bataille de Naëfels.

Les travaux de M. Escher sur la Linth sont connus. Vraie et bonne célébrité que celle de ce digne monsieur ! Grâce à lui, le torrent dévastateur suit tout tranquillement son chemin, et les plaines sur lesquelles il déversait les marécages et la fièvre sont couvertes de riches prairies où travaillent des laboureurs sains et robustes.

Il y a un monument à Naëfels, nous dit-on ; nous le cherchons de nos quarante-deux yeux... enfin on le trouve : c'est un bel obélisque rouge. Et puis, malheureusement, l'obélisque se trouve être la cheminée d'une filature. Toute cette plaine de Naëfels est remplie de fabriques, et il n'y a rien qui calme les imaginations comme les fabriques.

La position de Glaris est très originale : c'est une grosse bourgade très industrieuse, coupée par des cours d'eau, et espacée sur des pâturages qui tapissent le fond d'un entonnoir formé par des montagnes d'une immense hauteur. Nous tournoyons en spirale pour arriver au fond du pays, dans une grande rue fort gaie où est notre auberge. Il est entendu que nous y coloniserons le reste de ce jour. Pendant que le dîner se prépare, les uns vont voir, les autres se montrer ; le voyageur Régnier, expert en carabine, se rend au tir, et n'en revient pas sans gloire.

Mais ce qui est « toujours divers, toujours nouveau », c'est le dîner. Encore ici nos hôtes, excellentes gens, n'ont d'autre chose en vue que celle de nous régaler, et ils s'aperçoivent bientôt que c'est facile, toute espèce de victuaille étant précieuse à nos estomacs, toujours bramants depuis cette famine de Misocco. Ils nous bourrent de chamois; et, bourrés que nous sommes, nous allons encore chercher le dessert chez le confiseur de l'endroit. Cet homme fabrique de grands gâteaux de raisins d'un pied de diamètre. M. Töpffer, voulant se signaler par une action d'éclat, en emplète vingt, et en fait une offrande immédiate. Après la distribution vient incontinent l'absorption. Alors le marchand doute de ce qu'il voit, et la population des gamins de Glaris s'attroupe pour nous voir faire. Un peu de honte est bientôt passé.

C'est durant notre dîner de Glaris que ce sont agitées de hautes questions de linguistique. Faites vivre vingt hommes en colonie séparée, l'idiome qu'ils ont emporté avec eux va bientôt se modifier, et tantôt s'enrichir de mots, tantôt donner aux mots reçus des acceptions nouvelles, en telle sorte qu'on en est à se demander pourquoi les savants prennent tant de peine pour expliquer théoriquement et par conjectures la formation du langage. Que ne viennent-il voyager avec nous! en six jours ils auraient vu poindre et croître une langue nouvelle ; en un jour, ils auraient vu disparaître tous les noms propres de la troupe pour faire place à cinquante appellations nouvelles, quelques-unes folles, toutes vivantes et caractéristiques pour ceux qui les emploient.

Ils auraient compris que tous leurs efforts pour fixer une langue vont à contresens de la vie du style, que les langues fixées sont des langues languissantes et malades, que les langues arrêtées sont des langues mourantes ou mortes.

Ils auraient compris pourquoi les poésies primitives, qui précèdent tous les dictionnaires, sont les seules éclatantes de couleur, et pourquoi les poésies civilisées sont des ramassis de couleurs ternes et de lambeaux qui ont vécu.

Ils auraient compris qu'autre chose est, pour l'agrément des gens, le changement, le renouvellement des idiomes laissés à eux-mêmes, autre chose la combinaison sempiternelle des mêmes éléments classés et étiquetés par les experts.

Ils auraient compris qu'aucune langue n'est obscure pour ceux qui la font, si ignares soient-ils, et que beaucoup de langues deviennent louches à cause des doctes qui les nettoient, les blutent, les éclaircissent, et substituent leurs savants arrêts aux clartés du sens commun.

Ils auraient compris que le libre effort des gens qui sentent et qui n'aspirent qu'à s'exprimer est tout autrement fécond pour enrichir et animer la langue, que le laborieux effort des grammairiens de profession qui n'aspirent qu'à grammatiser.

Ils auraient compris qu'en fait d'idiome, la métaphysique des savants est une ânerie en comparaison de la métaphysique des simples; que parler n'est pas une science, mais un développement de notre nature, un besoin et un plaisir de notre âme, un exercice aussi charmant que facile, avant qu'on en eût fait une escrime apprêtée et conventionnelle.

Et tout ceci à propos du dîner de Glaris, où nous avons mangé du chamois. Tout en mangeant du chamois, l'argot de voyage va son train, et M. Töpffer fait la réflexion que le diable n'y comprendrait rien, à moins d'être des nôtres. A ce propos, il s'occupe des noms propres, et, émerveillé de voir combien le nombre s'en est accru, il invite chacun à déclarer les différentes appellations sous lesquelles il est connu, auxquelles il répond, et qui sont nées depuis treize jours que nous sommes en route. Voici le résumé de ce travail :

NOM RÉEL
INSCRIT A L'ÉTAT CIVIL

BLANCHARD, dit *Blanc-bec,* par accaparement d'un terme tout forgé; *Blanc de Nîmes,* c'est sa patrie; *Gouire,* source inconnue.

PERCY, dit *Tirets,* à cause de certains caprices champêtres; *Nègre,* sa peau ne rappelle pas le lis; *Négrillon,* sa taille ne rappelle pas Goliath; *Blanc et Noir,* il est le coucheur de Blanchard; *Milord,* sa vaste tenue; *Élisabeth,* du nom de la dame rencontrée à la Furca; *Virgule,* sa taille encore.

HARRISON, dit *Bill,* corruption de William; *Belly,* même origine; *Constable,* allusion malicieuse; *Guernesey,* de même; *Marchand d'allumettes,* source inconnue; *Matelot,* aime le hareng.

Adolphe,	dit *Lièvre*, dort les yeux ouverts; *Coco*, le préféré de Harrison.
Arthur,	dit *Major Buisson*, cheveux touffus et buissonneux; *Thi*, abrégé d'Arthur; *Potbellied*, vaste panse; *Gomme élastique*, appétit vorace et estomac à volonté.
Auguste,	dit *Calier*, source inconnue; *Cuisinier*, source inconnue; *Émilie*, idem; *Chapeau blanc*, pour s'être coiffé d'un chapeau retourné; *Douce Émilie*, perfectionné par Harrison.
Borodinos,	dit *Philosophe*, à cause de sa tenue péripatétique; *Chérubin*, source inconnue; *Séraphin*, idem; *Guigui*, abrégé de Borodinos, selon Verret.
Gervais,	dit *Samson*, la force du personnage; *Gégé*, abrégé de Gervais.
Zanta,	dit *Lisette*, pour avoir conduit l'un des chars à Tournemagne en usant et abusant de : Yu, Lisette; *Za*, abrégé de Zanta; *Moucha*, de sa façon de dire : Mon cher; *Titecuyer*, abrégé de petit écuyer.
Blockmann,	dit *Picandole*, abrégé de Pic de la Mirandole, allusion flatteuse.
Sterling,	dit *Gdègdègdègdé*, allusion à son accent rapide et gdègdègdè.
Bryan,	dit *Américain sauvage*, de ce vers de Voltaire, appris en rhétorique : « L'Américain farouche est un monstre sauvage; » *Oiseleur*, de ses instincts chasseurs.
Dussaut,	dit *Pilote*, pour avoir lu, relu et surlu *le Pilote*; *Mamelin*, abrégé de madame Hamelin, hérité de son frère.
Murray,	dit *Rascal*, terme honorifique; *Petit Bonhomme*, sa taille, prononciation anglaise; *Virgule*, son exiguïté.
Verret,	dit *Chose également périlleuse, soit qu'il dît la vérité, soit qu'il dît un mensonge*, ressouvenir d'une phrase de Tacite laborieusement traduite et répétée en classe; *Madame Pannonie*, allusion à un quiproquo d'école; *Tambour-major*, à cause de sa canne et d'un

balancement militaire ; *Douglas,* source inconnue ; *Chapitre,* autre ressouvenir du même labeur sur Tacite ; *Petit paquet,* allusion au ficelage du sac.

FRANKTHAL, dit *H'alémand,* Allemand ; *Boule carrée,* triangle à quatre côtés.

RÉGNIER, dit *Rignolet,* agréable diminutif ; *Carabinier,* de sa présence au tir de Glaris.

BROADLY, dit *Bricelet,* diminutif sucré ; *Pot-stick,* allusion à ses jambes ; *Jérémie,* à ses infortunes.

Ce sont soixante noms propres de nouvelle formation, répartis entre dix-huit individus, jouissant déjà chacun d'un nom propre suffisant. Nous nous bornons à constater le fait, en publiant, ce qui n'a probablement jamais été fait, un document de cette sorte. Nous pourrions le rendre plus complet ; nous pourrions aussi faire remarquer dans ces noms le germe d'expressions génériques et de noms communs ; mais c'est assez, et trop déjà, pour l'amusement de nos lecteurs.

Nous faisons à Glaris la promenade du soir (à l'instar de la famille Crépin), et au retour nous trouvons la table que nous avons occupée entièrement recrutée d'arrivants qui soupent aux lumières. Parmi ces arrivants, M. Töpffer a la joie de trouver deux anciens élèves sortis de ses mains depuis dix ans : MM. Hulton, deux Anglais, deux frères, Arthur et James, dont le nom figure dans nos anciennes relations de voyage, et auxquels il est fait allusion dans le commencement de celle-ci.

DÉPART POUR LE BRAGUEL

QUATORZIÈME ET QUINZIÈME JOURNÉES

Il s'agit de marcher sur Schwitz en escaladant le Braguel. C'est un passage laborieux, peu fréquenté, sans ressources d'auberge, brioches ou autres rafraîchissements; aussi M. Töpffer fait-il au départ une distribution de pains. On perce ces pains, on y passe une ficelle, et on les porte gracieusement suspendus au côté, en façon d'yatagan.

Nous emmenons aussi un guide et sa jument. La jument n'a rien de particulier, mais le guide se trouve être une sorte d'animal sauvage qui brusque sans cesse, ne guide pas du tout, parle un langage totalement inconnu, et vise à gagner ses cinq thalers sans que ni lui ni sa jument fassent rien pour notre service. Jamais plus brutal Caraïbe ne se mêla de conduire les gens.

Le temps est magnifique. Du fond de l'entonnoir, nous nous élevons vers une fissure qui s'ouvre au pied du Glarnisch; et là, tournant à gauche, nous perdons de vue les blanches maisons de Glaris pour entrer dans la haute vallée de Kloenthal. Rien de plus sauvage, de plus solitaire que cette petite vallée sans habitants, dont le fond est rempli par un lac où se reflètent, en teintes pures et sombres, les rochers et les forêts entre lesquels il est profondément encaissé. Un naturel qui grimpe avec nous nous donne des détails curieux sur la nomenclature des différentes sortes de pâturages que nous avons sous les yeux. Nous sommes sur un *Alp :* c'est la première région des herbages, répartie entre des propriétaires et où le foin se coupe et se récolte. Au-dessus sont les *Montagnes*, propriétés particulières aussi, où l'on envoie les bestiaux se nourrir sur le fonds. Enfin, plus haut, et dans les endroits du plus difficile accès, sont les *Wildheyet,* gazons sauvages, propriétés communales où tous ont droit, et où quelques misérables herbes sont quelquefois, de commune à commune, l'occasion de rixes sérieuses. Du reste, bois et herbes, quelle que soit la difficulté des lieux, sont exploités scrupuleusement par l'avarice ou par la misère, et dans ces immenses solitudes, toutes hérissées d'escarpements et de précipices effroyables, rien ne se perd. Pour les bois, par exemple, un homme attaché à une corde, ou qui se laisse couler le long d'une perche retenue au rocher par un crochet, descend dans les couloirs, pénètre dans les anfractuosités, et s'en va abattre un arbre qui a crû au-dessus de l'abîme, dans la fissure d'une paroi ou sur la saillie d'une étroite corniche.

Une élégante société de touristes monte derrière nous, et nous rejoint auprès d'un chalet où nous achetons du fromage et de la crème pour tremper notre pain dans la sauce. L'endroit est magnifique et le fromage détestable, sans compter une vache qui se met à lécher l'habit de M. Henri. La société élégante, bien fournie en gigots et volailles, bivouaque à distance, c'est ce qui empêche que nous partagions avec elle nos provisions. Ici, notre guide rit, s'emporte, se couche et se lève, sans qu'il nous soit permis de pénétrer le motif de ses fabuleux mouvements.

Le voyageur Harrison souffre du genou; c'est plus malsain encore que la migraine, lorsqu'il s'agit de passer une montagne. On lui cherche donc un cheval parmi ceux qui paissent alentour; sur ce cheval on ajuste une sorte de bât en bois; sur ce bât un sac, et sur ce sac, tout en haut, Harrison, qui s'équilibre comme il peut. Il trouve que son genou n'en souffre pas moins, tandis qu'un autre organe, qui goûtait fort l'autre façon d'aller, en souffre davantage. C'est égal, Harrison torque et rétorque comme ci-devant, et, de cette position élevée, il répond à tous et à chacun.

Au-dessus de la vallée de Kloenthal, le Braguel devient une montagne médiocrement belle. La végétation s'y rabougrit insensiblement, et l'on n'y échange pas, comme dans les montagnes plus élevées, ces beautés qu'on laisse derrière soi contre des beautés d'un autre genre. C'est que le sommet est justement placé à la hauteur des végétations rabougries ; point de glaces scintillantes, point de cascades, point de rocs hardis et sauvages ; on se croirait sur le Jura, qui, à sa sommité, présente ce même caractère. Notre Samoyède de guide nous fait ici reprendre nos sacs pour un moment, parce que, dit-il, le commencement de la descente est ardu ; et puis le bonhomme, ces choses dites, nous laisse prendre par la gauche, tandis qu'il prend par la droite, s'arrangeant ainsi de manière à ne nous plus revoir qu'à Schwitz, dans sept heures de temps. C'est de cette façon que nous payons cinq thalers pour que nos sacs soient portés... sur notre dos.

La société élégante se mêle ici avec la nôtre. On cause, on est réciproquement aimable et poli. Cependant un de ces messieurs qui voit que nous ne gambadons pas mal, malgré nos sacs, et que nous pourrions bien arriver à Schwitz avant lui et ces dames, se prend à craindre que la journée ne soit bien forte pour nous, et nous conseille de coucher à la Muotta. Ce monsieur s'y prend mal. Volontiers nous céderions à lui et à ces dames tout Schwitz, s'il nous en priait, et s'il y avait lieu ; mais en tirant ces arguments de nous et de notre propre avantage, il ne nous charme pas du tout. En tout temps la bonhomie, la cordialité, la franchise sont de toutes les finesses la plus fine, de toutes les ruses la meilleure.

En ce moment, nous voyons, de l'endroit où nous sommes assis, un pâtre qui chasse devant lui une brebis. Le pauvre animal, qui a une patte cassée, tombe à chaque instant. Ce spectacle nous fait une vive peine, et nous nous indignons un peu légère‑

ment contre ce pâtre. Sa misère veut que sa brebis arrive vivante à Schwitz, et sa misère aussi le condamne à l'y faire marcher, s'il n'aime mieux la porter sur son dos. C'est ce qu'il finit par faire, lorsque la pauvre bête ne peut plus se soute‑ nir. Cet homme ne mettait point d'inten‑ tion cruelle dans son acte, et le voici qui va porter soixante livres durant cinq heures. Réservons notre indignation pour une autre occasion.

Ce pâtre est jeune, et il porte le costume des mon‑ tagnards ; chargé de sa blanche brebis, il forme une de ces figures simples, nobles, pittoresques, où s'inspire un peintre et encore mieux un statuaire. Il n'y a pas que l'Italie qui ait ses pâtres et ses figures d'églogues : nos montagnes en recèlent de partout. Mais l'Italie a eu ses peintres; la Suisse alpestre attend encore les siens. Et de là la différence que l'opinion établit entre ces deux contrées sous le rapport de l'art.

Le revers du Braguel incline ses pentes sur la Muottathal, cette petite vallée dont le nom a récemment figuré dans les événements politiques de ce canton. Au sortir de la gazette, combien on est étonné de ne voir que des sapins, des moutons, des pâtres, au lieu d'orateurs et d'hommes politiques qu'on s'attend à rencontrer à chaque pas! Toutefois, il y a un beau couvent dans la Muottathal, et ce pourrait bien être là le nid des politiques du pays. Quoi qu'il en soit, les chemins sont affreux, si encore chemins il y a, car c'est dans une sorte de ruisseau, ou parmi des rocailles dans toute leur confusion primitive, que nous sommes appelés à cheminer. Nos touristes en sont à se demander pourquoi donc ils ont été se fourrer dans cette inextricable nature, et si ce n'est pas une dépravation du goût que de s'imposer, comme plaisirs purs et champêtres, des fatigues aussi colossales et des macadamisations si funestes pour les cors aux pieds. Quand à notre guide, il se prélasse, lui et sa bête, et peut-être lui sur sa bête, dans les douces prairies qui bordent l'autre côté du torrent.

A Muotta, la journée faite est déjà forte : nous marchons depuis dix heures de temps. Restent trois grandes lieues pour arriver à Schwitz; une canine faim nous ronge : on cherche, mais en vain, quelque victuaille dans cet endroit politique. A peine pouvons-nous trouver, et dans une seule maison, du vin, qui nous rend quelque vigueur. Le soleil est couché lorsque nous nous mettons en route par un clair crépuscule qui se change en ob-

scurité totale dans les bois et taillis. En approchant de a vallée de Schwitz, ces bois devien- nent épais. Nous mar- chons au ha- sard, guidés tantôt par le bruit du tor- rent, tantôt par les cris plain- tifs de l'essieu d'un chariot, tantôt enfin par un naturel qui vient nous secourir dans notre détresse. L'armée est entièrement débandée; plus de nouvelles des divisions. Quelques traînards, an- nihilés par l'épuisement, marchent uniquement parce que la chose se présente ainsi à leur esprit. A deux pas de Schwitz, en vue des lumières de l'auberge, cette arrière-garde fait halte sous le péristyle d'une

chapelle, et s'y étend de tout son long sur les dalles.
Et croit-on qu'elles lui paraissent dures, ces dalles?
C'est un cri général de voluptueux repos, de plaisir
indicible. Au midi, la lune se lève en ce moment,
et projette jusque sur nous ses rayons d'argent. Au
nord, et tout près, le souper s'apprête, le lit attend,
et aucune satisfaction n'est comparable en vivacité
à celle que nous goûtons étendus sur nos dalles.
Sans la faim, on y serait encore.

A Schwitz, tout est prêt, tout répond à notre
attente, tout comble nos vœux les plus chers.
L'avant-garde a tout réglé, commandé. On est glorieux, ravi, d'avoir accompli cette forte journée.
On a mille choses à se conter de division à division.
On a un piano, et Blockmann, qui fait cheminer à
leur tour les âmes de la société pendant que les
corps se reposent. On a enfin la soupe, la digne et
bienvenue soupe, prélude de satisfactions infinies
et pas si matérielles qu'on pourrait croire. L'appétit
lui-même s'ennoblit, quand il est conquis par la
marche, noyé dans le plaisir, et embelli, augmenté
par le sentiment non égoïste de l'appétit commun.

Ces choses faites, on semonce le guide, on lui
retranche sa bonne main, et l'on va coucher pendant qu'il expectore des vociférations en iroquois.

Notre auberge est située à côté de la cathédrale;
nous sommes réveillés par la musique grave et
pieuse des orgues : c'est une impression bien
douce, et plus vive ici qu'ailleurs. La ville est petite, silencieuse; point de cris, point de bruit de

métiers : cette musique couvre cet autre son, et semble comme la voix du peuple qui monte vers le ciel. Pendant que les oreilles sont ainsi charmées, on ouvre sa croisée et l'on voit les flèches du temple qui brillent de l'éclat du levant, les deux Mythen qui projettent leur ombre sur les forêts;

on goûte à cette joie matinale de la nature saluant les feux du jour; on s'abreuve à cette incomparable fraîcheur des prairies scintillantes de rosée, des ravins sortant de la brume, des bois et de leurs branchages visités par les premiers rayons du soleil. A ces spectacles, il est difficile que le cœur ne soit pas remué, et ces accents de gratitude trouvent une expression et comme un essor plus facile dans le chant religieux des orgues. Deux d'entre nous vont visiter le cimetière, puis l'église, puis le clocher; et c'est de là-haut qu'ils nous voient quitter l'auberge et partir sans eux pour Brunnen, où nous prenons le bateau. Ces deux descendent plus vite, sans aucun doute, qu'ils ne sont montés, et ils rejoignent, non sans être essoufflés.

A Brunnen, nous attendons sur le rivage le passage du bateau à vapeur. Ainsi font nos touristes d'hier, qui, ayant trouvé des logements, et parfaitement reposés d'ailleurs, sont aimables, gracieux et très agréablement communicatifs. Les dames brodent assises sur la grève. Les messieurs considèrent de jeunes arbalétriers du village, de tout petits Guillaume Tell, qui, pour un demi-batz, percent une cible au cœur. Les nôtres dessinent ou font des ricochets, ou achèvent leur sommeil interrompu; quelques-uns imaginent de pêcher avec une épingle en guise d'hameçon, et le voyageur Auguste, malgré l'imperfection du procédé, ne laisse pas que d'attraper une perche étourdie.

Pour M. Töpffer, il est dans les transes; on aperçoit le bateau à vapeur, et il vient d'apprendre que ce superbe tient le milieu du lac, où, sans arrêter sa course, il se borne à ramasser ce que les petits bateaux lui apportent. Ce lac est perfide; ces bateaux ne sont pas fameux; ces bateliers n'ont d'autre habileté que celle de la peur. De plus, les passagers arrivent de toutes parts, et, ici comme sur le lac de Genève, la grande affaire des administrations, c'est d'entasser le plus de monde possible dans le moindre nombre possible d'embarcations. C'est là un de ces moments où un homme qui répond de plusieurs vies éprouve des sueurs froides et se sent la langue blanchir. On peut, direz-vous, ne pas s'embarquer. Ce n'est pas facile lorsqu'on n'est venu que pour cela, lorsque le lac est calme, lorsque tout le monde s'embarque, lorsque s'embarquer paraît chose si simple, et ne s'embarquer pas chose si peu motivée. On s'embarque donc. Deux coquilles de noix remplies de monde flottent à la rencontre du colosse. Nos touristes ont une peur effroyable, et à mesure qu'on approche, un silence très expressif est l'expression très sinistre des préoccupations de la société. On nous jette une corde; par bonheur, un homme l'attrape qui s'y pend, le bateau pend à cet homme, nos vies pendent à ce bateau, qui, secoué par ces manœuvres et détourné violemment de sa direction, tend de toutes ses forces à se dépendre. C'est encore là un de ces moments où un honorable instituteur volontiers s'irait pendre.

Tout vient à point. Nous voici sur le colosse, et, si peu que la machine ne crève pas, nous arriverons à Lucerne sans encombre. D'ailleurs nous avons passé sous la direction d'un capitaine modèle, d'un de ces amiraux de lac, d'un de ces marins d'eau douce, crânes, hâbleurs, fumeurs, parlant par soixante chevaux, et qui se trouve avoir eu, en fait d'orages, tempêtes et vitesses, une carrière maritime tout autrement merveilleuse que les marins d'Océan. Cette sorte de capitaines a surgi avec les bateaux à vapeur. Bons enfants, très courtois, exacts dans leur comptabilité, ce sont là leurs attributs réels et solides; et puis, marins, salamandre, Eugène Sue, tribord et bâbord en diable, ce sont là leurs attributs artistiques, leurs ornements extérieurs, le champ où s'espace leur vanité, et ce besoin de paraître qui est si naturel à l'homme, et à vous aussi, et à moi, mon frère.

A peine sur le pont, M. Töpffer intente à ce capitaine des observations critiques sur sa manière de ramasser le monde; le capitaine lui fait trois histoires d'orages et cinq histoires de manœuvres; après quoi, venant à l'objet, il lui développe le raisonnement suivant : « Il n'y a aucun danger (c'est la thèse); car, si le bateau part à l'heure, si la corde est bien lancée, si l'homme du bateau la reçoit, comme c'est son devoir, et si, outre toutes ces causes de sécurité, le lac est calme, que voulez-vous qu'il arrive?... » Pendant que l'amiral fait ce raisonnement, le bateau s'ensable dans la baie de Weggis... La marche est suspendue, la machine s'impatiente, le mécanicien se fâche, les chauffeurs sortent étonnés de leur fournaise; l'amiral s'en prend à tout le monde, qui s'en prend à lui, et si le bateau ne se désensable pas, si l'amiral perd son temps à gronder le mécanicien; si, pendant qu'on se dispute, personne ne songe à dégager la vapeur, nous allons être lancés bouillis aux nuages, ou rôtis sur le Righi-Culm... C'est encore ici un de ces moments où un instituteur honorable maudit les pistons, déteste la vapeur, et trouve que les dieux eurent bien raison, qui punirent Prométhée pour avoir dérobé et porté aux mortels le feu du ciel. Le bateau se désensable, et en même temps la pluie succède au soleil.

Nous avons trouvé sur le bateau notre ami et  camarade Perdonnet, qui voyage en famille, et qui se fait des nôtres pour la journée. Nous y trouvons aussi des Anglaises à grand décorum superfin, gardant un quant à soi musqué et sentimental; elles daignent pourtant regarder avec curiosité un capucin; mais au lieu de s'approcher pour mieux voir, on va chercher ce pauvre barbu, qui est mis en spectacle devant les jeunes miss. Pendant qu'elles considèrent touristiquement cette intéressante bête curieuse, voici que monsieur leur père, un très gros gentleman, glisse et s'étend par terre, ce qui met fin à la représentation.

A Lucerne, nous trouvons place à l'auberge du *Cheval-Blanc*. Il est de bonne heure. M. Töpffer donne le programme des divertissements et repas,

et chacun s'en va se faire beau comme un astre.
Bientôt l'éclatant cortège, sous la conduite d'Alfred
de Sonnenberg, qui est en séjour à Lucerne, se rend
à la poste pour y chercher des nouvelles du logis.
De là il va visiter les ponts, puis le lion et son
vétéran, toujours le même et toujours tendant la
main, bon homme pourtant, complaisant, et que
la vue de cette jeunesse ragaillardit, comme c'est
l'ordinaire chez les vieillards en qui le cœur bat
encore. Il nous ajuste une échelle contre le rocher;
Bryan y grimpe, et les plus incrédules sont amenés
à reconnaître que Bryan, leur grand et gros camarade, tiendrait tout entier dans la patte du colosse.

Après cette visite, on procède aux emplettes.
Plusieurs chapeaux ont fini leur temps; quelques
souliers n'ont plus d'avenir; certain se pourvoit
de tabac. Mais un instinct infaillible dit que le dîner
doit être prêt, et tout à coup nous voici tous autour
de la table. C'est alors que des Anglais, qui sont à
une table voisine, font dire que nos Anglais aient
à se rendre auprès d'eux, et qu'on leur fait répondre
que notre adresse c'est autour de la soupe. Un de
ces personnages, rencontrant Régnier, qui est de
grande taille et *favorisé*, lui dit plus tard : « Avez-
vous, monsieur, des Anglais parmi vos élèves? —
Non, » dit Régnier, et il dit vrai, puisqu'il n'a
point d'élèves.

Pendant que nous sommes à table, un orage
éclate ; le tonnerre gronde, et la pluie tombe par
torrents. C'est une sensation charmante pour des

voyageurs de notre sorte, qui comparent les délices de leur situation présente avec les horreurs de ce déluge qui leur est épargné. Au dessert, les numismates sortent leurs liards, et la blanche nappe se couvre de batzen crasseux. Verret classe et reclasse. M. Töpffer est assailli de demandes de fonds : on dirait la banque d'Amsterdam. Sur ce, bonsoir; et sommeil général.

NAVIGATION SUR ALPNACH

SEIZIÈME JOURNÉE

Au réveil, il se trouve que la pluie tombe toujours par torrents, en sorte que nous prenons le parti de n'en prendre aucun jusqu'à ce que le baromètre soit revenu à des procédés meilleurs. Vers dix heures, il paraît s'amender; le signal du départ est donné, et nous nous acheminons vers Winkel pour nous y embarquer. Alfred de Sonnenberg nous fait ici la conduite, et Verret se ficelle le mollet, à cause des indocilités de sa jarretière qui lui tombe sans cesse sur le cou-de-pied comme un anneau.

Winkel est un délicieux petit golfe où sont quelques bateaux abrités sous les noyers de la rive. M. Töpffer en frète deux, et, le temps paraissant calme, on cingle vers le golfe d'Alpnach dans l'Underwald. Mais voici que, entrés dans ce golfe, nous y trouvons des vagues qui grossissent incessamment sous le souffle d'une brise très fraîche; heureusement ce vent nous est directement favorable. Nos bateliers hissent les toiles et croisent les bras; les deux esquifs, quoique bien remplis, rasent légèrement le dos des vagues, et au bout de quelques instants ils nous ont déposés sur la plage d'Alpnach. Ces instants ont paru longs à M. Töpffer, éditeur responsable, et à Harrison et Blanchard, navigateurs affadis par le balancement poétique de l'embarcation.

Rien de plus frais, de plus paisible, de plus helvétique, que tout ce vallon d'Underwald, surtout dans ce moment, où un beau soleil, succédant à la pluie, dore les rochers et fait resplendir les pelouses. A peine rencontrons-nous quelques naturels, même dans les villages, même dans la capitale, où nous ne trouvons à acheter que du pain et des prunes; ce sont les seules friandises mises en vente dans les deux seules boutiques de l'unique rue.

Comme nous passons devant une chaumière, les sons d'une guitare frappent notre oreille. C'est un gros homme en blouse qui accorde son instrument. M. Töpffer le prie de nous chanter quelque air. « Pas moi, dit-il, mais ma servante, si vous ne lui faites pas trop peur. » Toute la caravane s'étend sur le gazon, et bientôt paraît une jeune fille extrêmement timide, qui s'assied devant le seuil, et qui chante pour obéir à son maître, bien plus que pour complaire à l'illustre société. Sa voix est agréable et d'une justesse parfaite; elle s'accompagne avec goût; la scène est pittoresque, le plaisir inattendu ; en sorte que nous passons là une de ces demi-heures qu'on ne peut pas plus faire naître qu'on ne peut les oublier. Toutefois la chose déplaît à un gros barbichon de chien, qui grogne dans sa toison et s'obstine dans des accompagnements bilieux.

Cependant nous atteignons bientôt après le lac de Lungern, moins joli, mais plus célèbre, depuis que les riverains ont entrepris de le vider. M. Henri, avec un guide, s'en va visiter la galerie d'écoulement, tandis que, de la route, nous considérons le pourtour du lac. L'ancienne rive est partout visible; c'est une longue ligne où s'arrête la vieille et robuste végétation; au-dessous, ce sont des rocs ou des terrains à peine recouverts d'un duvet d'herbes tendres. Un petit lac, qui sera fort joli dans deux siècles, occupe le fond du vallon. Mais ce qui est curieux, c'est que, depuis que les eaux ont cessé de contenir les terrains, plusieurs d'entre eux sont descendus avec arbres et maisons, et se trouvent actuellement dans l'ancien lit du lac, sans qu'au premier abord on sache bien comment ni pourquoi. Ces terrains voyageurs ont beaucoup perturbé la commune de Lungern, et jeté dans l'angoisse tous les municipaux. Que dirions-nous si, un beau jour, notre canton se déversait, hommes, bois et villas, sur les contrées voisines? Que diraient nos particuliers, ne trouvant plus à sa place leur maison de campagne? Nos bandes noires allant repêcher leur *servette* dans la perte du Rhône, et sans que personne encore les y invitât? Cela n'arrivera pas; mais ce qui pourra arriver avec le progrès, ce sera de vider aussi notre lac, et tout aussitôt les villes riveraines descendront la pente pour se rencontrer au fond : Lausanne et Genève, Morges et Thonon.

Nous donnons ici une vue du lac de Lungern dans son état actuel. C'était un des plus pittoresques de toute la Suisse, l'un des mieux encaissés; il a perdu de sa beauté, mais pas autant cependant que nous nous y étions attendus. Après avoir admiré suffisamment, nous gagnons la petites auberge de Lungern : maison de bois, escaliers rotatoires, hôtes empressés, un de ces logis qui nous conviennent tout particulièrement, pour les motifs qui sont expliqués dans le préambule de cette relation.

LE LAC DE LUNGERN

TRANSPORT DES FOINS SUR LE LAC DE THUN

DIX-SEPTIÈME JOURNÉE

Nous ne connaissons pas de plus jolie vallée à parcourir que l'Underwald, pour peu que l'on fasse cas des beautés pittoresques, des impressions agrestes et de la douce solitude d'un pays de pâtres ; de plus, les manières d'y entrer et celles d'en sortir sont également agréables. Nous sommes venus par eau ; aujourd'hui nous voici acculés contre les parois du Brunig, qu'il nous faut escalader absolument, si nous n'aimons mieux rebrousser vers Alpnach.

Le Brunig est une montagne peu élevée, où la végétation suisse se montre dans toute son élégante splendeur. Du côté de l'Underwald, on gravit un sentier, presque tout taillé dans le roc; et à mesure qu'on s'élève, les lacs de Lungern et de Sarnen se montrent, dans tout leur pourtour, encaissés entre des parois verdoyantes, d'un aspect à la fois gracieux et sévère. Au haut du sentier, il y a une petite chapelle dont le porche abrite un banc où le voyageur s'assied pour regarder encore ce beau paysage dont la vue va lui être dérobée. Qui donc s'est assis sur ce banc et n'en a pas gardé la mémoire? Qui donc s'est reposé sous ces hêtres, en face de cette poétique nature, et n'est pas charmé aujourd'hui encore par le seul ressouvenir de ces impressions si pures, si vives, si aimables?

Au delà de la petite chapelle, on chemine pendant une heure sur le sommet sinueux et boisé de la montagne; on aperçoit quelques hautes cimes qui appartiennent aux montagnes voisines, mais plus de lacs, plus d'habitations, et cependant rien de sauvage; c'est là le caractère de Brunig, et c'est ce qui nous porterait à comparer ces solitudes à celles de la Grande-Chartreuse dans le Dauphiné. Ce sont des bouquets de sapins, des groupes de hêtres plutôt que des bois, et, des uns aux autres, des pelouses fraîches et riantes. Lorsqu'on a atteint l'autre revers, on a, au travers des trouées du feuillage, l'aspect des vallées de Meyringen et de Brientz, l'une toute de prairies, où serpente le filet de l'Aar, l'autre toute d'escarpements, qui plongent, en s'y réfléchissant, dans le limpide miroir du lac.

De nombreuses colonies d'écureuils vivent et jouent dans cette contrée solitaire. Bryan, l'oiseleur, en avise deux qui viennent de gravir un sapin isolé et d'une immense hauteur. Aussitôt il nous appelle à son aide, et, après nous avoir disposés en cercle autour de l'arbre, il grimpe de branche en branche, assez haut pour pouvoir ébranler vivement la cime. Les deux jolis animaux qui s'y sont réfugiés semblent tenir conseil ; puis, au même instant, ils s'élancent et viennent tomber en dehors du cercle ; avant que nous ayons pu les atteindre, ils sont déjà sautillant parmi les branchages d'un bouquet voisin, et l'oiseleur Bryan redescend tranquillement de son sapin.

Nous déjeunons à Brientz, dans une salle garnie d'objets en bois sculpté, et ici commence une série d'emplettes qui va se poursuivre de lieu en lieu jusqu'à Fribourg. Déjà, en quittant Brientz, la plupart des voyageurs portent sur le dos ou sur le ventre une caisse qui contient leurs trésors, et qui leur donne l'air de faire voir une marmotte en vie. Ces objets en bois sont en effet de charmants souvenirs à rapporter et de charmants présents à faire ; c'est dommage seulement qu'on en ait étendu le marché jusque dans toutes les grandes villes. Il y a peu d'années qu'on les achetait encore du pâtre même qui les avait travaillés. Aujourd'hui on les fabrique par pacotilles, et en même temps que l'exécution s'en est perfectionnée au moyen d'outils nouveaux et des modèles venus du dehors, ils perdent peu à peu le style suisse et ce cachet d'intelligence et de pensée qui se retrouve dans les œuvres les plus grossières, lorsqu'elles sont l'ouvrage de l'homme et non le produit d'un procédé. Le procédé tue et tuera l'art. M. Daguerre y aura contribué pour sa part.

M. Töpffer frète ici deux embarcations, toujours deux ! c'est son principe, à lui, que de ne pas mettre tous ses œufs dans un panier, et les bateliers aiment fort ce bon principe-là. De plus, il dit et redit par intervalles à ces bonnes gens : « *Am Lande*, ou point de *Trinkgeld!* » au moyen de quoi nous rasons la rive jusqu'à Interlaken, où nous arrivons sans encombre. Les bateliers reçoivent un gros pourboire, et ce principe-là leur plaît aussi.

A Interlaken, les emplettes recommencent de plus belle ; nous arrivons à Neuhaus surchargés de marchandise. Il y a affluence sur le bateau, sans compter une division des jésuites de Fribourg. Nous en rencontrons souvent. Ils voyagent absolument comme nous, et ils se font remarquer par leurs manières agréables et polies.

La soirée est magnifique et le lac très agité. Notre machine à haute pression, pour peu qu'elle ne saute pas, est excellente; malheureusement le bois est à bon marché dans la contrée, et les chauffeurs font un feu d'enfer; ça fait réfléchir. De plus on n'aperçoit d'autre mécanicien que la mécanique; ça fait aussi réfléchir. M. Töpffer dessine; un amateur s'approche : « C'est, dit-il, absolument mon genre ce que vous faites là, monsieur. Je vous demanderai seulement dans quel sens vous faites vos hachures? — Ainsi, monsieur. — Mon genre, mon genre, absolument. »

Cet amateur est un touriste de l'espèce de ceux qui n'y comprennent rien, mais qui sont émerveillés quand même. Il se fait de ce qu'il voit, de ce qu'il a vu, de ce qu'il verra, les idées les plus fabuleuses, et il bâtit là-dessus les satisfactions les plus grandes. A peine débarqué à Thoune, on lui parle de chiens de Terre-Neuve; il embrouille cela avec des chiens du Saint-Bernard, et son guide lui demandant s'il doit lui en acheter : « Je ne vois, dit-il, aucun inconvénient à ce que j'aie trois terre-neuve. » Plus tard, nous rencontrons dans la rue un gros gaillard qui ploie sous le faix de trois mâtins qui sentent fièrement l'ours de Berne : ce sont les terre-neuve de l'amateur, qui trouvera peut-être qu'il y a bien quelque inconvénient à la chose.

Boutiques de sculptures, de peintures, panoramas, terre-neuve, on trouve de tout cela à Thoune, qui est devenu le grand bazar des touristes.

MUNZIGEN

DIX-HUITIÈME JOURNÉE

Nous nous levons de bonne heure pour aller déjeuner à Munzigen, à moitié chemin de Berne. La route est couverte de campagnards se rendant au marché. Il n'y a peut-être pas un coin du globe qui donne plus que cette admirable vallée l'idée de l'abondance, du confortable agreste, du dernier raffinement de la civilisation agricole. A chaque instant nous nous arrêtons devant les fermes pour admirer mille soins, mille commodités, dont nous autres messieurs nous sommes à cent lieues dans le genre de vie qui nous est propre.

De très bonne heure nous sommes à Berne, et le programme de la journée est donné. Il est très conforme à celui de nos autres séjours à Berne, ce qui nous dispense d'y insister ici.

DIX-NEUVIÈME JOURNÉE

Encore sur nos jambes jusqu'à Fribourg. Nous avons déjeuné à Berne; sur la route, nous vivons de prunes, de haltes et d'éclats de rire. Plusieurs se démoralisent, y compris le chef, et ce ne sont pas les moins gais. Et puis nous voici à Fribourg, et le pont, et les orgues, et un grandissime souper, un banquet à tout rompre, sans aucune parcimonie de la bourse commune, conformément aux principes énoncés dans le préambule.

VINGTIÈME ET VINGT ET UNIÈME JOURNÉES

Autre douceur : ce sont des chars, et qui ne sont pas doux pourtant, mais délicieux pour nous, et de plus chars à bancs, c'est-à-dire tout ouverts, ne prenant rien sur le paysage, ne gênant aucune de nos communications. Sur ces deux chars nous entrons triomphalement à Vevey, où il y a un nouveau banquet dans l'excellent hôtel des Trois-Couronnes.

Le 4 septembre, nous nous embarquons sur le *Léman* pour regagner nos foyers, où nous arrivons enchantés de notre voyage, et tout prêts à recommencer, si l'on voulait.

MILAN, COME, SPLUGEN

1839

Il s'agit cette année d'aller à Milan. Plusieurs n'ont pas vu Milan, et plusieurs qui l'ont vu il y a deux ans désirent le revoir; c'est vrai que Milan est une charmante ville, où il y a en abondance spectacles et rafraîchissements, sans compter l'aiguille du Dôme, où l'on monte, monte, que c'est plaisir. Tous les écoliers aiment à grimper sur les tours et à s'élever sur les clochers. Strasbourg est une belle ville, Anvers aussi.

Un des hommes de notre temps qui ont escaladé le plus de clochers, c'est M. Töpffer. Qu'on trouve un autre père de famille qui ait par six fois porté sa personne jusque tout au haut de la dernière aiguille du Dôme! Il est bien vrai que ce ne sont pas précisément des ascensions dues à un désir spontané, ni même à un impérieux besoin de gravir des marches de marbre blanc; mais il serait injuste de ne pas voir en lui un père de famille bien extraordinaire, unique entre tous, et qui aura droit à une épitaphe glorieuse.

Ce qu'il y a de bon aussi dans le voyage de Milan, c'est qu'il faut, pour s'y rendre et pour en revenir, passer les Alpes et les repasser. Or, c'est toujours une bonne fortune pour des voyageurs à pied que d'avoir à franchir ces belles montagnes, où la marche est si légère, si animée, où les spectacles sont si variés et si beaux. On se lasse un peu, à la longue, de tournoyer dans les échelons en spirale du Dôme, mais on ne se lasse pas de serpenter dans les hautes vallées, de s'élever au travers des bois, des rocs, des cascades, jusqu'à ces sommités chauves et solitaires où la nature est moins parée, mais bien plus grande, et au delà desquelles on se retrouve, au bout de deux ou trois heures de facile descente, rendu aux charmes un peu suspects de la civilisation, et aussi aux charmes plus vrais d'une végétation admirable de vigueur et d'éclats. De plus, on peut se choisir les passages que l'on veut connaître. Cette année, ce sont ceux du grand Saint-Bernard et du Splugen qui ont obtenu notre préférence. Le premier y avait des titres évidents : neige, avalanches, maison des morts, les chiens, les Pères.

tout ce qui résume avec le plus de puissance des imaginations de quinze ans, tout ce qui intéresse à bon droit des imaginations plus mûres et plus posées ; le second, fort beau en lui-même, et où l'on parvient en traversant le lac de Côme, d'où l'on sort en traversant la Via Mala.

Pour l'instruction des voyageurs à pied qui voudront bien avoir confiance en notre opinion, nous dirons un mot sur ces différents passages que nous avons pratiqués à plusieurs reprises. Le moins intéressant, c'est le mont Cenis, qui n'a presque que les charmes d'une grande route. Vient ensuite, en allant de l'ouest à l'est, le petit Saint-Bernard, le plus facile et le moins terrible de tous, qui ne présente pas de grandes beautés pittoresques, mais où l'on arrive et d'où l'on sort par une contrée à la fois charmante et tranquille, sans bruit de grelot, sans poussière de chaise de poste. Si, parti de Genève en compagnie de deux amis, je voulais n'être que trop distrait de leur société par les aspects environnants, et cheminer en goûtant à la fois le plaisir d'un intime entretien et celui d'un spectacle habituellement doux et agreste, je choisirais pour me rendre en Italie le passage du petit Saint-Bernard. On prétend qu'Annibal l'avait choisi aussi ; ce fut pour d'autres motifs apparemment.

Le troisième passage est merveilleux pour ceux qui sont amateurs de solitudes alpestres, de cimes terribles, de glaciers formidables. Il faut s'élever sur le col du Bonhomme, puis sur le col des Fours, d'où l'on redescend pour s'élever de nouveau sur le col de la Seigne. Au delà, on côtoie le lac Combal et les sonores glaciers de l'allée Blanche. Point de route, mais d'abrupts sentiers, où il ne faut pas s'aventurer sans guide. Point de voyageurs, mais une ou deux caravanes de touristes, et parfois un chasseur de chamois qui passe d'une cime à une autre. Point d'auberges enfin, mais seulement un misérable chalet adossé au glacier du mont Blanc. Vous tous qui aimez la marche libre, indépendante, la poésie grande et neuve, l'immensité, le silence, le mystère, et ces confuses émotions que fait naître une brute et colossale nature, passez par l'allée Blanche; sans compter que sur le col des Fours on trouve de la neige rouge.

Le quatrième passage, c'est celui du grand Saint-Bernard, assez mal connu de nos jours, parce que c'est de nos jours qu'on l'a le plus décrit. Il est remarquable à cause de l'hospice surtout, à cause de cette sainte maison où, depuis tant de siècles, la charité chrétienne veille avec une affectueuse sollicitude sur ceux qui s'engagent dans ces mornes vallées. Celle qui conduit à l'hospice est d'abord champêtre plutôt que pittoresque, jusqu'à ce qu'elle devienne belle de nudité et de désolation, plutôt encore que de grandeur ou d'éclat. Choisissez donc cette voie, faites votre pèlerinage à l'hospice, vous qui trouvez, avec raison, plus de beauté dans ce monument d'une chrétienne pensée que dans les merveilles des glaces éternelles ou dans la majesté des forêts séculaires.

Au delà du grand Saint-Bernard, le mont Cervin et le mont Rose élèvent dans les cieux leurs cimes argentées; une glace continue recouvre leurs épaulements; il faut suivre la base des Alpes jusqu'aux gorges du Simplon pour retrouver un passage. Celui du Simplon est le plus célèbre de la chaîne, mais il a cessé d'en être le plus merveilleux; les routes du Saint-Gothard et du Splugen présentent d'aussi admirables travaux; cependant il l'emporte par un caractère de grandeur et de majesté qui tient à ces immenses profondeurs au-dessus desquelles la route serpente lentement, mollement, et par le contraste qu'offrent entre eux les deux revers : l'un frais, verdoyant, onduleux; l'autre caverneux, étroit, tourmenté, où retentit incessamment le fracas d'une onde furieuse. Au sortir de ces horreurs, le lac Majeur, avec ses îles flottantes et ses rives fleuries, enchante et semble sourire. Pour qui ne veut ou ne peut voir qu'un des passages des Alpes, c'est, à tout prendre, celui-ci qu'il doit choisir.

Vient ensuite le Saint-Gothard, nu, sévère, monotone, où la route s'élève graduellement avec la vallée, court en ligne droite sur le plateau du sommet, puis se tourmente en mille replis sur les parois d'un abîme au fond duquel elle se perd dans l'ombre pour déboucher sur les riantes prairies d'Airolo. C'est Bonaparte qui a ouvert la route du Simplon. C'est le petit canton d'Uri qui a ouvert celle du Saint-Gothard. Passez donc par le Saint-Gothard, vous qui aimez à voir les merveilles qu'enfante la liberté ; c'est par elle seule que le zèle et les efforts d'une peuplade de montagnards ont pu accomplir ce que Bonaparte lui-même n'a pas fait sans attirer les regards et l'admiration de l'Europe entière.

Non loin du Saint-Gothard, le Saint-Bernardin ouvre au voyageur une route que le voyageur délaisse ; c'est que, sans être aussi intéressante que les autres, elle n'offre aucun avantage en compensation. Le Splugen l'a tuée.

Comme passage à grande route, le Splugen lutte à tous égards avec le Simplon, et il l'emporte sur lui peut-être par ses magnifiques abords et ses immenses galeries ; c'est, ce nous semble, le passage des artistes. Sur le revers italien, les sites ne font pas *vue*, mais *tableau*, et l'on croirait, en mille endroits, que le Poussin a visité ces lieux. C'est à ce point que s'arrêtent nos excursions au travers de la chaîne des Alpes, mais au delà le passage du Stelvio[1], qui commence à devenir fameux, présente, dit-on, comme ouvrage de l'homme, ce que les Alpes renferment de plus hardi et de plus merveilleux. Si Dieu nous prête vie et santé, nous pourrons quelque jour vous en donner des nouvelles.

Il s'agit, après cette longue digression, d'énumérer, selon notre constant usage, les voyageurs dont

1. Le passage du Stelvio se trouvera décrit plus loin, dans le second voyage de 1841.

se compose la caravane de cette année. De même qu'e nous n'insisterons pas sur ceux d'entre eux qui ont déjà été caractérisés dans les voyages précédents; de même aussi, dans cette relation, nous passerons rapidement sur tels lieux ou telles circonstances qui ont déjà figuré dans nos relations précédentes, et en particulier dans celle du voyage à Milan de 1837.

Notre caravane se composait cette année de vingt-quatre personnes, dont vingt-trois portées sur un seul passeport, celui de M. Töpffer. Chaque année M. Töpffer va se faire faire son portrait à la chancellerie, c'est une nécessité de sa condition; chaque année, un honorable employé le regarde et le copie sur la marge du passeport; chaque année, M. Töpffer examine sur cette marge quels changements douze mois de plus ont apportés à sa physionomie. Il paraît que ces changements sont lents et imperceptibles. Depuis quinze ans, il a le visage ovale, le nez moyen la bouche moyenne et le menton moyen aussi. En moyenne, c'est toujours la même chose, et frappant de ressemblance. Si les passeports ne donnaient pas l'âge en toutes lettres, je conseillerais aux dames de ne se faire portraiter qu'en chancellerie.

Parmi les voyageurs, ceux déjà décrits sont :

David Dumont, qui, après avoir consacré quelques années à la retraite, reparaît plein de force et d'ardeur, grandi, point engraissé, et incapable de goûter quoi que ce soit sans y avoir mis du sel. *Étienne Dumont*, son frère, reparaît de même; dans la retraite il est devenu artiste, et il croque tout ce qui se présente.

Walter et *Woodberry*, qui figurèrent comme touristicules dans notre voyage de 1834. Aujourd'hui, ce sont des touristes de haute taille et des jarrets de haute trempe.

Arthur, décrit dans les deux précédentes relations : homme de poids et d'appétit, toujours plus major et non moins caoutchouc. *Bryan*, son frère, toujours plus oiseleur et non moins gigantesque. *Dussaut* et *Borodinos*, connus aussi; frères, non pas de naissance, mais d'âge, de goût et de jarrets.

Sterling, toujours plus gdégdégdégdé, tirant sur le caoutchouc, et très artiste tant qu'il n'a pas égaré son crayon ou laissé son album sous un chêne.

Harrison, qui porte, outre son sac, des kyrielles de noms et de surnoms; plus, vingt-huit propositions discutables et trente-deux assertions contestables, contestées et insolubles, en sorte que, douze heures par jour, il torque et rétorque contre chacun à son tour et contre tous à la fois. Les grandes discussions ayant engendré de petites discussions, qui elles-mêmes donnent naissance à une foule d'ambiguïtés discutables, il s'ensuit que, à mesure que nous faisons du chemin, la solution recule.

Poitrine forte, jarret courageux, *spirit* extrême, gaieté incurable, au point que l'infortune même, pour peu qu'elle soit forte, se traduit chez Harrison en splendides éclats de rire. Ah! le bon, l'excellent compagnon de voyage!

Alfred de Rosenberg, qui passe avec nous par Milan pour se rendre à Lucerne; c'est le chemin de l'école. Enfin *Alexandre Prover*, ancien élève qui rejoint, vétéran qui a voulu revenir sous le drapeau. Les recrues lui ouvrent leurs rangs, et le capitaine retrouve avec joie ce camarade des campagnes d'autrefois; simple soldat qui vaut un sergent-major.

Trois *Perlet* : *Léon*, voyageur d'avant-garde, sapeur imberbe; *Ernest* et *Constant*, voltigeurs infatigables. Ernest, qui batifole sur les flancs de la colonne, agace sur tous les points, avance, recule, divague, enjambe, sautille. Constant qui est l'avant-garde de l'avant-garde, et qui se devancerait lui-même s'il y avait moyen.

Poletti, petit Égyptien grassouillet, homme du désert, pas du tout Bédouin, et joliment étonné de se voir membre d'une caravane ambulante. Poletti regrette ses sables; à défaut d'un cheval arabe, il se contenterait d'un âne de Provence, et puis, à force de marcher, il devient marcheur, et débarque à Genève avec un diplôme de bon jarret.

Jellyot marche doux, ne cause pas, dort ferme : entièrement inconnu à ceux du centre et de l'arrière-garde, qui ne l'ont aperçu qu'au repas; le seul contre qui Harrison n'ait ni torqué ni rétorqué. Totalement étranger à la question.

Robert, mine rose, jarret trempé, qui rit sans éclat et qui est gai en dedans; agace, batifole, torque, rétorque aussi, le tout en son temps et à petit bruit; jouit d'un imperméable qu'il porte quand le soleil luit, qu'il offre quand vient la pluie.

Edmond, petit bout d'homme, grand boute-en-train; jarret d'acier, mais s'affadit sur les hauteurs, et y voit en jaune la vie humaine et le vin rouge. Partout ailleurs, marche ferme, mange des mieux, se désaltère à fond; ne manque ni une torque ni une rétorque, et roucoule en dormant.

D'Arbely, qui entre aujourd'hui même en pension, et qui sortira du voyage pour entrer en classe, porte une blouse qui dégénère et va se défaublant, marche à toutes voiles et développe un jarret distingué. Excellent voyageur.

Toby Gray, risolet et insoucieux : va au hasard sur la terre habitable, et c'est par hasard qu'il se trouve cheminer fortuitement dans la même direction que nous; a des ampoules, mange les fruits verts et tout ce qui a l'air baie ou fruit à noyau; chante sans cause connue, se tait sans raison appréciable, et prend de temps en temps une pilul bleue.

Édouard Gray, voyageur *sui generis;* emporte u

parapluie qui l'attriste et un briquet qui le réjouit. A certains moments qu'il fixe dans son for intérieur, et quand même toute la terre y trouverait à redire, il tire un silex de sa poche et il en fait jaillir la flamme avec un entier contentement; ajuste, ficelle, échafaude et construit en tout lieu, en tout temps, sur lui ou sur autre chose, des mécaniques; mange la moitié de son melon et porte le reste en bandoulière; n'agace personne, se laisse agacer sans s'en mêler, ne pose jamais le talon par terre, et porte un chapeau haut comme la tour de Sidon, penché en arrière comme la tour de Pise, plissé en spires comme la tour de Babel; du reste, content, réfléchi, excellent voyageur et jarret courageux.

Enfin M. Töpffer et son domestique David, majordome actif, soigneux et exercé.

Toute cette troupe s'embarque sur l'*Aigle* le samedi 17 août. Au moment où le bateau part, une bonne dame arrive, accourt et lève la jambe pour s'embarquer aussi; mais le bateau file et cette dame demeure la jambe levée.

On dit que chaque année, à Paris, il y a un certain nombre assez fixe, et toujours considérable, de lettres qui sont jetées à la poste sans porter d'adresse. Chaque année, il y a pareillement un certain nombre assez fixe et assez considérable aussi de gens qui accourent pour s'embarquer, juste au moment où le bateau vient de partir. C'est drôle ! Tant d'étourdis sur cent, tant d'étourdis par année. Sur quatre-vingt-dix-neuf individus, toujours un qui se hâte de porter à la poste une lettre qui ne peut pas partir, et toujours un autre qui se dépêche d'arriver trop tard au bateau, et qui demeure la jambe levée.

Il y a musique sur le bateau. Ce sont des Italiens qui chantent rauque en s'accompagnant d'une guitare fêlée; c'est égal, il y a de l'expression, de la vie, des traces de méthode, et énormément de *pizziccando*. Ceci nous donne faim, et la table se dresse; mais voici qu'au moment de manger, le bateau se livre à des balancements si doux, si doux, que plusieurs convives, affamés tout à l'heure, tombent dans l'affadissement, refusent toute nourriture et pâlissent à vue d'œil; d'autres mangent pour tous et s'en trouvent à merveille. Pendant que ces choses se passent, le ciel se charge de pesantes nuées; ces nuées crèvent, et une jolie pluie arrose notre débarquement à Villeneuve.

C'est fâcheux d'avoir la pluie un jour de départ, parce qu'elle surprend les voyageurs avant qu'ils soient aguerris. L'humidité et le froid amollissent les pieds et engendrent des roideurs dans les jambes; mieux vaudrait s'arrêter et attendre; mais le moyen, quand il s'agit d'éprouver ses forces, son sac, quand on sort de la prison du bateau, quand on vient de partir tout justement pour ne pas rester en place?

Nous nous acheminons donc sur Aigle, et de là sur Saint-Maurice, au travers d'immenses poussières changées en boue. Plusieurs zéphyrisent, c'est-à-dire évitent les flaques au moyen de pas de zéphyr plus ou moins agréables. Quelques-uns ne zéphyrisent pas du tout, entre autres l'Égyptien Polletti, qui, au bout d'une heure, en a assez et se démoralise à fond. Engagé avec d'autres dans une spéculation, il pétrit les terres labourables et s'assoit dans les sillons jusqu'à ce que, la nuit venue, il sente la nécessité de ne pas demeurer seul auprès des cavernes de Saint-Typhon. L'Égyptien, alors, retrouve ses forces, marche des mieux, se rassure en voyant de la lumière aux fenêtres de Saint-Maurice, et arrive à l'auberge tout remoralisé.

Sur le pont, le petit homme descend de sa tourelle à point nommé, et il demande le péage à Harrison, qui lui répond : « Bonjour. » Alors le petit bonhomme court après Harrison, qui, le prenant toujours pour un naturel affable, lui répète : « Bonjour. » M. Töpffer paye, et cette discussion arrive ainsi à une solution ; c'est la seule.

DERNIER VILLAGE AVANT PISSEVACHE

DEUXIÈME JOURNÉE

La pluie a cessé ; nous partons de bonne heure bien approvisionnés de prunes acides et de poires mal mûres. La route nous est connue de reste, et nous savons par expérience que nous n'arriverons pas à Martigny sans être profondément démoralisés. Il y a des bouts de route comme cela. La raison en est pour celui-ci, qu'il se ressemble à lui-même d'un bout à l'autre. Jusqu'à Pissevache, il y a trois villages semblables ; en sorte que chaque année, dès le premier, la même illusion nous déçoit et nous fait croire que nous touchons au troisième. Après Pissevache, il n'y a plus que deux longs rubans; on marche à l'aune, et c'est fatigant.

Nous admirons la cascade. Les mendiants du lieu arrivent chargés de cailloux et de cristaux à vendre. Arrive aussi une sorte de crétin parlant, qui a un livre de prières, et qui nous fait entendre que ses prières sont excellentes et qu'il accepterait quelque monnaie. M. Töpffer lui donne un demi-batz : il priera pour M. Töpffer ; d'autres lui donnent encore, alors il nous compte, et, de l'air d'un marchand qui fait bonne mesure, il expectore péniblement l'assurance qu'il priera pour tous, quand même tous n'ont pas donné : c'est à nous de le remercier.

Un excellent déjeuner à l'hôtel de la Poste nous remet à neuf. L'aubergiste est un homme de bonne compagnie, éclairé, et pour l'heure fortement enfoncé dans les affaires politiques du Valais. Au surplus, dans la partie que nous visitons, ce sont les aubergistes qui sont le plus révolutionnaires. On le conçoit. Entre autres choses, le haut Valais protège la route du Simplon, et empêche l'ouverture d'une route par le grand Saint-Bernard ; *inde ira*. Or, l'hôtel de la Poste à Martigny se trouve juste au point de réunion des deux passages. L'hôtel de la Poste est donc, et avec raison, pour la représentation proportionnelle. Du reste, ce qui peut faire espérer que les affaires du Valais finiront par s'arranger un jour, c'est qu'il s'agit là d'intérêts manifestes qui, une fois satisfaits, gagneront à se tenir, tranquilles, et non pas de principes révolutionnaires qui ne vivent que de guerre qu'on appelle mouvement, que de haines qu'on appelle vie publique, et que de destruction qu'on appelle progrès.

Après déjeuner, quelques-uns s'en vont voir défiler une procession. Le major s'étant trop rapproché, un homme trempe son doigt dans l'eau

bénite, et offre au major l'attouchement de son doigt. Le major, par un sentiment de convenance, au lieu de reculer, accepte, et accomplit le signe attendu. En pareille occurrence, c'est mieux, ce nous semble, que de heurter, par un refus, des esprits simples qui sont sous l'empire d'une pensée à la fois fraternelle et pieuse.

Sur ce, nous déposons nos sacs sur un chariot, et nous entrons dans la vallée de la Drance, si étroite et en même temps si richement pittoresque dans le voisinage de Martigny. Sur la route, on voit beaucoup de naturels goitreux et impayablement accoutrés, qui reviennent de la procession; et il nous paraît malaisé de reconnaître chez aucun d'eux une face le moins du monde révolutionnaire. Plusieurs portent pourtant des bonnets rouges. Mais à Saint-Branchier, où nous entrons à l'auberge pour nous rafraîchir, les deux bonnes et respectables vieilles qui nous servent à boire sont politiques de la tête aux pieds, avec douceur pourtant, car la douceur et la modération sont des qualités naturelles aux Valaisans, qui ont vécu jusqu'ici sans gazetiers.

Mais, qui vois-je?... c'est notre crétin de Sion, notre manchot aux Aghettes et aux Masettes, déjà décrit et portraité dans deux voyages!... Il descend toujours crétin, mais plus du tout manchot, portant fièrement sur l'épaule un faisceau de sabres et d'épées de prix. Il nous reconnaît, mais il ne nous dit pas par quel moyen il a fait recroître son bras, ni de quelle mission son gouvernement l'a chargé. Bonjour, Aghette, bonsoir, Masette. Il y a des rencontres qui font douter si l'on est bien éveillé.

Au delà d'Orsières, on spécule en gravissant un

ravin escarpé et difficile. Autre apparition : c'est un nonagénaire courbé sous le faix des ans, transparent de maigreur, et qui, débile, descend lentement sur ses trois pieds l'étroit et rapide sentier. Il tend son chapeau et les batzen y tombent; puis, au haut de l'escarpement, nous apprenons que ce nonagénaire est un riche thésauriseur qui, plutôt que de n'accroître pas son trésor, hante ce ravin, où il exploite la pitié des touristes.

Nous marchons sur Liddes, qui est horriblement loin de Martigny. Vers le soir, le voyageur Harrison s'éclope, et une de ses jambes refuse tout service; mais, rempli d'un courage stoïque, Harrison nie la douleur, et force une de ses jambes à traîner l'autre. Outre ses jambes et ses propositions contestables et contestées, Harrison porte encore un gros rhume qui lui rend la torque rauque et la rétorque rogomme. Aussi, à Liddes, M. Töpffer s'empare de l'enroué dialecticien; il l'ensevelit dans le ravin d'un matelas, sous des montagnes d'édredons; il le ballonne d'une brûlante décoction de thé de Liddes, aux fins de le sudoriser jusque dans les plus rebelles sécheresses de son individu. Harrison éclate de rire et nage en pleine eau. Le vrai, le bon, l'excellent voyageur!

Pendant ce temps, notre souper s'apprête. Nos hôtesses sont de bonnes vieilles qui ont l'air d'ancêtres en jupons. Notre hôte est un grand jeune homme aux sourcils colères et aux moustaches belliqueuses, qui, en fait de moyen de persuasion pour amener le haut Valais, ne connaît rien de mieux que la carabine. S'il y a dans le pays un certain nombre d'orateurs de cette trempe, la discussion sera bruyante.

Harrison est presque évaporé, mais beaucoup mieux. Il dormirait volontiers, et nous aussi, n'étaient des Liddois qui jouent à la mora dans la salle basse. Cinq! huit! Trois! cinq! Cinq! sept! Quatre! deux! etc., etc., etc., jusque par delà minuit.

TROISIEME ET QUATRIEME JOURNÉES

Le temps, après quelques incertitudes, s'est mis au beau. Grande affaire quand il s'agit de franchir le col du grand Saint-Bernard! On ouvre la journée par une immense soupe au riz qui tend à nous sudoriser tous. La soupe joue un rôle principal dans nos voyages pédestres; après la marche, aucun aliment ne restaure si bien et ne prépare mieux l'estomac à s'ouvrir délectablement aux mets plus solides. Toutefois, selon Harrison, la soupe pour déjeuner constitue « une très mauvaise fondation » pour les repas ultérieurs. Ce voyageur, en vertu d'une théorie qui lui est propre, considère l'alimentation quotidienne comme une sorte de construction interne qui demande qu'on apporte le plus grand soin dans le choix et dans l'ordre de superposition des matériaux. Dans ce système, il est évident qu'une soupe au riz, surtout prise à haute dose, forme comme un profond marécage dans lequel s'engloutissent plus tard les blocs les plus solides et les moellons les plus compacts. Il y a entassement et non pas édifice, et les plus constants travaux n'amènent quoi que ce soit d'assis et d'architectural; c'est pourquoi Harrison pilote dans sa soupe au riz au moyen d'un saucisson de sûreté qu'il tient en réserve dans son bissac.

Malgré le soleil, l'air est très vif. Au bout de deux heures nous arrivons à la cantine, dernière maison habitée. De cet endroit, il y a encore deux heures de montée jusqu'à l'hospice. Quelques-uns s'engagent dans une fausse spéculation; plusieurs, à cause de la raréfaction de l'air et de leur soupe au riz, s'annihilent, perdent leurs jarrets, et jonchent de corps gisants les bords de la chaussée. Enfin, enfin, on aperçoit le sommet du col et la grise façade de l'hospice qui se montre en silhouette sur un ciel sévère. Bientôt, nous touchons au seuil, où nous sommes accueillis par des chiens d'abord, puis par le clavendier. C'est ici que le sieur Edmond entre en plein affadissement; il éprouve au cœur des chatouillements invincibles; son visage prend une teinte safran, ses muscles se détendent, ses os se détraquent, et, mal assis sur une chaise de bois, il a l'air d'un blême anachorète joliment revenu de toutes les joies du monde.

Le feu fait plaisir à l'hospice, le dîner encore plus. Quelles *fondations* gigantesques ! quelles constructions cyclopéennes ! On dirait les pyramides ou le temple de Salomon. Et tout cela inutile, selon Harrison, à cause de la fondation première, qui,

au lieu de résister, engouffre. La chère est simple, mais excellente, et, ce qui nous importe plus encore, abondante. Un monsieur dîne avec nous. On cause. Il s'agit de la route à ouvrir par le Saint-Bernard. L'entretien va bien jusqu'à ce que nous venions à découvrir que ce bon monsieur s'imagine que le bas Valais veut percer un tunnel par-dessous la montagne. Grande idée ! mais nous ne nous y attendions pas !

Nous ne revenons pas ici sur la description de l'hospice et sur les curiosités intéressantes qui s'y voient; seulement il faut noter que le clavendier fait mettre en rond une dizaine d'amateurs qui se tiennent par la main, puis il décharge sur cette société une bouteille de Leyde, et tous les amateurs de se disjoindre en sautant en l'air. Parmi les physiques, c'est, ma foi, la plus amusante.

Une autre chose à noter, c'est que le passage de l'armée française coûta 36 000 francs à l'hospice. Bonaparte, qui pourtant aimait et favorisait l'hospice, ne lui a jamais remboursé que 18 000 francs. Et puis, après cela, prêtez votre argent à ces Alexandre le Grand qui n'ont d'argent que pour la poudre à canon, comme certains gentilshommes qui n'en ont que pour les dettes d'honneur, et point pour qui les chausse ou pour qui les nourrit!

La descente du côté de l'Italie est facile. En une heure et demie on va à Saint-Remi, le premier village sarde. Les douaniers nous y attendent, mais ils veulent bien se contenter de l'inspection d'un de nos sacs, et tout d'un saut nous entrons chez le père Marcot.

Saint-Remi est peuplé de Marcots, et tous sont plus ou moins aubergistes; en sorte que si vous échappez à l'un, l'autre ne vous manque pas; ce sont d'excellentes gens, qui vous plument en riant, qui vous écorchent sans vous faire d'autre mal. Aussi tandis qu'en Suisse nous entrons tout droit à l'auberge en nous fiant à la probité de nos hôtes, sans avoir jamais à nous en repentir, dès ici il faut, avant d'entrer dans l'auberge, entrer en pourparlers avec les Marcots et les Marcotes. On convient d'un prix; mais alors les drôles, pour être plus sûrs de ne rien perdre, vous affament.

Nous avons déjà logé dans une hôtellerie Marcot; c'était alors une antique maisonnette, peu magnifique, mais d'ailleurs pittoresque, avec une tour à l'angle. Dès lors ils ont bâti une grande auberge blanche, carrée, à trente-six fenêtres et peu de vitres. Or, rien, rien n'est rapace comme un Piémontais qui bâtit, ou qui va bâtir, ou qui vient de bâtir. Ses poulets doublent de prix, son vin vaut de l'or, son eau est chère; il faut que l'univers lui paye ses dettes, sa maison, les ailes qu'il projette, les meubles qu'il n'a pas et les vitres qu'il ne remettra jamais.

Les préliminaires signés, nous passons ici une soirée artistique, et force souvenirs sont crayonnés sur les albums. Un chien du Saint-Bernard, tout perclus de rhumatismes, nous tient compagnie, ainsi qu'un autre chien très féroce... mais empaillé.

A souper, Harrison sert la soupe. Les uns trouvent qu'il s'y prend bien, les autres estime qu'on pourait s'en tirer mieux. Harrison défend l'avis des premiers, et de là une discussion qui est encore ouverte et florissante à l'heure qu'il est.

Nous quittons Saint-Remi de bonne heure. Un char de retour part avec nous. L'idée nous vient d'y emballer nos touristicules. « Combien votre char, cocher, d'ici à Aoste? — Trois francs par tête, pas de moins. — Bon voyage; nous irons sur nos jambes. » Alors ledit cocher fouette sa bête et chemine devant nous, aux fins d'aiguiser la tentation. Nous tenons bon, il s'arrête : c'est un cocher vaincu. « Je vous offre, cocher, quatre francs pour six. — Qu'ils montent. »

A Saint-Oyen, on vise notre passeport, et à cette occasion nous y découvrons une irrégularité flagrante qui échappe heureusement à la perspicacité des carabiniers royaux : c'est que nous avons oublié de le faire viser au consul sarde, à Genève. Le visa de Saint-Oyen entraîne le visa d'Aoste et tous les visas futurs, et par une singularité remarquable, après avoir toujours eu sur cette route des ennuis et des difficultés avec des passeports parfaitement en règle, cette fois nous traversons les États sardes sans obstacle ni retard, avec un passeport qui n'a réellement aucune valeur.

La rapacité des Marcots et Marcotes nous a fait une obligation de ne pas déjeuner à Saint-Remi, en sorte que, pour ne pas périr de faim, nous entrons chez le boulanger d'Étroubles. Par un très grand bonheur, ce boulanger se trouve être Valaisan; son fromage est de Gruyères et son pain cuit de la veille. Alors commence une fondation de toute solidité, des bases larges, des assises doubles, des angles renforcés, de quoi supporter le château Saint-Ange : le tout coûte cinq francs!... Notre hôte est Suisse, avons-nous dit, et il n'a point bâti de Marcoterie.

Quelques assises ayant bougé, nous voulons en route acheter des fruits auprès de quelques naturels; mais voici une difficulté à laquelle nous n'avions pas songé : ces naturels tournent et retournent nos monnaies; ils délibèrent entre eux sur nos sous, sur nos batzen, sur nos centimes, sur nos demi-francs, et, tout bien considéré, ils nous les rendent et gardent leurs fruits. En vain le major, grand numismate, leur intente-t-il des raisonnements admirables; ils sont craintifs comme des avares et têtus comme des paysans. Force est donc de nous passer de pêches et de nous rafraîchir aux sources.

Au bout de quatre heures de marche, la vallée s'ouvre tout à coup, et nous découvrons à nos pieds la cité d'Aoste, qu'enserrent les noyers, et où, ici et là, des ruines romaines élèvent au-dessus de la ligne continue des maisons leurs formes hardies et brisées. Tout autour la vigne, disposée en treilles et soutenue sur des colonnades en maçonnerie qui s'échelonnent en amphithéâtre sur la base des montagnes. Cet aspect est moins beau que celui du lac Majeur ou des rivages de Côme, mais il est d'un caractère plus original et d'un intérêt plus neuf.

Mais ce qui est neuf, c'est, en face de nous, une haute montagne dont la sommité enflammée vomit,

comme un volcan, des tourbillons de fumée. Après
une sécheresse de trois mois, un feu imprudemment allumé sur la lisière des forêts a causé ce
vaste incendie, qui dure et se propage depuis quatre
semaines environ. Les efforts de quelques centaines d'hommes n'ont pu l'arrêter, parce que c'est
par le sol et au-dessous de sa surface que le feu
circule en tous sens. Du reste les gens n'ont point
l'air trop préoccupés de ce fléau. « C'est, leur
disons-nous, une grande calamité pour le pays. —
Oui bien, répondent-ils, si les bois appartenaient à
des particuliers ; mais ils sont partie à l'évêque,
partie aux chanoines. » Ils ont l'air de dire : « Que
les bois brûlent, ni l'évêque ni les chanoines ne
s'en veulent porter plus mal. »

Pour éviter Charybde, qui est à Aoste l'hôtel de
la Poste, nous allons descendre en Scylla, qui est
l'hôtel de l'Europe. Scylla pourtant est moins gredin que Charybde, et même que Marcot. C'est un
hôte jeune, maigre, bougillon, criard, vêtu d'une
blouse graisseuse nouée sur les épaules au moyen
d'un cordon jaune, et recouvrant un costume noir
moitié monsieur, moitié estaminet, tirant sur le vetturino. Cet hôte ne veut absolument pas que nous
déjeunions à trente sous par tête. « Ce serait jeûner, »
dit-il. Et tout en criant, en courant, en baragouinant de la cour à la rue et de la salle à la cuisine,
il élude les pourparlers et commande à d'autres
criards de tuer des veaux, cochons, coqs et poulets.
« Nous ne voulons pas tout cela... s'écrie M. Töpffer.

— Vous ne mangerez pas si vous voulez, *ma fa* plaisir à voir. » M. Töpffer insiste, mais sa voix est couverte par le bruit des fritures, par le tapage des palefreniers, par le vacarme de la foire, par le fracas tourbillonnant des populations de l'auberge, des chiens de la maison et des canards de la basse-cour.

Nous sommes donc obligés de déjeuner très bien, et il n'y a que la bourse commune qui y trouve à redire; après quoi, nous allons visiter les antiquités et la tour du Lépreux; et au retour, nous trouvons le père Marcot qui nous comble de caresses et d'amitiés, comme on fait à une proie qu'on a lâchée après en avoir tâté, et qu'on aimerait à rattraper pour en dévorer ce qui reste. De son côté, notre hôte, mû par les mêmes sentiments, va plus loin encore, et, avec un vacarme d'invitations à étourdir un bataillon de sourds, il nous presse, il nous force de nous rafraîchir, et fait servir des grands verres pleins et de son meilleur. En même temps il devient subitement accommodant pour le prix d'une calèche que nous voudrions louer et qu'il veut conduire lui-même. Ainsi se dévoile tout un système d'affiliations aubergistiques. C'est Marcot premier qui nous a livrés à Marcot second, et Marcot second veut nous livrer en personne à Marcot troisième, et ainsi de suite. Cela étant flairé par nous, nous faisons mine de tenir essentiellement aux hôtes qui ne sont pas de l'affiliation; alors les Marcots, qui voulaient nous manger tout crus, prennent peur de ne pas nous manger du tout, et les choses s'arrangent.

Les mêmes chaleurs qui ont desséché le sol résineux des forêts ont converti la grande route en un torrent de poussière. Nous marchons au sein des vingt-quatre tourbillons que nous soulevons à chaque pas, et qui, de temps en temps, nous cachent les uns aux autres. Trois femmes et un naturel qui regagnent leurs villages cheminent avec nous. Par malheur nous leur demandons quelle est au juste la distance d'Aoste à Châtillon, notre gîte de ce soir; tous quatre répondent à la fois et différemment. Il s'ensuit entre eux un baragouin discutatoire, puis un chœur de vociférations accentuées, puis un tumulte de criailleries entre-croisées... C'est à se boucher les oreilles, c'est à fuir dans les déserts les plus reculés; on dirait une rixe affreuse : ce sont tout simplement des Piémontais qui discutent. Tant il y a que nous continuons d'ignorer la distance précise d'Aoste à Châtillon, jusqu'à ce que, l'ayant mesurée de nos jambes, nous trouvons que cette distance est plus que suffisante pour renouveler notre appétit ; aussi, à Lusse, nous entrons dans une auberge-guinguette, où une bonne dame nous comble de prunes lilas et de raisins verts. Cette bonne dame nous éclaire sur l'affiliation Marcote, dont elle ne fait pas partie, et se signe d'effroi à l'ouïe du prix que nous font les affiliés.

Châtillon est l'endroit le plus pittoresque du val d'Aoste, par lui-même et par ses environs. Nous y entrons presque toujours de nuit, et de nuit les hauts fourneaux, qui jettent des flammes ci et là dans le fond d'une gorge qui sépare les deux parties du bourg, donnent à ce paysage nocturne un caractère infernal. Nous allons descendre à l'hôtel des Trois-Rois, où l'on nous reçoit aux conditions que nous faisons nous-mêmes. Notre faim est telle, et le souper si bon, que c'est nous qui avons tout l'air d'écorcher nos hôtes et de les manger en sauce.

C'est encore notre hôte d'Aoste qui nous accompagne avec sa calèche. Sa blousse graisseuse recouvre au fond un assez bon homme. Il connaît tous les passants, il hèle toutes les passantes, et ne paraît souffrant que lorsqu'il ne crie pas. Nous avons décrit ailleurs cette contrée magnifique, où la Doire, les châtaigniers et des roches caverneuses semblent rivaliser d'efforts pour produire les plus beaux paysages. Après deux heures de marche, on arrive dans le poétique vallon de Verrèze.

SONDRINO, ROUTE D'IVRÉE A VERCEIL

CINQUIÈME ET SIXIÈME JOURNÉES

Nous nous souvenons d'avoir lu dans un roman genevois, *le Presbytère*, plusieurs lettres d'un jeune homme, Ernest Delacour, qui sont datées de Verrèze. C'est bien ici, en effet, une de ces retraites ignorées où un infortuné vient cacher ses jours et nourrir des douleurs dont il ne veut plus se distraire. Si le village est riant, le vallon est étroit, de toutes parts cerné par des bois sombres ou dominé par des rochers couronnés de ruines séculaires, et il y a entre cette petite plaine fleurie et ces âpres solitudes ce mélancolique contraste qui n'est pas sans attrait pour les âmes désolées. Dans le même roman figure un hôte de Verrèze, homme de sens et de cœur, qui pourrait bien être celui chez lequel nous allons descendre. Malheureusement, nous avons oublié de nous en assurer auprès de lui-même.

Après avoir fait chez cet hôte un splendide déjeuner, nous continuons à descendre le long des rives de la Doire. Voici le fort du Bar, voici plus loin Donas et sa porte d'Annibal. Voici le café où jadis nous bûmes ce vermouth nauséabond. Le vermouth est une quintessence camomillaire au moyen de laquelle on double son appétit. Chose singulière! plusieurs d'entre nous s'y adonnent, quand leur maladie incurable c'est déjà l'appétit. Ce qui vaut mieux que le vermouth, ce sont les figues qui, dans cette contrée chaude et rocheuse, sont exquises.

A Saint-Martin, notre cocher graisseux s'arrête, nous rallie, et prétend pour la seconde fois nous rafraîchir. Il demande du meilleur de l'hôtellerie, et nous buvons; c'est plus joli que de refuser. Il en faut conclure que c'est comme hôte, comme Marcot, que ce particulier est rapace; évidemment, comme homme, il est généreux; le cas, probablement, de beaucoup d'aubergistes et peut-être de beaucoup d'hommes d'affaires.

A Ivrée, nous descendons chez notre ancien ami du Cheval-Blanc, déjà plusieurs fois décrit, parce qu'il est changeant. Cette année, il n'a plus peur de mourir, et du bleu pâle son nez a passé au rouge ponceau. Au lieu d'abriter sa goutte sous le manteau de la cheminée, tout à côté de la poêle à frire, il va, vient, et proteste de sa tendresse pour nous tous, et pour la signora absente. « Commandez, dit-il, vous savez que vous êtes chez vous. » Nous ne le prenons pas trop au mot, parce que le cher homme aime bien, mais compte encore mieux.

En attendant la soupe, nous parcourons la ville, les quais, et aussi le café où l'on trouve de la *gazeuse;* c'est une sorte d'acide carbonique aux framboises. Nous entendons, selon notre usage, nous rafraîchir par petites associations de deux particuliers autour d'une bouteille; mais à peine le mot *gazeuse* est prononcé, que tout aussitôt neuf, dix, onze bouteilles sont débouchées et versées à la fois par toute la populace des garçons de café, tandis qu'on en débouche ailleurs et qu'on en apporte d'autres. A grand'peine nous parvenons à arrêter cette cascade et à endiguer ce torrent, qui à chaque instant menace de nous inonder encore. Le désastre est si énorme et la confusion si grande, que la bourse commune se voit dans la nécessité de solder cette dépense impossible à répartir; après quoi nous nous hâtons de fuir, de crainte d'une nouvelle submersion....

Ce qu'il y a de triste, c'est que si le vermouth creuse, la gazeuse ballonne. Plusieurs, affamés naguère, touchent à peine au souper; et moins nous avons d'appétit, plus l'hôte ajoute de plats et nous invite à ne nous rien refuser.

Deux journées nous séparent encore de Milan, mais nous allons les franchir en voiture et rapidement. Nous avons parlé plus haut des Marcots aubergistes; la variété des Marcots voituriers est pire encore : c'est une race à bec crochu, à serres d'acier, au gésier insatiable. On veut bien pour cent vingt francs nous mener à Verceil, où nous devons, dit-on, trouver du moins cher pour nous mener à Milan Ainsi soit-il.

On joue à divers jeux dans les voitures, entre autres à la mora : Cinq ! dix ! etc. Un des voyageurs, oubliant sans doute qu'entre deux mains il n'y a que dix doigts, crie : Douze ! Il crie aussi : Huit ! tout en n'ajoutant qu'un doigt aux cinq de son adversaire. Rires inextinguibles. A Sentia, nous faisons un déjeuner qui nous affame. Sur cette route, on n'en fait pas d'autre, même en payant. D'excellentes choses pourtant, des mets abondants, passent sous nos yeux, mais c'est pour nos cochers. Voici le système : on traite bien et gratis les cochers, afin qu'ils amènent les voyageurs, qu'on affame et qui payent cher.

Mais, en revanche, un petit vieux impayable nous rassasie de clarinette. Ce musicien solitaire commence par haranguer la société et lui fait part de ses mérites et de ses succès; après quoi il clarinise en fausset des airs de l'autre monde. Vers la finale, il s'anime, trépigne, danse, pirouette, puis il s'arrête pour quêter au milieu des éclats de rire, tout en paraissant de bonne foi enregistrer un succès de plus. Les fruits abondent à Sentia, excellents et à vil prix.

Repartis pour Verceil, le sommeil visite nos trois voitures, ce qui nous épargne la vue des mûriers et des rizières, deux choses odieuses à tout amateur de pittoresque. A deux heures nous sommes à Verceil, nous y cherchons aussitôt des voitures. Un aimable voiturier nous demande *soixante francs* par calèche!... Indignés nous allons prendre des glaces.

Pendant que nous prenons des glaces, entre un grand beau monsieur décoré. Il a l'œil hibou et le dos dromadaire. « Voici, dit-il, des danseurs de corde. » Et puis, au bout de quelques instants, **il**

se ravise, nous fait mille excuses, et se faufile des
petits aux grands, jusqu'à ce qu'il arrive à
M. Töpffer. Entretien très civil; échange de phrases
première qualité. Ce monsieur est curieux, il
apprend qui nous sommes, et compatit à nos contrariétés. Puis, s'adressant amicalement à Harrison,
car il aime l'Angleterre aussi, il bredouille d'un
air à faire crever de rire ces deux agréables vers :

<blockquote>
After dinner sit while;
After supper walke a mile.
</blockquote>

Harrison crève bien, mais c'est de n'oser pas
pouffer de rire. « Je suis, dit ce monsieur en nous
quittant, le chevalier de G... » Et nous apprenons que
l'industrie du chevalier de G... consiste tout justement à faire causer les gens, aux fins de rendre
compte à qui de droit. Heureusement que nous ne
lui avons pas confié les imperfections de notre passeport.

Nous retournons à l'hôtel pour savoir si le prix
des voitures a baissé. Pendant qu'attroupés sur le
seuil nous nous tenons à portée des offres qui pourraient nous être faites, un mendiant s'approche de
nous, reçoit notre aumône et s'éloigne; mais à
quelque distance, nous voyons le pauvre homme
s'arrêter devant une boutique, y considérer curieusement une peinture appendue à la devanture, et
finalement se mettre en prières après s'être dévotement signé. Cette boutique est celle d'un barbier,
et l'image devant laquelle cet homme s'agenouille,

c'est, sur l'enseigne dudit barbier, un gros particulier que l'on rase et qui n'a l'air ni madone ni martyr. Les gens de la rue rient et laissent faire.

Cependant l'aimable voiturier tient bon, et les heures s'écoulent. Ou nos jambes, ou soixante francs par voiture. « Nos jambes! dit enfin M. Töpffer; qu'il ne soit pas dit qu'on nous mange ainsi la laine sur le dos! » Et quand même il est cinq heures du soir; quand même il y a cinq lieues de Verceil à Novare, nous partons à pied pour Novare : *Audaces fortuna juvat.* Le temps est radieux; bientôt, aux derniers rayons du couchant succèdent les paisibles clartés de la lune; et comme on trouve toujours du plaisir à faire librement un courageux usage de ses forces, nous faisons ces cinq lieues de ruban le plus agréablement du monde. Le ciel est si pur qu'on voit distinctement les neiges du mont Rose et toutes les dentelures de la chaîne des Alpes.

Du reste, entre Verceil et Novare, à peine rencontre-t-on, à l'exception d'un village qui est à moitié chemin, une maison habitée. Aussi les brigandeaux fréquentent-ils cette contrée, et de temps en temps ils dévalisent les personnes dévalisables. Il ne nous arrive aucune aventure de ce genre, protégés que nous sommes et par un grand nombre et par notre accoutrement modeste; mais nous apercevons ci et là, sur les bords de la route, des personnages ténébreusement équivoques qui feraient joliment frémir la bourse commune, si elle en était à passer solitaire devant eux. Ces barbus sifflent pour se faire apercevoir, et ils pêchent pour avoir l'air de faire quelque chose.

A neuf heures et demie nous sommes à Novare, où l'avant-garde a tout fait préparer. Il ne nous reste plus qu'à dévorer un souper excellent dont nous sommes dignes; de plus, les voituriers de Novare nous traitent en gens qui peuvent se passer d'eux, et nous serons portés le lendemain à Milan pour vingt-huit francs par voiture au lieu de soixante; c'est bien, certes, la vertu récompensée.

ARRIVÉE A CEDRIANO

SEPTIÈME ET HUITIÈME JOURNÉES

Novare est une jolie ville, les itinéraires en disent du bien ; industrieuse, c'est autre chose. Les gens bougent, les gens crient, d'autres se rafraîchissent, un grand nombre mendient ; mais des gens qui aient l'air d'être occupés, on n'en voit pas. Ceux qui ressembleraient le plus à des laborieux, ce sont les marchands, parce qu'ils s'occupent à demeurer assis sur leur seuil en attendant les pratiques.

Non loin de Novare, nous entrons en Lombardie, et notre passeport, dûment signé à Berne par le consul d'Autriche, se trouve redevenir en règle. Nous le croyons du moins, et aussi les employés autrichiens, qui ne sont pas en train, cette année, d'y regarder de bien près. On verra plus loin que si, comme la belette de la fable, nous entrons facilement, c'est à sortir que nous éprouvons quelque difficulté.

Déjeuner à Cedriano; il est comme celui d'hier. Pendant que la table de nos cochers accapare viandes et volailles, nous nous répartissons quelques tranches de sole, transparentes comme de la corne, quelques fragments de côtelettes qui n'ont que deux dimensions, la surface, et nous quittons la table avec un appétit bien autrement aiguisé qu'avant de nous y asseoir. Les chevaux aussi passent avant nous : pour eux on accapare l'eau, le service des gens, la sollicitude des maîtres. En revanche, c'est à nous que s'adressent les musiciens ambulants, qui, à chaque pas, tirent à vue sur nos bourses. Quelques-unes, qui ne sont pas opulentes, se passeraient de cet assidu commerce avec les Muses.

Arrive le prince Amadis, don Galaor, ou quelque chose comme cela : c'est un jeune homme frais, brillant de pommade, coiffé d'une sorte de béret, vêtu d'une blouse en nankin de forme moyen âge et d'un pantalon nankin aussi, collant et qui plonge dans des bottines bouffantes. Don Galaor traverse notre salle, et il va... et il va... manger à la table des cochers. Don Galaor serait-il un cocher, un commis voyageur, un marchand de riz? Qui sait? Dans ce drôle de pays, les choses échappent à notre mesure ; ce qui nous paraît extraordinaire y semble tout simple, et ce qui nous semble risible y paraît fort sérieux. Excepté nous, personne ne remarque cet échappé du ballet de la Scala.

Nous voudrions arriver de bonne heure à Milan ; mais nos chevaux, bêtes sages, veulent que nous ayons le temps de compter les piquets et les mûriers qui des deux côtés bordent la route impériale. Les piquets sont plus pittoresques que les mûriers ; c'est pour cela, apparemment, que l'Autriche les prodigue avec un luxe méritoire. Nous finissons pourtant par arriver à la grande ville, où nous descendons à l'hôtel du Faucon. Le petit hôte chiffreur et mielleux ne se montre pas, il est dans ses terres. A sa place se montre un hôte moins petit, point mielleux, point chiffreur, et qui ne se tient pas comme l'autre dans son cabinet vitré, accroupi entre un coffre-fort et un grand livre, inspectant, notant, additionnant et encaissant sans cesse et sans fin. Notre premier soin, c'est de faire toilette ; mais à peine sommes-nous éclatants de beauté, que voici la nuit qui nous cache dans ses ombres. Nous nous bornons donc, pour cette première soirée, à dîner d'abord, puis à hasarder quelques reconnaissances au Dôme, au Bazar, et du côté des *sorbetti pezzi* et *tutti quanti*.

Notre usage, à Milan, c'est d'y séjourner trois jours, pour chacun desquels un programme indique l'emploi des heures. Le programme de notre première journée est semblable au programme des autres journées, en sorte que, sans nous arrêter à la description des choses vues, nous nous bornerons à noter ce qui peut s'être ajouté de remarques ou d'incidents aux remarques et aux incidents des relations précédentes.

Nous commençons toujours par le Dôme. On le voit de loin, on le voit de partout; il vous voit où que vous soyez; allez donc en premier lieu présenter vos hommages à ce magnifique sultan; après quoi, vous éprouverez le contentement du courtisan qui, au lieu d'éluder l'étiquette, s'en est affranchi en s'y conformant.

Cette fois, un cicerone nous précède. Ainsi nous n'avons besoin ni de compter les marches, ni de conjecturer les hauteurs. Cet homme prétend qu'il n'y a *que* quatre mille statues de posées dans l'édifice, et qu'il en reste dix mille à poser. Au fait, c'est possible, c'est probable aussi. Les Milanais ont pour leur Duomo d'insatiables prétentions de magnificence. Le Duomo tient lieu aux Milanais de liberté, d'indépendance, de chartes et de gazettes; ils concentrent donc leurs idées et leurs vœux autour de leur Duomo, et l'Autriche leur sert des statues tant qu'ils en veulent.

Il n'y a rien de plus vrai que ceci : c'est que l'architecture, comme les autres arts, exprime, résume une pensée; d'où il suit qu'un édifice comme le Dôme, qui est en construction depuis des siècles, doit exprimer et résumer plusieurs pensées. En effet, d'un gothique religieux et sévère dans sa partie la plus ancienne, il s'embellit, au temps de la Renaissance, d'ornements plus magnifiques que sévères, plus élégants que monastiques; et, au siècle passé, la foi infiniment moins gothique des Milanais s'accommode de voir l'architecture grecque usurper la façade pour s'y étaler. Dès lors le Duomo cesse presque d'être une église, pour devenir dans la pensée de tous une merveille; c'est cette pensée qui seule s'y exprime aujourd'hui au moyen d'un luxe d'ornementation indéfini. De là ces kyrielles d'aiguilles qui n'ajoutent rien au caractère ni presque à la beauté de l'édifice, mais qui sont travaillées et finies comme des pièces de bijouterie. D'en bas, le citadin milanais ne voit quoi que ce soit de ce beau travail; mais il sait qu'il y est, il sait qu'il s'y continue; il sait que dix mille statues viendront, chacune à son tour, se poser dans leur niche invisible, et il est content. Sa pensée s'accomplit.

On répare la chapelle souterraine de Saint-Charles. C'est singulier de voir envahi par les maçons, et parsemé de pierres et d'outils, ce sanctuaire vénéré et défendu par une triple grille. Nous passons au trésor de la sacristie, qui est d'une richesse éblouissante. Les sales petits moinillons qui gardent ce trésor ne nous paraissent, cette année, ni aussi sales ni aussi effrontés qu'il y a deux ans. Cependant nous maintenons notre comparaison : ce sont les rats du Dôme, qui vont d'un trou à l'autre, fuyant le jour et rongeant ce qui se présente.

Après le Dôme, il y a dispersion, emplettes, dîner. Dans la même salle que nous dînent des habitués. Ils prennent les mêmes plats que nous, mais exactement dans l'ordre inverse : ils commencent par les pêches et finissent par la soupe.

Le chapeau de Gray attire les regards et provoque chez Harrisson un sourire qui dure encore. Il est vrai que ce chapeau est d'un haut fabuleux.

Déjà long par nature, la pluie l'a indéfiniment allongé, et le soleil l'a ensuite crispé de mille façons ingénieuses; avec cela, très bon, en sorte qu'il n'existe aucun motif suffisant pour en acheter un autre. C'est justement là ce qui rend la situation de Gray en même temps comique et déplorable.

Le soir, visite au Lazaret et promenade au Cours, qui est animé et brillant. C'est là un genre de plaisir bien italien, merveilleusement adapté aux mœurs nonchalantes du pays. Ce sont quelques quarts d'heure employés à voir et à être vu. Autant de pris. Après quoi on trotte vers son hôtel ou vers la Scala.

L'heure venue, nous trottons aussi vers la Scala, où deux loges se trouvent être mises à notre disposition par l'obligeance de M. P..., obligeance précieuse, ce jour-là surtout, car la salle est comble, et il n'y a plus de place au parterre.

On joue l'*Italienne à Alger*. Deux acteurs surtout sont en faveur, et provoquent tantôt des applaudissements universels, tantôt des bravos isolés qui partent comme un doux miaulement des diverses parties de la salle. A chaque fois l'acteur s'interrompt, salue, se prosterne. Les applaudissements redoublent, les miaulements deviennent frénétiques; alors l'acteur témoigne, par des humilités infinies, qu'il va se trouver mal de modestie souffrante. Le vacarme fini, l'acteur, au lieu de se trouver mal, entonne d'une voix ferme, et prélude à de nouveaux triomphes. On voit qu'il sait les notes sensibles, qu'il caresse les traits ravissants, et qu'il prépare les douces tempêtes qui vont le tremper de plaisir jusqu'aux os.

Le titre du ballet c'est : *le Dernier des Sforza et le Premier des Visconti*. Entre les ballets, il n'y a guère que le titre qui fasse la différence; le fond, c'est toujours un crime atroce entrelardé de danses légères dans un péristyle superbe. Un libretto donne au spectateur qui l'achète l'explication des horribles convulsions auxquelles se livrent sur la scène princes, princesses, enfants et barbons, et c'est drôle de voir beaucoup de gens suivre ce drame avec intérêt. La déclamation, l'emphase, plaisent aux Italiens, tout comme le décor les séduit et les enchante; tout cela avec une parfaite bonhomie, et en ceci ils ont certes grand'raison de prendre leur plaisir où ils le trouvent.

Dans ces ballets, les danses d'ensemble sont charmantes à voir; rien ne cause un plaisir artistique plus vif que cet accord de sons mélodieux et de mouvements remplis de grâce. Mais ce plaisir ne se retrouve guère dans les pas proprement dits, qui sont exécutés par deux danseurs et une danseuse. Ces pas sont des tours de force et non pas de la danse, et ils sont à chaque instant interrompus par de disgracieuses pirouettes. De plus, le danseur, avec sa titus et son cotillon, est toujours ridicule. Quelquefois il a des ailes, et alors plus il saute, plus il voltige, plus il est lourd papillon, et gare à l'orteil sur lequel il irait se poser! Sur ce, bonsoir.

LE COURS A MILAN

NEUVIÈME, DIXIEME ET ONZIEME JOURNÉES

C'est aujourd'hui dimanche. Milan est tout en fête, et, à la place du vacarme des jours ouvrables, on a le mouvement des promeneurs et celui des fidèles qui se rendent dans les temples. Nous-mêmes nous allons assister au service qui se fait dans le Dôme, selon le rit ambrosien. La foule est immense, et cependant les trois quarts de la nef restent déserts. Après la messe, il y a un prône. L'orateur tonne contre la médisance et s'emporte contre l'envie. Autant que nous pouvons en juger, il a du feu, son débit est pittoresque, et sa parole captive l'assemblée; mais, comme beaucoup d'orateurs, il ne sait pas finir, et, sur le point d'achever, il recommence. Nous écoutons jusqu'au bout, car l'endroit est frais et le spectacle intéressant.

De là visite à l'Ambrosienne, puis à Breyra, puis au jardin public, où les Milanais se portent en foule pour voir et pour être vus. Le jardin est vaste, mais on ne fréquente qu'une des allées. Là, entre deux rangs de chaises qui se touchent, coule un torrent de promeneurs qui se touchent : des barbus en masse, des tondus, des bleu-de-ciel, des vert-pomme, des noirs, des poudrés, des borgnes, des myopes, des maigres, des poussifs, des dandys, des endimanchés, des moroses, des joviaux, des criards, des étouffés, des bras-dessus-bras-dessous, des solitaires, des rieurs, des viveurs, des pleurards, et *tutti quanti*. Nous les regardons, c'est fort drôle, et ils nous regardent, c'est drôle aussi. Pendant ce temps, la musique des régiments autrichiens joue admirablement des airs admirables.

De là au Cours, qui est splendide. Quinze cents à deux mille équipages, la plupart fort beaux, portant beaucoup de dames en toilette, la plupart jeunes et belles. Au bout d'un moment, la tête tourne : c'est de voir tourner tant de roues. Au milieu de ce mouvement, des hussards autrichiens demeurent seuls immobiles ; on dirait des hommes de cire sur des chevaux de bois.

De là au théâtre del Re, où une troupe française joue *Mademoiselle de Belle-Isle*. Les acteurs sont bons et valent presque mieux que la pièce, qui a peu de mérite et beaucoup d'intérêt. — De là dans nos lits.

Le jour suivant nous donnons dans l'architecture. Notre première course est à l'église Santo-Lorenzo, auprès de laquelle se voient encore debout seize colonnes frustes et majestueuses. Ce sont les seules antiquités romaines qu'il y ait dans toute la ville de Milan, si souvent ravagée ou détruite.

Nous nous dirigeons ensuite vers l'arc du Simplon aujourd'hui achevé ou à peu près. C'est une belle chose. Que si l'on y cherche la pensée, on la trouve dans les bas-reliefs, où la figure de Napoléon a été changée en la figure d'un empereur d'Autriche, dans cet arc de la guerre changé en arc de la paix. Pensée équivoque! arc équivoque, mais d'une magnificence impériale. La plupart des sculptures n'y ont pas pourtant un grand mérite intrinsèque : travail d'ouvriers plus que d'artistes, à mille lieues des sculptures du chœur au Dôme, à deux mille lieues des moindres sculptures antiques du beau temps. Ce qui est vraiment beau, original, plein de feu et de génie, ce sont les chevaux de bronze qui, sur le sommet de l'arc, tirent le quadrige de la Paix. Aux deux côtés de l'arc, on a construit deux bâtiments de goût médiocre, qui nuisent au coup d'œil de l'ensemble.

De là aux Arènes, et de là à nos affaires, car nous partons demain, et il s'agit de redescendre aux menus soins que réclament nos sacs. En retournant à l'hôtel, un monsieur arrête M. Töpffer, le questionne, et s'y prend de telle sorte, que M. Töpffer lui demande qui il est et où il en veut venir. « A vous confier mon garçon, lui dit-il. Où logez-vous? quand partez-vous? etc., etc. » On lui répond bref, et l'on passe outre. Ce monsieur rappelle le chevalier de G..., qui a pour industrie de questionner amicalement les gens; seulement, celui-ci est moins amical et moins dromadaire aussi.

Le moment où l'on règle avec la blanchisseuse, où l'on se distribue bas et chemises, où l'on force à rentrer dans le sac le petit ménage qu'on en avait sorti en arrivant, ce n'est pas, à vrai dire, le plus joli moment d'un séjour à Milan. Aussi, après avoir accompli ces tristes soins, il s'agit de nous régaler de quelque plaisir : on parle de spectacle. Mais lequel choisir? La plupart, qui ont la mémoire encore fraîche des exercices équestres de M. Garnier, sont pour un circo olimpico dont l'affiche promet beaucoup : *Il terribile Sicario di Spania*, et autres épiceries en grandes majuscules. Nous nous y rendons. Au prix de 75 centimes le billet, on nous ouvre toutes grandes les loges réservées. De là nous voyons le cirque proprement dit livré à la foule; tout autour un amphithéâtre rempli de monde, et dans le fond, sur un théâtre éclairé par la lumière des cieux, une héroïne aussi gémissante qu'échevelée, deux ou trois *terribile Sicario di Spania*, un fantôme et les chevaliers de la Mort, mais point de chevaux, rien d'équestre.

Un peu désappointés d'abord, nous reconnaissons ensuite que nous sommes tombés sur un genre de spectacle qui est pour nous plus neuf que ne pourraient l'être les voltiges du cirque. C'est ici le drame populaire de Milan; et ces spectateurs attentifs et silencieux, ce sont ces mêmes ouvriers, ces portefaix, ces petits marchands d'ordinaire si bruyants et si criards. Ils sont émus, attendris par les infortunes de la belle Inès, terrifiés par la scélératesse du terrible Sicario, et prêts à se joindre aux chevaliers de la Mort pour sauver Inès et la rendre à son amant courageux, magnanime et désespéré. Excités par cette attention qui leur est prêtée et par la sincérité des émotions qu'ils font naître, les acteurs se livrent tout entiers à l'expression de leur rôle, et ils passent alors de l'emphatique au passionné, tandis que nous-mêmes, sans trop comprendre ce qu'ils disent, nous sommes captivés, et du sourire nous passons au sérieux.

Les gens dont nous sommes entourés sont, comme je l'ai dit, du petit peuple; plusieurs simples ouvriers ont, comme dans la rue, la veste jetée sur l'épaule; à coup sûr, la superstition et l'ignorance sont leur partage, mais en même temps ils sont Italiens, et ils sont captivés là par des choses qui exigent sinon des lumières, au moins de l'imagination, une intelligence poétique, un sentiment grossier, mais vif de l'art. A un pareil spectacle, nos Suisses de même condition saisiraient peu, ne goûteraient rien. Mais voici ce qui est plus caractéristique : dans un entr'acte la toile se lève, et un chevalier de la Mort vient annoncer le spectacle du lendemain. Ce spectacle sera une procession de tous les dieux de l'Olympe. Le chevalier les nomme, les caractérise, les loue ou les raille, et il termine sa harangue en promettant une représentation *bellissima*, si Jupiter, qui est lui-même intéressé, veut bien ne pas pleuvoir pour ce jour-là. L'assemblée paraît tout à fait au courant des choses de l'Olympe et fort contente du spectacle annoncé.

Nous quittons à regret Milan; Harrison surtout, qui y laisse des parents chez qui il a été délicieuse-

ment accueilli et fêté. Il aimerait que Milan partît avec nous. De plus, il ne se réjouit point de retrouver les Alpes et la Suisse, parce que, dit-il, « c'été toujours exactement la même chose : une montagne à droite, une montagne à gauche, et le chemin entre deux. »

Nous voilà donc redevenus piétons, et marchant en droite ligne d'un piquet à un autre jusqu'à Côme. Un monsieur de Milan, en costume de citadin, nous regarde curieusement, et saisit l'occasion d'entrer en conversation. Nous lui apprenons qui nous sommes et comment nous employons nos vacances à voyager. L'idée paraît admirable à ce monsieur, toute nouvelle surtout, et il la décore du nom de système. Il y a des gens qui ne conçoivent rien que sous la forme de système, en éducation surtout. Si l'on mange de la main droite, si l'on part du pied gauche, système. Ce n'est pas la faute de ces gens. c'est plutôt celle des Gribouille, des Farcet, des Parpalozzi, qui ont préconisé les méthodes et inventé les systèmes, tout comme d'autres ont inventé le remède Leroy et préconisé les omnibus-restaurants.

La chaleur est grande, ce qui est cause que nous entrons chez un cordonnier, parce que ce cordonnier vend de la bière; mais cette bière se trouve être de la mousse, mousse furieuse qui détone, s'élance, s'éparpille, met le désordre dans nos rangs et fait du cordonnier un triton blanchi d'écume. C'est notre seconde tentative infructueuse pour nous désaltérer avec de la bière, et nous en sommes à nous demander ce que les naturels peuvent trouver de désaltérant à cette écume sèche et amère. Nous préférerions l'eau de beaucoup; mais il n'y a dans toute la contrée que des citernes, qui ne sont pas à notre portée.

Buvette à Barlassina, avec melon au dessert. C'est ici que Gray le mécanicien s'adjuge un melon dont il mange une partie, et dont il mécanise l'autre aux fins d'y introduire une ficelle de support; il s'introduit ensuite dans la ficelle, et, joyeux de la réussite, il tire son silex et en fait jaillir des étincelles de satisfaction.

Le ciel s'est lentement couvert de nuages, le soleil ne luit plus pour nous, et au moment où nous arrivons à Côme, la pluie commence à tomber; mais nous trouvons un abri à l'hôtel et un sous-abri chez un épicier qui propose de nous faire des glaces. Nous acceptons, et cette opération emploie toute la soirée, parce que l'épicier, aidé de toute sa famille, fait les glaces trois par trois. Nous sommes vingt-quatre.

PORTE DE COME

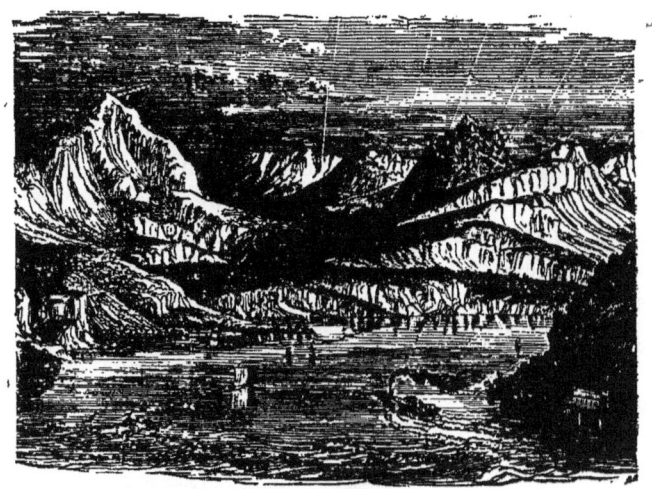

LAC DE COME

DOUZIÈME ET TREIZIÈME JOURNÉES

Nous devons aujourd'hui naviguer mollement entre les rives merveilleusement belles du lac de Côme, pour débarquer à Domazo, et de là poursuivre jusqu'à Chiavenne. Par malheur, au moment où nous entrons sur le bateau à vapeur, la pluie se met de la partie, et les nuées descendent à point nommé pour nous cacher les merveilleuses rives.

Le bateau est petit sans être mignon. L'équipage est bourru, et le capitaine est un ourson trapu dont le langage respire une forte odeur d'ail. Avec nous il y a un touriste pur sang qui va où son itinéraire le pousse, et un monsieur milanais fort aimable, tout rempli à notre égard d'une bienveillante politesse, et qui nous dote d'une lettre de recommandation auprès de M. Quadri, l'ingénieur qui dirige les travaux de la route de Splugen.

Nous avons fait prix avec l'ourson pour notre passage et pour notre déjeuner; mais voici que le bateau ne possède que huit tasses. A la suite des conférences, dans lesquelles le monsieur milanais sert de drogman, il est arrêté que nous déjeunerons successivement par sociétés de huit; les autres jeûneront en attendant leur tour. Si le monsieur d'hier arrivait, il croirait que c'est un système.

Mais voici bien une autre fête. Des gorges du Splugen nous arrive un vent effroyable qui soulève des vagues énormes sur lesquelles notre bateau danse comme une coquille de noix. Les cœurs s'affadissent à vue d'œil; l'ourson jure, l'équipage grommelle, et trois hommes qui sont au gouvernail ont l'air d'humeur à tout lâcher. Pendant trois heures environ nous dansons de cette façon sans avancer d'un demi-mille. Il y a des moments où évidemment nous retournons à Côme. A la fin, le vent se calme et nous abordons à Domazo. La pluie paraît si bien établie, qu'il faut renoncer à aller plus loin. Pendant que nous nous abritons dans un café borgne, des plénipotentiaires vont parlementer à l'auberge. Un traité est conclu, et aussitôt, du café, nous nous transvasons dans une hôtellerie qui n'a pas vu souvent des tombées pareilles. A peine la cuisinière nous a aperçus, qu'elle s'arme d'un grand couteau, descend à la basse-cour, et six poulets perdent la vie.

Il faudrait que vingt-quatre personnes eussent entre elles toutes bien peu de ressources pour ne pas supporter gaiement la contrariété de quelques heures de pluie. Aussitôt casés, nous faisons un programme de jeux, et les jeux se succèdent jusqu'au soir, qui arrive encore trop tôt à notre gré. On commence par les jeux d'esprit, qui ont ceci de bon, que l'esprit n'y est point de rigueur, et que les bonnes bêtises y font plaisir. Viennent ensuite les jeux à gages, qui amènent des condamnations où se délecte l'espièglerie des juges. Enfin les jeux scéniques ont leur tour : trois troupes dramatiques se forment et représentent tour à tour une charade en action. Les femmes de la maison, du fond de la salle, considèrent attentivement ces spectacles, qui leur semblent aussi étranges qu'admirables, et dans une scène où M. Töpffer, chirurgien-dentiste, armé d'une paire de pincettes et d'un manche de pelle, arrache au major une dent grosse comme sa tabatière, elles prennent la chose au sérieux, s'approchent, compatissent, s'effrayent, et se font sans doute une idée diabolique de cette assemblée qui éclate de rire aux atroces souffrances d'un infortuné major.

La pluie a enfin cessé. Le voile des nuées se déchire et s'éparpille en lambeaux qui laissent voir dans leurs interstices les fraîches rives du lac; puis un soleil vient caresser la croupe des monts et faire scintiller les villas et les bourgades.

Nous suivons la rive droite du lac jusqu'à un endroit nommé *il Passo*, où une barque nous transporte de l'autre côté de l'Adda. C'est là que nous rejoignons la grande route du Splugen, qui suit la rive gauche, et dont nous nous sommes écartés à Côme.

Les bateliers nous ont indiqué une spéculation à faire au travers d'une plaine déserte où il n'y a de vivant qu'un cochon. Il paraît que ce cochon, las de la solitude comme d'autres sont las du monde et du bruit, serait charmé de renouer avec les humains. Il veut absolument être des nôtres; nous le repoussons. Alors il se choisit pour ami intime d'Arbely demeuré en arrière, et il l'accompagne avec une constance qui méritait quelque retour d'amitié. D'Arbely rejoint, et nous travaillons en commun à dissuader ce cochon de ses projets. Par malheur, il est têtu.

Cette route du Splugen est magnifiquement établie : ponts, canaux, tout est richement construit, et de distance, en distance une fontaine de marbre invite le voyageur à se désaltérer à son onde. De plus, les environs de la route pullulent d'arbrisseaux chargés de mûres. On récolte, on dessine, on admire des flaques où se répètent avec

une miraculeuse fidélité et la fraîche montagne qui nous enveloppe de son ombre, et le ciel argentin qui nous recouvre.

Il faut tout le charme de ces impressions, il faut ces mûres surtout, pour nous empêcher de périr d'un jeûne affreux et sans remède, car il n'y a pas une maison dans la contrée que nous parcourons. A la fin nous arrivons à Novale, petit bourg situé à l'extrémité supérieure du lac, et notre étoile veut que nous y trouvions tout ce qui peut combler notre creux et plaire à notre appétit. Aussi la fondation va son train, et il en est bien peu qui, après avoir fondé, ne fondent encore, et ne refondent par scrupule et crainte des lézardes. Ce qui aide, c'est que le pain est chaud et que les œufs sont cuits durs.

L'entretien s'anime. Harrison émet des idées tendant à exprimer l'opinion absolue qu'il a de sa propre figure. Aussitôt quelques-uns cherchent à l'engager dans le relatif, et le poussent traîtreusement à se comparer avec tels ou  tels. Harrison tombe d'une jambe dans le piège, et de l'autre n'y tombe pas. Ainsi équilibré, il soutient l'assaut sans être vaincu, sans pouvoir vaincre; d'où suit que cette discussion est encore ouverte et florissante à l'heure qu'il est.

Mais au plus fort de la discussion, voici bien

une autre fête. La chaise de Harrison fléchit les deux jarrets de devant, et l'orateur tombe par terre... Harrison, toujours discutant, se relève et veut restaurer les deux jarrets de sa chaise, lorsqu'il s'aperçoit que son propre jarret a souffert tout autant que ceux de la chaise. Alors on remarque qu'au voyage passé, Harrison eut déjà mal au jarret par suite d'une contusion; voici qu'à ce voyage encore il a mal au jarret par suite d'une contusion aussi. Il s'agit donc de savoir si l'on ne doit pas conclure logiquement que Harrison jouit au jarret d'une maladie héréditaire et chronique. Harrison combat cette opinion, que d'autres soutiennent infiniment, et il s'ensuit une discussion qui est encore ouverte et florissante à l'heure qu'il est.

Il s'agit aussi de savoir si Harrison est de Londres, d'Irlande, d'Exeter ou de Guernesey. Harrison affirme bien être né à Exeter; mais, d'une part, la chancellerie de Genève l'a inscrit au passeport comme natif de Guernesey, et, d'autre part, à plusieurs reprises, des gens l'ont pris pour un Bernois, ce qui prouverait qu'il n'est pas d'Exeter. Autre discussion qui, reprise chaque jour, est encore florissante à l'heure qu'il est.

Il s'agit pareillement de savoir qui payera le rossoglio, de Harrison ou de M. Töpffer. En vertu d'un contrat fait entre les parties avant le départ, il est convenu que Harrison porte, et que M. Töpffer paye. Harrison porte bien; mais, d'autre part,

M. Töpffer ne boit pas, soit parce que Harrison a tout bu, soit parce que M. Töpffer, qui est à l'arrière-garde, ne saurait atteindre à son rossoglio, qui marche à l'avant-garde. Discussion-procès qui est encore pendante et florissante à l'heure qu'il est.

Enfin il s'agit de savoir si Harrison est bien fondé à s'abstenir systématiquement de toute spéculation abréviatoire; et subsidiairement si, dans son propre système, il n'est pas inconséquent lorsqu'il fait secrètement de petites spéculations furtives qui semblent infirmer ses principes et jeter du doute sur ses convictions. C'est encore là une discussion qui, ainsi que d'autres discussions accessoires, pend et fleurit encore à l'heure qu'il est.

Rien n'altère comme une discussion, surtout si l'on marche ferme sous un soleil ardent. Aussi, voyant sur un écriteau *Birrone di Chiavenna*, nous entrons pour nous rafraîchir... Pas de mousse, mais une amertume auprès de laquelle le vermouth est de l'eau sucrée. Grande est donc notre surprise en apprenant que cette décoction de rhubarbe est fort estimée dans le pays.

Nous arrivons à Chiavenna, long bourg situé au pied du Splugen. Ici nous manquons le chemin, et au bout d'un quart d'heure de fausse route, il nous faut retraverser tout Chiavenna, long bourg situé au pied du Splugen. Au bout d'un quart d'heure de bonne route, on nous avertit qu'il faut retourner à Chiavenna, long bourg situé au pied du Splugen, pour y faire viser notre passeport. Nous aimons mieux y envoyer chercher le visa par un exprès, que nous attendons sous la treille d'une guinguette. Des messieurs qui sont là ne manquent pas de prendre Harrison pour un Allemand de Berne.

Il y a à Chiavenne, comme aux environs de Lugano, des caves naturelles d'une fraîcheur extraordinaire, où le vin acquiert, dit-on, des qualités précieuses. Ces caves sont formées par d'immenses rocs éboulés qui laissent entre eux des cavités dont les Chiavennais maçonnent l'ouverture en y ménageant une porte. Notre treille est sur le seuil d'un de ces antres de Bacchus.

Au delà de Chiavenne on atteint la région des châtaigniers. La contrée est délicieuse, sauvage et italienne à la fois, présentant le contraste de roches fauves et d'une végétation sombre et colorée. C'est, d'après la Via Mala, la plus belle partie du passage, sans compter des mendiants dont les guenilles sont admirables de forme et de couleur. Comme la route zigzague, il y a matière à de nombreuses spéculations. Harrison s'abstient, et le major aussi, aux fins de pouvoir continuer avec Harrison une discussion qui a déjà deux lieues de long. D'autre part, M. Töpffer se démoralise, et, chose honteuse, organise dans toute l'arrière-garde une démoralisation effrénée. A l'exemple du chef, ils haltent partout, et partout se laissent choir sur les gazons; enfin le gazon manque heureusement, et la pluie arrive qui chasse ces traînards sur Campo Dolcino, où l'avant-garde est arrivée depuis deux heures.

Nous avons marché aujourd'hui dix heures avec le sac sur le dos; aussi le souper se faisant attendre, chacun tombe de sommeil et dort là où il est tombé, jusqu'à ce que la soupe chasse tous ces dormeurs autour de la table. Tout est mouton, l'entrée, le rôti et l'entremets.

SPLUGEN AU DELA DE CHIAVENNE

LE PAS DIFFICILE

QUATORZIÈME ET QUINZIÈME JOURNÉES

Notre hôtesse est méticuleuse, timorée, pleine d'angoisses. Elle ne peut assez se persuader que vingt-quatre personnes, à trois francs par tête, donnent soixante-douze francs. Un morceau de craie à la main, elle erre de table en table, additionnant, supputant, convaincue à la fin, et cependant en peine encore. Elle tient les soixante-douze francs, et elle voudrait aussi nous retenir pour otages. Cette dame, pour peu que son hôtel soit fréquenté, mourra jeune ; heureusement qu'elle est âgée déjà.

Il ne pleut pas, mais c'est tout comme : un

brouillard épais nous enveloppe et nous mouille. A quelque distance de Campo Dolcino, nous apercevons au-dessus de nos têtes des ouvriers qui travaillent à la route. L'un d'eux se détache des autres, et vient nous prévenir qu'il n'y a pas moyen de passer sans danger de mort; en même temps il nous indique un sentier qui rejoint la route plus haut. Nous nous y engageons.

Ce sentier n'est d'abord qu'une rampe tellement rapide, que si, à la vérité, on peut y monter, grâce à la nature du terrain, il serait dangereux de la redescendre; au delà il est moins ardu et mieux tracé, et M. Töpffer commence à se rassurer, lorsque, à la vue d'un pas qu'il faut absolument franchir, il s'arrête en proie à une émotion dont il est peu le maître. Ce pas consiste en un bout de sentier en corniche, large de quatre semelles, incliné sur un précipice à pic et appuyé contre un rocher qui surplombe. Danger en avant, danger en arrière, il n'y a pas à reculer. Alors David le majordome et Bryan l'oiseleur, gens de pied sûr et de terre ferme, passent tous les sacs de l'autre côté; après quoi, ils reviennent tendre la main à chacun de nous, et, grâce à Dieu, nous voilà tous de l'autre côté et en vie.

M. Töpffer a éprouvé dans ses voyages des inquiétudes plus longues, mais jamais d'aussi vives; heureusement, et les longues et les vives sont fort rares, sans quoi il faudrait bien vite quitter le métier. Après ce terrible moment, voulant à tout prix ramener son monde sur la route, il guide dans un couloir qui y aboutit, à sept pieds de hauteur près. Le saut est un peu fort pour un homme de poids. Toutefois, l'homme de poids s'en tire avec l'aide d'un naturel qui lui apprend ce qu'il sait déjà bien : *Voi siete grande, grosso e grasso!*

C'est dommage que le danger soit chose au fond si dangereuse, sans quoi on s'y jetterait rien que pour éprouver cette joie puissante, ce reconnaissant élan du cœur qui accompagne la délivrance. Il est peu de sentiments plus forts, plus doux, sans compter que cette habituelle sécurité, dont nous jouissons sans y prendre garde, devient, après ces alarmes, un bien charmant et inestimable, un breuvage dont la douceur enchante sans enivrer.

Dans ce point de vue, cette large route du Splugen paraît à M. Töpffer admirablement conçue, et il se sent des tendresses pour l'empereur d'Autriche, qui a voulu que, toute large qu'elle est, il y eût partout barrières et bouteroues. De plus, on y voyage trois quarts d'heure environ, et aux plus mauvais endroits, dans des galeries tutélaires, non point percées dans le roc, mais tout entières construites de main d'homme avec une riche et prévoyante solidité. Au delà on trouve une maison de refuge où il n'y a que de l'eau de cerise et du pain ; c'est bien quelque chose : nous mettons à profit ces ressources.

De refuge en refuge, et au travers du brouillard, nous arrivons au sommet, où l'on trouve le dernier hameau lombard, composé de deux ou trois auberges et d'une grande maison réservée aux employés du gouvernement. Avant toute chose nous déjeunons. Les tasses manquent pour un aussi grand nombre de convives; mais à la place viennent bols, saladiers, cuves, et nous nous accommodons fort d'un système qui approprie la capacité des ustensiles à la capacité de nos estomacs. Pendant le repas, la salle s'emplit des employés qui viennent jouir du spectacle. Ils sont tous barbus et chevelus comme le roi Alboin. Parmi eux est le commissaire, par qui M. Töpffer est averti qu'il ait à se rendre après déjeuner, avec toute sa troupe, au commissariat, pour y être fait un exact inventaire de nos personnes.

Nous nous conformons à ces ordres. On nous fait mettre en ligne comme des conscrits, et le commissaire procède lui-même à un appel détaillé et personnel; après quoi, s'adressant à M. Töpffer : « Voici, monsieur, un nom, Azanta, qui n'est représenté par personne, et voici un jeune homme, A. de Rosenberg, qui n'est représenté sur votre passeport par aucun nom. » M. Töpffer regarde : « Rien n'est plus vrai; » seulement, il ne s'en était pas aperçu. « Vous voyez, ajoute le commissaire, que vous n'êtes pas en règle, et que je ne puis vous laisser passer outre. — Mais ma parole... — Ne me fait absolument rien. Il me faut une garantie légale, ou bien je puis croire que vous avez ramené à Milan un petit Lombard, Azanta, auquel vous avez substitué un autre petit Lombard, celui que vous appelez Rosenberg, en fraudant nos lois qui défendent que les sujets de Sa Majesté soient élevés hors du pays. — Rien n'est plus juste, répond M. Töpffer, et je voudrais de tout mon cœur étayer ma parole de toutes sortes de garanties lé-

gales, mais on n'en trouve point sur cette diable de montagne. »

Pendant trois quarts d'heure le débat en reste là, et nos conscrits, toujours en ligne et en blouse aussi, sont glacés de froid. A la fin, M. Töpffer a l'idée de présenter comme garantie légale une lettre que de Rosenberg a reçue de ses parents, à Milan ; et après bien des pourparlers que le commissaire prolonge à dessein pour éprouver notre bonne foi, il consent à se contenter de cette pièce, qui demeure entre ses mains. « Pour le reste, dit-il, je le ferai vérifier par notre police. »

Ainsi nous pouvons passer outre; mais de cette aventure il ressort deux choses : l'une, que si l'on veut faire des étourderies, il faut que ce soit partout ailleurs qu'en matière de passeport, surtout pour aller en Autriche : l'autre, c'est que si l'étourderie a eu lieu, il faut se garder par-dessus tout de vouloir en esquiver les conséquences par le moindre mensonge, par la plus petite explication frauduleuse. Au bout d'une heure, ou même avant, si vous êtes demeuré dans l'exacte vérité, votre bonne foi sera reconnue et l'on vous laissera passer. Si au contraire vous vous embarrassez dans quelque innocent mensonge, quelque inoffensif que vous soyez au fond, au bout d'une heure vous aurez déjà soulevé des soupçons, et au bout de trois jours vous serez peut-être encore entre les mains du commissaire et des carabiniers.

Dans la crainte qu'il ne survienne quelques scrupules au commissaire, nous nous hâtons de partir, et nous ne tardons pas à passer la frontière. Dès lors, le rôle de notre passeport est fini. Adieu! visa, commissaires, et toutes ces abominables inventions. Nous n'avons plus qu'à ne tuer personne, qu'à ne voler personne, et nul ne se fera souci de nous. On ne retrouve pas ses avantages sans plaisir.

Sur ce revers, la route zigzague aussi; nous la quittons pour nous engager dans une spéculation où le sentier va droit au fait sans tant d'ambages. Le voyageur Harrison, à cause de son système, suit tous les contours de la chaussée. C'est fort bien ; mais vers le bas, il avise un petit bout de spéculation si doux, si plein, si avantageux, qu'il cède à la tentation et s'y engage. C'est fort mal, son système en souffre. Du reste, le temps s'est élevé, la température est délicieuse, et nous arrivons en moins de deux heures à Splugen, au bas de la montagne. Ici nous rejoignons notre route de l'an passé. Pour porter nos sacs et un éclopé, M. Töpffer loue un char. Le cocher de ce char part sans veste, sans chapeau, et il guide sans rêne un cheval borgne. Toutefois il n'y a rien à craindre, c'est la façon du pays de s'en fier au cheval. La bête intelligente, qui connaît la route, ne s'effraye jamais, se détourne toute seule, retient sans avertissement et s'arrête au moindre signe.

Frambroises, ambresailles, fraises! c'est ici le coin. La pension broute. Ambresailles, c'est le mot savoyard, je crois, pour désigner les myrtilles. Ainsi recueilli entre les granits et sous l'ombre des forêts, ce petit fruit fait un plaisir merveilleux.

A Andeer, il se trouve que nous avons fait neuf lieues : c'est une bonne journée, mais il n'est que cinq heures. On décide donc de pousser jusqu'à Tusis, et, sans perdre de temps, nous nous enfonçons dans les gorges de la Via Mala. Nous avons décrit ce magnifique passage dans la relation de l'an passé ; ainsi nous nous bornons à illustrer notre description de deux nouveaux croquis. L'un d'eux représente la sortie de la Via Mala, et le château de Rhétus sur le rocher à droite.

De Tusis à Reichenau, c'est encore notre route de l'an passé. Reichenau est un endroit très célèbre, d'abord parce que Louis-Philippe y a été maître d'école, ensuite parce que nous y faisons un déjeuner qui est mis d'une commune voix au-dessus de tous les déjeuners passés et présents. Tout par tonnes et par charretées. Des gens qui lisent dans nos yeux nos moindres et nos plus gros désirs. Un hôte qui veille à la diligence et à la perfection du service. Et le tout à un franc par tête.

Nous parlons souvent de déjeuners et de dîners, c'est peu récréatif pour le lecteur; mais dans nos voyages, et dans chaque journée de nos voyages, ces deux choses occupent, sans aucun doute, la plus importante place. Comment pourrions-nous, sans mentir à l'histoire, n'en faire aucune mention? Comment pourrions-nous aussi, sans une noire ingratitude, passer sous silence ce déjeuner magnifique et presque gratuit, ces noces de Gamache où nous nous régalâmes à l'égal de Sancho?

A Reichenau nous quittons notre route de l'an passé pour nous engager dans la haute vallée de Dissentis; c'est que de la vallée du Rhin nous pouvons passer dans celle de la Reuss, pour de là gagner, par la Furca et le Grimsel, la vallée de l'Aar. Un petit chariot grison, approprié aux difficultés de cette route de traverse, porte nos sacs et Robert

Grey, voyageur éminemment sujet aux ampoules.

Le pays où nous entrons est agreste, pastoral, peu connu, et à peine fréquenté par quelques touristes ; aussi y trouvons-nous ce charme de solitude et de liberté qui est tout particulièrement notre affaire. On se disperse, on marche à l'aventure, on va à la découverte, on spécule plus ou

moins heureusement, et une marche de cinq lieues ressemble à une courte promenade. A mi-chemin, on rencontre, au milieu d'un bois, une petite maisonnette à enseigne, où tout est propre, où le vin est excellent, le pain savoureux. La maîtresse, bonne vieille, s'intéresse aux ampoules de Grey, les panse elle-même, et nous donne une provision de l'onguent dont elle les oint. Nous restons peu de temps dans cet endroit, mais assez pour ne l'oublier pas ; car, outre qu'il est délicieux d'ombrage et de calme, les soins presque maternels de cette bonne femme sont un trait d'hospitalité patriarcale dont le cœur garde mémoire.

Plus loin, halte auprès d'une chapelle, en compagnie d'un naturel qui porte sur son dos une charge de beurre. C'est fort bien. Mais le beurre, réchauffé par le dos du naturel, découle tout naturellement le long de la veste, d'où il cascade sur ses mollets. Le bonhomme ne paraît pas attacher d'importance à ces incongruités, qui néanmoins rendent son commerce peu sûr. Cependant un gras capucin, portant lunettes et parapluie et monté sur un grand âne, traverse le taillis voisin.

De cette chapelle, on redescend, au travers d'une campagne fertile et boisée, sur Hanz, le lieu de la couchée et du souper aussi, qui est misérable, coriace et cher. Le pain même ne nous est livré que par toutes petites rations. C'est la raison Sceli et Compagnie qui nous régale ainsi.

PRÈS DE CEDRUNS

SEIZIÈME ET DIX-SEPTIÈME JOURNÉES

La journée s'ouvre par un orage. Hier, nous sommes convenus d'un prix *argent de France*. Voici que, ce matin, la raison Seeli et Compagnie prétend que, dans l'espace d'une nuit, ce prix a tourné de l'argent de France à l'argent de Suisse. M. Töpffer se fâche tout rouge; la raison Seeli et Compagnie se débat toute pâle, et crie bientôt merci. Tout n'est pas âge d'or dans ces montagnes, ou bien est-ce que la raison Seeli et Compagnie entend l'âge d'or dans le sens propre et purement métallique?

De Hanz nous cheminons sur Trons, village où, entre autres monuments historiques, on remarque le hêtre qui abrita en 1414 le serment de la Ligue grise. Ce hêtre vénéré est entouré d'une grille; tout auprès s'élève une chapelle dont les murs sont couverts de peintures et d'inscriptions qui re rapportent aux mêmes événements. On ne parle plus ici que le romansch, ce qui rend difficiles et quelquefois impossibles nos communications. Toutefois, nous nous hasardons à entrer chez le landamman, qui est aubergiste; nous trouvons là deux landammans au lieu d'un, tous deux patelins, infiniment gracieux, et qui nous sourient d'une bouche si grande, si grande, que, comme le petit Chaperon Rouge, nous avons peur d'être dévorés. « Nous voudrions manger. — Oui. — Sera-ce cher? — Oui. — Mais pourquoi donc? — Oui. — Donnez-nous du fromage. — Oui. — Et des omelettes. — Oui. » Et à chaque *oui* ce sont des hiatus de sourire à faire trembler de la chair fraîche... Les deux landammans nous apportent un fromage qui réunit toutes les puanteurs connues et inconnues, puis ils courent s'occuper d'omelettes et tenir ensemble le manche de la poêle, qu'ils secouent en souriant, à la lueur d'un grand feu. C'est infernal, mais les omelettes sont exquises. Nous demandons la note. Nous sommes plumés, mais on nous laisse notre chair.

Pendant que nous mangeons nos omelettes, une scène très intéressante appelle notre attention.

C'est sur la place du village, devant l'église. On voit d'un côté quatre anciens, et en face des anciens, cent à cent cinquante pâtres debout, disposés en cercle. C'est une assemblée délibérante. Un homme, qui en est chargé d'office, offre la parole ; celui qui l'accepte ôte son chapeau de dessus sa tête et sa pipe de sa bouche, puis il émet son opi-

nion au milieu du silence et de l'immobilité de tous les autres. Malgré la rustique simplicité de ces formes, on reconnaît bientôt chez ces hommes l'habitude de la délibération et l'intelligence parfaite des règles et des convenances que réclame une discussion publique. Et ce qu'il y a de caractéristique, c'est que, à deux reprises, les rangs de l'assemblée sont rompus sans que la délibération soit le moins du monde interrompue ni troublée. La première fois, c'est un baptême qui se rend à l'église; la seconde fois, c'est un troupeau de vaches qui traverse et passe outre.

Cette scène est pittoresque au plus haut degré; un peintre qui la peindrait avec tout son caractère ferait un tableau d'une rare beauté. Pour tout homme, elle est un spectacle digne du plus vif et du plus sérieux intérêt.

Au delà de Trons, la pluie nous atteint et nous accompagne jusqu'à Dissentis, où nous allons loger à la maison de justice. Reçus dans une grande salle, nous y trouvons le trône du juge, une grande épée de cinq pieds, qu'il tient dans ses mains lorsqu'il rend ses arrêts, des massues à pointes, et la déesse Thémis pendue au plafond et dorée sur tranche. Tout indique d'anciennes coutumes, des us primitifs, sans compter des cachots et des trappes, dont une s'ouvre sous le lit d'une de nos chambres à coucher. Du reste, en fait de comestibles, nous ne trouvons que du pain noir et des petits cochons, des petits cochons et du pain noir.

Bryan l'oiseleur sort de table sans être aperçu et va se blottir dans le cachot, sous la trappe. Il y attend pendant deux heures que ses cinq camarades de chambre soient couchés et sommeillants, puis il simule une scène de brigands. Trois sommeillent et le laissent faire. Deux se réveillent, qui voudraient bien avoir la grande épée pour en pourfendre le brigand, et tout finit par des rires. Mais ce jeu-là n'en est pas moins à proscrire. La peur, outre qu'elle a ses dangers, peut conseiller une résistance sérieuse et amener une catastrophe au lieu d'une plaisanterie.

Pendant toute la nuit le ciel se fond en eau, et au matin il est loin encore d'être tout fondu. Nous apprenons que de toutes parts les ponts sont enlevés, et qu'une femme envoyée je ne sais où, pour nous chercher du pain blanc, demeure séparée de nous par un torrent furieux. Les moines sont aux fenêtres du couvent, qui regardent tomber la pluie. Il serait difficile de se représenter un trou plus noyé, plus perdu, plus morne et désolé que ne l'est

ce jour-là Dissentis. Comme il ne faut pas songer à se mettre en route, nous faisons nos dispositions pour passer la journée dans ce trou, avec du pain noir et des petits cochons.

La maison est vaste. Nous faisons chauffer une grande salle, dans laquelle se trouve une table assez longue pour nous permettre d'y adopter chacun notre place. Là, chacun dessine, met à jour son journal ou sa correspondance; puis on recommence, à quelque différence près, toute la série des jeux, qui ne sont interrompus que par l'arrivée du pain noir et des petits cochons, auxquels on adjoint du chamois, mais du chamois apprêté au sucre, ce qui est plus original qu'excellent. Après le repas, Harrison propose que l'on joue à Malet-Coliard (Colin-Maillard); mais il est peu compris, et l'on joue à la bête.

La pluie n'a pas cessé un instant de tomber par torrents, et nous nous couchons au bruit des grandes cataractes.

LE COL DE L'OBER-ALP

DIX-HUITIÈME ET DIX-NEUVIÈME JOURNÉES

La journée s'ouvre par une immense soupe au riz. Après quoi, déterminés que nous sommes à ne pas finir nos jours à Dissentis, nous partons, bien que le temps soit encore abominable, et les sentiers boueux comme les Palus-Méotides.

Au bout de deux heures de boue, nous arrivons au pied de la montagne qu'il faut passer pour arriver à Andermatt, dans la vallée de la Reuss. Il y a dans cet endroit un misérable hameau, fort heureusement pour nous. En effet, les montagnards qui l'habitent, landamman en tête, viennent à nous et nous avertissent que, si nous tentons de passer la montagne, il pourra se faire que nous périssions tous sous l'avalanche. Ceci nous semble une bourde. Mais un aubergiste qui parle français confirme de tout point cette assertion; seulement, il ajoute que dans deux ou trois heures, si le temps continue d'être doux, toutes les avalanches seront tombées, et nous pourrons alors passer sans danger. Il s'offre de nous guider lui-même, et répond de notre sûreté à tous. Nous acceptons l'offre de ce brave homme, et, pour gagner du temps, nous allons faire une buvette à son auberge.

Le moment venu, nous nous remettons en route. le temps est doux, mais des plus vilains. On rencontre des troupeaux qui redescendent, chassés qu'ils sont des hauteurs par une neige épaisse dans laquelle nous enfonçons jusqu'aux genoux, et qui recouvre des boues noires comme l'encre, où nous enfonçons aussi. A notre gauche est le mont Badus, où sont les sources du Rhin, mais un brouillard pluvieux cache toutes les cimes. Au sommet, le vent nous accueille et souffle glacé sur nos blouses trempées. En même temps, nous découvrons le passage dangereux, et notre guide se porte en avant pour le reconnaître. Bientôt il fait des signaux, et, assis sur les débris de l'avalanche, il nous appelle à lui.

Le dire du landamman n'était rien moins qu'un conte. Le sentier passe ici le long d'un lac noir et profond et au pied d'immenses pentes qui y lancent toutes leurs neiges. Si donc vous êtes pris par une avalanche, petite ou grande, elle vous jette inévitablement dans ce lac, et tout secours devient impossible. Trois Anglais et une Anglaise périrent ainsi il y a six ans. Nous passons sur les débris de l'avalanche qui est tombée il y a peu d'instants, et dont les restes flottent sur la surface du lac. Comme pour nous rassurer, un rayon de soleil vient en cet instant luire sur nous.

Bientôt nous sortons des neiges, et de ces hauteurs nous découvrons toute la verte vallée d'Urseren, terminée par les pentes majestueuses de la Furca. Très peu curieux de se retrouver avec son monde au milieu des neiges, M. Töpffer renonce à escalader ces pentes majestueuses, et il décide, séance tenante, que le retour aura lieu par Altorf et Lucerne, c'est-à-dire par le fond des vallées. Sur ce, nous arrivons à Andermatt, où la pluie nous presse de nous arrêter. Des pourparlers ont lieu, mais l'hôte ne voulant pas du prix que nous proposons : « En route ! s'écrie M. Töpffer. — Entrez, » dit l'hôte.

Il y a ici des cabinets d'histoire naturelle où Bryan l'oiseleur fait de grandes affaires. Il y a aussi la Reuss, où Sterling et le major s'en vont, à l'instar de Nausicaa, laver eux-mêmes leurs vêtements. Cette journée nous a boués de la tête aux pieds ; nos bas sont noyés, nos souliers sont en bouillie. En pareil cas, se mettre au sec, pour ensuite se mettre à table, c'est jouissance vive

Il y a neuf lieues d'Andermatt à Fluelen, d'où le bateau à vapeur part à deux heures pour Lucerne. Nous formons le projet courageux d'arriver à Fluelen à temps pour pouvoir aller coucher ce soir à Lucerne. Aussi, levés et équipés dès trois heures du matin, nous nous acheminons par une nuit

noire sur le trou d'Uri et le pont du Diable, et au jour nous déjeunons à Wasen.

La matinée est délicieuse, et la facilité avec laquelle nous exécutons notre projet accroît l'entrain que nous mettons à l'accomplir. Le soleil nous fait quelques visites, et nous sommes émerveillés des splendeurs de cette fraîche vallée de la Reuss. A onze heures, l'avant-garde arrive à Altorf, et trois quarts d'heure après, l'arrière-garde y fait son entrée. C'est ce qui s'appelle marcher : huit lieues et demie en sept heures.

Il paraît que nous avons bonne mine. Près d'Altorf, nous croisons trois ou quatre voitures de poste chargées d'une quinzaine de belles Anglaises avec leur père, bon milord à cheveux blancs. Toute cette société se tient debout dans les calèches ouvertes, et la face tournée vers le lac des Wadstetten, auquel ils paraissent faire leurs derniers adieux. De cette façon, ils ne nous voient point venir, mais ils nous dépassent. Un, deux; bien! trois, cinq, huit! bien encore; mais douze, quinze!... Alors le bon milord se sent pris de sympathie pour cette jeune caravane alerte et rieuse; il salue, élève son chapeau en l'air et nous accompagne de ses meilleurs vœux. Tout aussitôt nos chapeaux répondent au sien, et les belles Anglaises en s'inclinant répondent à nos signes de civilité.

Jolie rencontre; courte, mais charmante apparition! Il est à croire que milord, dans sa jeunesse, courut comme nous les montagnes. Peut-être aussi a-t-il dans quelque collège du continent des fils que notre vue lui rappelle. Peut-être encore est-ce un de ces excellents vieillards qui jusqu'à la fin sympathisent avec ce jeune âge qu'ils n'ont plus et qu'ils regrettent, mais sans cesser de l'aimer et de le bénir dans autrui.

Descendus à Fluelen, nous y attendons le départ du bateau autour d'un quartier de fromage. Pendant ce temps, le ciel se couvre, la pluie commence à tomber, et nous naviguons entre deux eaux jusqu'à Lucerne. Il y a beaucoup de monde sur le bateau, et des Anglais aussi ; un vieillard entre autres, qui, comme le milord du matin, est tout réjoui de nous voir et nous gratifie du plus amical accueil. Le capitaine (voyage de l'an passé) est toujours plus tribord et bâbord ; une pipe de longueur orientale, une moustache d'algue marine, un œil qui interroge en maître le pôle nord au travers des montagnes ; avec cela, galant, artiste, rond en affaires, et le meilleur homme du monde.

Lucerne, charmante ville ! Nous y sommes toujours trop peu restés, c'est pour cela que nous y revenons toujours avec un vif plaisir, depuis l'an passé surtout, que nous avons logé au Cheval-Blanc, où nous sommes certains de rencontrer un accueil amical. La cour de l'auberge a son mérite aussi, on y voit deux magnifiques grands-ducs, fort drôles et voraces encore plus ; on y voit un vaste réservoir où de belles anguilles déploient en nageant toute la grâce flexible de leurs mouvements. Ce qu'on y voit encore, c'est une femme inflexible qui coupe la tête à huit canards. Plusieurs à cet aspect ont l'idée que nous mangerons du canard. La même femme tue douze pigeons. Selon plusieurs, c'est un demi-pigeon par tête. La même bonne femme égorge six poulets. Selon les mêmes, c'est un quart de poulet par convive. La femme alors s'arrête, et les convives s'en vont se promener remplis d'espérance et conjecturant en sus un plat d'anguilles.

Au retour on s'attable. Le souper est exquis; mais plusieurs attendent encore, à l'heure qu'il est, le plat d'anguilles, les six poulets, les douze pigeons, et les huit canards, dont les grands-ducs ont avalé les têtes sans nous dire où sont les corps.

Le chapeau de Grey, toujours excellent, ayant pris des formes d'un fabuleux suprême et irrémédiable, il lui est acheté ici un couvre-chef brésilien, au moyen duquel Grey se trouve replacé parmi les touristes à figure humaine. La ville de Lucerne hérite du chapeau chimère, qui deviendra probablement une des pièces les plus curieuses de son musée.

LE SUISSE DU LION DE LUCERNE

LES CINQ DERNIERES JOURNÉES

Lever tardif. Déjeuner sans précipitation. Contraste bien senti entre notre situation civilisée d'à présent et notre vie d'avant-hier, au milieu des neiges et des bois, c'est là un des avantages qui sont propres aux voyages à pied.

Quand nous disons à pied, il y a pourtant hyperbole, car voici notre statistique de cette année : en tout nous avons fait deux cent vingt lieues; sur ces deux cent vingt lieues nous en avons marché cent vingt, le reste en bateau à vapeur, et trois journées environ de voiture; sur ces cent vingt lieues, nous avons porté notre havresac pendant quarante-sept lieues. On peut tirer de là des moyennes qui n'ont rien que de fort ordinaire, mais qui n'empêchent pas que, parmi nos journées de marche, il y en ait eu plusieurs de dix lieues, et deux au moins de onze.

Visite aux ponts, à la cathédrale, au cimetière et au Lion, qui tient toujours boutique d'épicerie, de quincaillerie et de peinturlurerie. On voit dans cette boutique des tableaux du capitaine Tribord : ce sont des scènes grande armée, dans le genre grand génie; nous n'en achetons pas.

Vers onze heures, nous quittons Lucerne pour nous acheminer sur Berne, par l'Entlibuch et l'Emmenthal. En partant, M. Töpffer fait emplette d'un nombre infini de gâteaux; il les distribue à sa troupe, à tous les naturels présents, à lui aussi, et il en reste. Mais il n'en reste plus à l'heure qu'il est; les gâteaux, ce n'est pas comme les discussions.

Voulez-vous voyager paisiblement au travers d'une contrée verdoyante, boisée, semée de beaux villages, d'agrestes fermes, et où de toutes parts on voit le travail, l'abondance et le bonheur? engagez-vous dans les doux vallons de l'Entlibuch, et passez de là dans les tendres prairies de l'Emmenthal; et partout de rustiques auberges remplies de ressources, et d'une propreté dont les plus riches hôtels des villes ne donnent pas l'idée. Que ceux de mes compatriotes qui s'en vont en famille visiter Lucerne et les cantons environnants choisissent cette route, il leur semblera qu'ils se promènent dans le parc d'un de leurs amis, et, dans les hôtels, ils ne se croiront point à l'auberge. Près d'Entlibuch, il y a une spéculation que je leur recommande : on y gagne plus d'une heure sur les voitures.

Nous allons coucher à Schumpfen. Ici, bien que le prix soit fixe et limité, le souper est illimité et

indéfini. A chaque instant nous croyons que c'est la fin, et à chaque instant le service recommence tout de nouveau. C'est la première fois qu'il nous arrive de crier : « Holà! arrêtez! » Nous croisons, pour nous aller coucher, de nouveaux soupers qui arrivent. Quel dommage que sur les hautes montagnes on ne croise pas de temps en temps des soupers qui défilent!

Point d'aventures sur la route de Berne, rien d'extraordinaire ni de nouveau, mais une marche délicieuse, entremêlée de haltes et d'omelettes.

De bonne heure nous arrivons à Berne, où nous mettons les moments à profit. Sur l'esplanade, M. Töpffer est abordé par un Anglais dans lequel il reconnaît aussitôt un ancien élève. « Et vous voyagez? — Pas du tout : j'habite Berne avec mon épouse. — Avec votre épouse! — Oui, et mes trois enfants. » Et M. Töpffer n'en revient pas de voir un de ses élèves qui a une épouse et trois enfants.

En partant, visite aux ours; c'est trop juste. Il y a beaucoup de troupes sur pied. On nous dit que

c'est à cause des affaires de Zurich; mais nous ne savons pas encore ce que c'est que les affaires de Zurich.

A la Neuneck, une petite femme joufflue, sans âge, nous sert quelques fruits mal mûrs; elle aurait bien envie, et nous aussi, de nous servir quelques poulets bien cuits, mais la bourse commune ne le veut pas. Dès le commencement du voyage, les Marcots lui ont gâté le caractère, et elle n'est plus qu'une vieille avare qui, pour expier un jour de dépense, veut lésiner tout le reste de sa vie. Cependant, pour vingt-quatre jours, nous aurons dépensé cent cinquante et un francs par tête : ce n'est pas exorbitant.

Au delà de la Neuneck, une chaise de poste nous dépasse, où est assise une dame énorme ployée dans une robe de satin bleu. A côté d'elle est son mari, ployé dans un linceul d'incomparable ennui. Selon l'un de nous, ce doit être la reine de Hongrie. Le bruit s'en répand ; on court, on rattrape pour la voir et pour la revoir. De cette façon, nous marchons en poste du côté de Fribourg, où nous arrivons vers quatre heures. Mais notre plus cher espoir est déçu ; ce soir on se confesse et les orgues ne joueront pas. Une fiche de consolation, c'est que M. Töpffer offre à ses camarades une collation de glaces et de gâteaux, dont la promesse remonte à ce jour où, après avoir sorti heureusement son monde d'un dangereux passage, il se trouva si content qu'il aurait offert une collation à tout l'univers.

De Fribourg à Vevey, voitures : c'est notre usage invariable. Déjeuner à Bulle chez le père Magnin ; c'est notre usage aussi, qui variera, car pour la seconde fois nous y avons faim. D'ailleurs le père Magnin ne se montre plus, et la mère Magnin a l'air aussi linceul que le roi de Hongrie.

Tout le long de la route nous voyons les préparatifs des danses champêtres : des planchers dans les vergers, des clarinettes qui se rendent au village voisin en compagnie de la grosse basse, des charretées de paysans et de jeunes filles en habits de fête. C'est à cause de la *Bénichon*. La Bénichon, ce sont trois jours de gala, les seuls de toute l'année où il soit permis de danser sans permission dans tout le canton de Fribourg.

Nous arrivons à Vevey assez tôt pour assister à un splendide coucher du soleil. Cieux, montagnes, lac, tout se dore : et le calme de l'air, la paix du soir, le charme du repos, font de cette scène comme le beau couchant du joli voyage dont l'aurore fut si pluvieuse.

Après souper, notre camarade A. Prover offre un punch première qualité à la caravane, qui y noie le mieux du monde tous les soucis qu'elle n'a pas.

Il ne nous reste plus qu'à laisser faire le *Léman*, qui nous porte dans nos foyers, où nous arrivons en proie à toutes les horreurs de la faim. C'est la faute, non pas de M. Töpffer, qui s'y est pris dès Lausanne pour retenir des vivres, mais du restaurateur du *Léman*, qui s'y est pris dès Lausanne aussi pour nous jouer en les donnant à d'autres. « Cela va être prêt, » répondit-il à nos demandes, jusqu'à ce qu'à la hauteur de Nyon il ôte son masque pour dire : » Je n'ai plus rien à vous donner; » ce qui n'est pas même vrai. Il parle anglais, ce restaurateur. Il sert admirablement les familles anglaises. Il sert très bien aussi certaines personnes choisies; mais on devrait rencontrer sur les bateaux à vapeur des restaurateurs qui servissent chacun pour son argent, puisque enfin chacun, et un écolier surtout, est exposé à avoir faim.

Arrivés dans nos foyers, nous déposons nos sacs et nos blouses, pour les reprendre, s'il plaît à Dieu, l'an qui vient.

TABLE

	Pages.
Aux Alpes et en Italie (1837)	1
Deuxième journée	19
Troisième journée	32
Quatrième journée	40
Cinquième journée	53
Sixième journée	58
Septième journée	66
Huitième journée	71
Neuvième et dixième journées	77
Onzième journée	89
Douzième et treizième journées	96
Quatorzième journée	102
Quinzième journée	108
Seizième journée	111
Dix-septième journée	115
Dix-huitième journée	124
Dix-neuvième journée	126
Vingtième journée	130
Vingt et unième journée	134
Vingt-deuxième journée	139
Vingt-troisième journée	140
Saint-Gothard, Vallée de Misocco, Via-Mala, Glaris et Schwitz (1838)	141
Deuxième journée	184
Troisième journée	187
Quatrième journée	190

	Pages.
Cinquième journée.	200
Sixième journée.	206
Septième journée	214
Huitième journée.	220
Neuvième journée.	226
Dixième et onzième journées.	234
Douzième journée	242
Treizième journée.	246
Quatorzième et quinzième journées.	254
Seizième journée	269
Dix-septième journée	273
Dix-huitième journée.	279
Dix-neuvième journée.	280
Vingtième et vingt et unième journées.	281

MILAN, COME, SPLUGEN (1839) 283

Deuxième journée.	297
Troisième et quatrième journées.	303
Cinquième et sixième journées.	314
Septième et huitième journées.	322
Neuvième, dixième et onzième journées.	330
Douzième et treizième journées.	338
Quatorzième et quinzième journées.	348
Seizième et dix-septième journées.	358

Paris. — Imp. Levé, 71, rue de Rennes.

COLLECTIONS D'OUVRAGES ILLUSTRÉS POUR LES ENFANTS
82 jolis volumes grand in-18 anglais à 2 fr. 50, brochés
RELIÉS EN TOILE ROUGE, DORÉS SUR TRANCHE, 3 FR. 50

ANDERSEN. La Vierge des Glaciers, etc. 1 vol.
— Histoire de Valdemar Daae. — Petite-Poucette, etc. 1 vol.
— Le Camarade de voyage. — Sous le saule. Les Aventures de Chardon, etc. 1 vol.
— Le Coffre volant, les Galoches du bonheur, etc. 1 vol.
— L'Homme de neige, le Jardin du Paradis, les deux Coqs, etc. 1 vol.
BAYARD (Histoire du bon chevalier sans peur et sans reproches, le Gentil seigneur de), composée par LE LOYAL SERVITEUR. Introduction et notes par M. MOLAND. 2 vol.
BELLOC (Louise Sw.) 7 vol.
— La Tirelire aux histoires. 2 vol.
— Histoires et contes de la grand'mère. 1 vol.
— Contes familiers, par MARIA EDGEWORTH. 1 vol.
— Grave et Gai. — Rose et Gris. 1 vol.
— Lectures enfantines. 1 vol. illustré.
BERNARDIN DE SAINT-PIERRE. Paul et Virginie, suivi de la Chaumière indienne. 1 vol.
BERQUIN. Abrégé de l'Ami des enfants et des adolescents. 1 vol.
— Sandford et Merton. 1 vol.
— Le petit Grandisson. 1 vol.
— Théâtre choisi. 1 vol.
BOCHET. Le premier livre des enfants. Alphabet illustré, lectures choisies pour la premier âge. 1 vol.
POUILLY (Œuvres de J.-N.). Édition de Magnin. 7 vol.
— Contes à ma fille. 1 vol.
— Conseils à ma fille. 1 vol.
— Les encouragements de la jeunesse. 1 v.
— Contes populaires. 1 vol.
— Contes aux enfants de France. Les jeunes Élèves. 1 vol.
— Causeries et nouvelles causeries. 1 vol.
— Contes à mes petites amies. 1 vol.
BUFFON (Le petit) illustré. Histoire et description des animaux, extraites des œuvres de Buffon et de Lacépède. 1 fort volume.
AMPE. Histoire de la découverte et conquête de l'Amérique. 1 vol.
OZZENS (S. W.) Voyage dans l'Arizona, traduction de W. BATTIER. 1 vol.
— Voyage au Nouveau Mexique. 1 vol.
DESBORDES-VALMORE (Mme) Contes et scènes de la vie de famille. 2 vol.
— Les poésies de l'enfance. 1 vol.
DU GUESCLIN (La Vie de), d'après la chanson et la chronique. Texte rajeuni par Mlle E. DE LA JONCHÈRE, notes par L. MOLAND 2 vol.
FÉNELON. Aventures de Télémaque, 8 gravures. 1 vol.
FLORIAN. Fables, vignettes par J. GRANVILLE, suivies de Tobie et de Ruth. 1 vol.
— Le Don Quichotte de la jeunesse. 1 vol.

FOË (De) Aventures de Robinson Crusoé. 1 vol.
FOURNIER. Animaux historiques. 1 vol.
GENLIS. Les Veillées du Château, ou Cours de morale à l'usage des enfants. 2 vol.
GRIMM. Contes. 1 vol.
HÉRICAULT (Ch. d') et L. Moland. La France guerrière. 4 vol. se vendant séparément.
— Vercingétorix à Duguesclin. 1 vol.
— Jeanne d'Arc, Henri IV. 1 vol.
— Louis XIV, la République. 1 vol.
— Rivoli à Solférino. 1 vol.
HERVEY (Camille). Petites histoires. 1 vol.
JACQUET (L'abbé). L'Année Chrétienne, la vie d'un saint pour chaque jour de l'année, approuvée par NN. SS. les Archevêques et Évêques de France. 2 vol.
LA FONTAINE. Fables, avec des notes philologiques et littéraires, par F. LEMAISTRE. 1 vol.
LAMBERT (Mme Delphine). Lectures de l'enfance. 1 vol., 200 gravures.
LEPRINCE DE BEAUMONT (Mme). Le Magasin des enfants. 2 vol.
LOISEAU DU BIZOT. Cent petits contes pour les enfants bien sages. 128 gr. 1 v.
MAISTRE (De). Œuvres complètes. Voyage autour de ma chambre. Expédition nocturne. Le lépreux de la cité d'Aoste. La jeune Sibérienne. 1 vol.
MANZONI. Les Fiancés. Hist. milanaise, 2 v.
MONTGOLFIER. Mélodies du Printemps. Ouv. pour la jeunesse, 2e édit. accompagnée de musique. 1 vol.
MONTIGNY (Mlle de). Grand'mère chérie. Histoire pour les petits garçons et les petites filles. 1 vol.
— Les Mille et une Nuits des Familles. 2 vol. se vendant séparément.
— Les Mille et une Nuits de la jeunesse. Contes arabes. 1 vol.
NODIER (Charles). La Neuvaine de la Chandeleur, le génie Bonhomme, etc. 1 vol.
PELLICO (Silvio). Mes Prisons suivies des Devoirs des hommes, trad. de H. de MESSEY. 1 v.
PERRAULT, Mme D'AULNOY. Contes des fées. 1 vol.
PLUTARQUE. Vies des Grecs célèbres, par M. L. HUMBERT. 1 vol.
SACHOT. Inventeurs et inventions. Illust. 1 vol.
SCHMID. Contes. 4 vol. se vendant séparément.
SÉVIGNÉ. Lettres choisies, notes explicatives et observations littéraires, par SAINTE-BEUVE. 1 vol.
SWIFT. Voyages de Gulliver. 1 vol.
VAULABELLE. Ligny. Waterloo. 1 vol.
WISEMAN. Fabiola ou l'Église des catacombes. Trad. de NICTEMENT. 1 vol.
WYSS Robinson suisse. Traduit de l'allemand par Mme ÉLISE VOÏART. 2 vol.

Paris. — Imp. P. Mouillot, 13, quai Voltaire. — 33987. — 5-02.

www.ingramcontent.com/pod-product-compliance
Lightning Source LLC
Chambersburg PA
CBHW050437170426
43201CB00008B/701